考古学の地平 I

―縄文社会を集落から読み解く―

小林謙一・黒尾和久・中山真治・山本典幸　編

六一書房

序

縄文の地平研究の歩み
―縄文研究の新地平から地平へ―

小林　謙一

1995年12月9・10日，東京都埋蔵文化財センターにおいて，「縄文中期集落研究の新地平」として，シンポジウムを開催した（縄文中期集落研究グループ1995，宇津木台地区考古学研究会2008）。その後，小林および黒尾和久，中山真治を世話役として1998年に縄文集落研究の新地平2（1998），2004年に同3としたシンポジウムを開催したのちは不定期ながら数回のシンポジウムを重ね，発表内容と討論内容を活字に残すべく六一書房の考古学リーダーのシリーズにおいて縄文集落研究の新地平3の内容を中心に『縄文研究の新地平』（2005），2006年の縄文集落研究の新地平4の内容を中心に『縄文研究の新地平（続）』（2008），2010年の「縄文集落研究の新地平の15年」の内容を中心に『縄文研究の新地平（続々）』（2012）とその記録を刊行してきた。

その後2012年より，「縄文研究の新地平」を「縄文研究の地平」へ改称し，新たに山本典幸を世話役に加えて研究集会をおこなってきた。冗長になるが以下にその経歴を記しておきたい。

縄文研究の地平2012　―武蔵野・多摩地域の集落調査が問いかけたもの―

2012年3月10日　東京都埋蔵文化財センター会議室

趣旨説明　　集落調査の地平　小林謙一

基調講演　　1960・70年代の縄文集落研究　安孫子昭二

研究発表1　集落研究の基礎になる単位時間―住居の存続期間―　黒尾和久

研究発表2　回顧と展望―集団領域論とセツルメントパターン論―　中山真治

研究発表3　縄文集落と景観考古学　山本典幸

討論　司会：宇佐美哲也　パネラー：安孫子・黒尾・中山・山本・小林

この研究集会については，研究会記録として安孫子昭二の講演要旨の掲載と小林による開催報告，安孫子による参加記「「縄文研究の地平2012」に参加して」，黒尾和久および山本典幸によるコメントを『セツルメント研究』7号（セツルメント研究会2013）に掲載した。

縄文研究の地平2012　ワークショップ：集落分析の実際

2012年6月30日　東京都埋蔵文化財センター会議室

基調講演　縄文集落研究と集落全体図　土井義夫

ケーススタディ1　目黒区大橋集落跡のフェイズ設定　小林謙一・大野尚子

ケーススタディ2　川崎市初山遺跡の再検討～居住景観と居住形態～　黒尾和久

討論　司会：宇佐美哲也　パネラー：土井義夫・中山真治・山本典幸・小林謙一

縄文研究の地平 2012　ワークショップ：集落分析の実際 2

2012 年 10 月 27 日　東京都埋蔵文化財センター会議室

基調講演　遺跡群研究の現状　石井　寛

研究発表　野川流域の縄文中期遺跡群～中期前半を中心として～　中山真治

討論　司会：宇佐美哲也　パネラー：石井寛・中山真治・山本典幸・小林謙一

2012 年度におこなった 2 回のワークショップは，3 月におこなった研究集会 2012 における安孫子昭二の講演に引き続き，土井義夫，石井寛という 1970 年代から集落研究をリードしてきた 2 人の調査実践者の研究の回顧を中心に，集落研究の歩んできた道筋を確認することとしたものである。

縄文研究の地平 2013　―環状集落を見直す―

2013 年 2 月 23 日　東京都埋蔵文化財センター会議室

趣旨説明　　環状構造の集落の生態的・社会的・宗教的な評価に向けて

―物質文化要素間の分析から立ちあげる―　山本典幸

研究発表 1　環状集落を見直すための時間設定　黒尾和久

研究発表 2　北関東の貯蔵穴の分析　塚本師也

研究発表 3　甲信・関東の土器系統の分析　今福利恵

研究発表 4　武蔵野・多摩地域の土偶の分析　中山真治

研究発表 5　南関東の集落形成過程の分析　小林謙一

討論・質問・コメント

主に縄文時代中期勝坂 2 式から加曽利 E1 式／曽利 I 式／大木 8a 式を対象に，環状集落は縄文社会のなかで特殊な存在なのか否かについて，生態・社会・宗教・形成過程などの複眼的な視点から検討する。新地平編年を考慮した時間軸を設定し，研究史と現状を紹介したうえで，環状集落の成立・形成と関連性の強い要素ないし現象が介在するのか否かを帰納的に問い直すことを目指した。

縄文研究の地平 2014　―縄文時代中期末葉から後期初頭の文化変化―

2014 年 3 月 8 日　中央大学多摩キャンパス

基調報告　緑川東遺跡から見た中期末葉～後期初頭の再評価　黒尾和久

土器様相から見た加曽利ＥⅤ式と称名寺式土器の相互作用　千葉　毅

多摩地域における称名寺式土器の特徴　小澤政彦

炭素 14 年代測定による中期末葉から後期初頭の型式別の実時間　小林謙一

多摩地域の中期末・後期初頭集落遺跡分布　中山真治

敷石住居址の構築から廃絶までのプロセスと景観の変化　山本典幸

称名寺式期における漁労活動　高橋　建

石棒祭祀にみる様相　長田友也

討論　司会：黒尾和久

4本の石棒が埋納されていた縄文時代の遺跡である国立市緑川東遺跡の考古学的検討を中心に，縄文時代後期はじめの土器・年代・遺跡分布・住居・生業・祭祀などの文化について議論をおこなった。

今回，以上のすべての内容を表すものではないが，2012年6月および10月のワークショップ，2013年の「縄文研究の地平2013―環状集落を見直す―」までの講演に関する内容を中心に，改めて書き下ろした稿をまとめた。すなわち，2012年のワークショップより，土井義夫，石井寛から研究史を踏まえた提言を頂き，それを受けるかたちで，黒尾和久が集落群研究の時期区分の理解について，小林謙一が環状集落の形成過程についてメスを入れ，山本典幸が小林のフェイズ設定への批判的検討をも含む景観論への止揚を論ずる。さらに，異なる視点からの展望として，集落に対する第2考古学的検討として五十嵐彰に，住居型式からの視点として櫛原功一に，土器系統論からの新たな集落分析法として今福利恵に，貯蔵穴の集落内でのあり方という視点として塚本師也に，土偶の廃棄という視点から読み解く集落論として中山真治による議論を加えた。

本書をもって，縄文研究の新たな地平を目指す一歩としたい。諸賢のご批判を願う次第である。

参考文献

縄文中期集落研究グループ・宇津木台地区考古学研究会　1995『シンポジウム縄文中期集落研究の新地平（発表要旨・資料目次）』

縄文集落研究グループ　1998『シンポジウム縄文集落研究の新地平2　発表要旨』

小林謙一・セツルメント研究会　2005『縄文研究の新地平―勝坂から曽利へ―』考古学リーダー6　六一書房

セツルメント研究会　2006『シンポジウム縄文集落研究の新地平4―竪穴住居・集落調査のリサーチデザイン―発表要旨』

セツルメント研究会　2006「小特集シンポジウム縄文集落研究の新地平3―勝坂から曽利へ―補足編」『セツルメント研究』5号

纐纈　茂　2007「新地平4によせて　縄文時代集落研究の新地平（東海版）」『セツルメント研究』6号

宇津木台地区考古学研究会　2008「シンポジウム『縄文中期集落研究の新地平』記録集」『論集宇津木台』第2集

小林謙一・セツルメント研究会　2008『縄文研究の新地平（続）―竪穴住居・集落調査のリサーチデザイン―』考古学リーダー15　六一書房

小林謙一・黒尾和久・セツルメント研究会　2012『縄文研究の新地平（続々）―縄文集落調査の現在・過去・未来―』考古学リーダー21　六一書房

セツルメント研究会　2013「「縄文研究の地平2012」研究集会」『セツルメント研究』7号

目　次

縄文集落研究と集落全体図
—分析に使える基礎資料はどれだけあるのか—

土井　義夫

はじめに —日本考古学は資料論と調査方法論を鍛えてきたか？—

「日本考古学は資料論と調査方法論を鍛えてきたか」と問いを立ててみよう。残念ながら必ずしもそうではなかった。そして今でもそうだと私は思っている。

縄文集落を研究テーマにとりあげるにしても，「遙かなる地平に近づくためには，考古資料論の確立が改めて必要」である。そのためにはどうしたら良いのか。おそらく縄文時代に限ったことではなく，「遺跡はどのような情報をもっているのか，発掘調査はどのような学問的営みなのか」をつきつめて考えることこそ肝要だ。だからこそ私たち考古学調査者が「遺跡の発掘調査とそこから出土する遺物をどのように考えてきたのか」を一度整理しておくことも無駄ではないだろう。

私は1984（昭和59）年に，日本考古学協会の山梨県大会で開かれたシンポジウム『縄文時代集落の変遷』に参加した。このシンポジウムをきっかけに縄文時代の集落研究は大きく変わった。そしてシンポジウムに参加することで，自分自身も縄文集落研究の見方を大きく変えたし，ほかの研究者も山梨シンポが縄文集落研究の画期をなすという評価に落ち着いているように思う。

たしかにその後，「縄文集落見なおし論」あるいは「横切りの集落研究」，さらには「新横切り集落論」など，従前にない立場での集落研究が現れて，縄文時代の集落論の現段階がある。従前にない立場の集落研究は，「遺跡はどのような情報をもっているのか，発掘調査はどのような学問的な営みなのか」を大事に考える人たちが切り拓き，「遺跡の発掘調査とそこから出土する遺物をどのように考えてきたのか」を顧みる視点をもっていた。

なぜそのような視点が集落研究に必要なのか。1984年日本考古学協会山梨大会シンポジウム以前の集落遺跡の発掘調査に関する古い写真，昔の集落調査の様子がわかる写真などを見ながら，改めて認識してもらいたい。

その際に写真と比較する資料として注目するのが集落全体図である。集落研究とくに大規模といわれてきた集落遺跡の分析は，調査報告書に収められている集落全体図を基本資料におこなわれてきた。しかし，私は，これまで提示された集落全体図のなかに，実際の分析に使えるものが果してどのくらいあるのかと常々思ってきた。集落分析に都合よく使える水準にある集落全体図は案外に少ないのである。何故，それらが基礎資料として使えないのか，という疑問に答えを得るためには，昔の発掘調査の方法，すなわち集落遺跡がどのように調査されてきたのかを，調査風景を撮影した写真から読みとる必要がある。

今さら学史を振り返ってもしかたがないかもしれないが，1948（昭和23）年の和島誠一による「原始聚落の構成」という有名な論文で，考古学による集落研究は幕を開けたといって良いだろう。一方，具体的な集落遺跡の組織的な発掘調査は，おそらく1947（昭和22）年の静岡市登呂遺跡の調査をもって嚆矢とする。それから1950・1951（昭和25・26）年に長野県塩尻市の平出遺跡，1955（昭和30）年に和島誠一が『横浜市史』編纂の一環でおこなった横浜市南堀貝塚の調査成果によって，各時代の集落のイメージがより具体的にかたちづくられていったといえるだろう。

そして「遺跡の発掘調査とそこから出土する遺物をどのように考えてきたのか」という問いに対しては，1984年の山梨シンポジウム以前では，まず集落遺跡の調査に関して，藤森栄一の「どの住居分布図にも，この部分には確実に家屋はなかったのだという，もっとも重要な印をつけるにたる無駄骨折りがされていないことが，研究の進展をはばんでいるのである」という指摘（藤森1966），あるいは水野正好による「発掘範囲，発掘範囲外の遺構の有無，遺構の正確な実測図，遺物の詳細な発見状況すら十分に図示されていない現状では，多くの発掘は生きた歴史には連ならないであろう」という発言（水野1969）が傾聴に値する。

そして集落遺跡や住居からの出土遺物に関しては，山内清男の「武蔵高等学校裏石器時代遺跡の発掘」（山内1936→1967），小林達雄の吹上パターンに関する調査・研究（栗原ほか1959，小林ほか1965，小林1968・1974），さらには麻生優による「原位置」論（麻生1969）に学ぶべき点が多い。これらを受けての1984年以前の私たちの調査所見としては，東京都小金井市栗山遺跡における「発掘調査時の記録に基く成果と問題点」（『栗山』小金井市教育委員会1975年）がある。

繰り返しになるが，私は八王子市宇津木台遺跡群D地区における縄文集落の調査が佳境をむかえた1984（昭和59）年に山梨シンポジウムに参加し，縄文集落に対するイメージを変えた。当時の縄文集落調査に関する私の基本的な考え方は，宇津木台遺跡群D地区の縄文時代集落の調査報告の「あとがき」（『宇津木台遺跡群XⅢ』八王子市宇津木台地区遺跡調査会1989年）に記してある。そして「遺跡とは何か」という問題に関しては，1980～89（昭和55～平成元）年にかけておこなわれた宇津木台地区の調査のまとめとして「宇津木台地区の全発掘区と調査面積」（『宇津木台遺跡群XⅣ』八王子市宇津木台地区遺跡調査会1989年）を記しており，是非一読してほしい。

そして今から顧みるならば，この八王子市宇津木台地区の考古学的調査の経験が，縄文集落にとどまらず，私が考古学資料論と調査方法論を考えることや，遺跡観の変化をもたらすことになっている。それについては拙著（土井1985a～c・1987・1988ab・1989a～c・1990・1991・1995ab・2001・2008・2010・2011，土井・渋江1987，土井・黒尾1992・1997・1999・2004）を参照してほしい。

1　大規模調査が始まった頃 —新地平編—

それでは，集落遺跡の調査の流れについて「大規模調査が始まった頃」と題して，集落研究の基礎資料になる集落全体図が提示される以降の発掘調査にスポットをあてて具体的にみてゆこう。じつは，2010年3月に東京考古談話会が八王子市中田遺跡に関するシンポジウムを開催した際に，私も「古墳時代集落研究の問題点」と題した発表をしている（土井2010・2011）。縄文時代集落研究の問題点について言及するここでも，その折に使用した資料を基礎にしている。それに新たな資料を付け加えて「—新地平編—」（第1図：スナップ写真は横浜市三殿台遺跡での和島誠一）としてみてゆくことにしたい。

もちろん古墳と縄文と時代は異なっても集落遺跡の調査に関する話であり，重複する内容もある。縄文時代の研究者は縄文時代にしか興味なく，古墳時代の研究者は古墳時代の研究ばかりをしているのが普通だけれども，話の内容が重なるのは，考古学手法による集落遺跡の調査方法論は，縄文だろうが弥生，古墳だろうがみな同じだと，私が考えているからと理解してほしい。

横浜市南堀貝塚　1955（昭和30）年の南堀貝塚の調査写真である（第2図）。住居が広場と説明される空間を囲んで馬蹄形状に分布することが明らかにされて，縄文時代の定型的集落址が初めて完掘された調査と評価されてきた。し

第1図　三殿台遺跡の発掘と和島誠一（板橋区郷土資料館2007を一部改変）

第2図　南堀貝塚全景写真1（南から）（横浜市1958）

第3図　南堀貝塚全景写真2（横浜市教育委員会・財団法人横浜市ふるさと歴史財団2008）

第4図　南堀貝塚石皿出土状況（横浜市教育委員会・財団法人横浜市ふるさと歴史財団 2008）

かし，この頃の調査は，大地のなかに長大なトレンチを縦横に入れて，そこで竪穴住居などの遺構が当たると，その部分の調査区を拡張していくという方法がごく当たり前におこなわれていて，じつは未調査の区域も広いことが写真からわかる。写真下が集落の端で，そこに写真撮影のための手造りの櫓が建っている。

第3図でよくわかると思うが，台地の真ん中あたりに四角く，少し発掘区を拡げたところがある。これが縄文集落の中央広場が認識されるきっかけになった部分で，ここを中心に弧状に住居群が並ぶというわけである。そして詳しい報告が公表されていないためよくわからないが，拡張した調査区の真ん中から大きな石皿が出土した（第4図）。そのため縄文集落は，ムラ人が供食を行う「祭りの場」であり，そのような中央広場を中心とする馬蹄形集落になりそうだという仮説の根拠となった。第5図がその石皿だ。

第5図　南堀貝塚出土石皿（横浜市教育委員会・財団法人横浜市ふるさと歴史財団 2008）

横浜市三殿台遺跡　1961（昭和 36）年，横浜市の三殿台遺跡（第6図）では，学校建設予定地約 10,000m^2 のほぼ全面を1ヶ月余りの期間で発掘調査している。縄文時代から古墳時代の重複した住居群が約 250 軒，そのうち弥生時代が 170 軒だが，大学生や市民などによって発掘されたことで有名である。この時に遺跡の 1/4 を調査するという日本の考古学史上初めての経験をしたことを，私たちは覚えておいて良いだろう。

ただし小学校を建てる緊急性があったということもあり，小型のブルドーザーで表土を全てはがしていく発掘手法をとっている。写

第6図　三殿台遺跡重機による表土掘削作業（和島 1965）

真には向こう側で試掘をしている様子もみえる。空中写真からも，ブルドーザーで表土を掘削している様子がわかる（第7図）。

そして発掘した結果は第8図のような状況になった。三殿台遺跡は，数多くの住居が出すぎたこともあってか，ムラの景観を検討するのは難しいようで，その後，集落研究の素材とされることがあまり無かったようだ。一方で，その調査方法を顧みると，どうも全ての住居を掘り切れていないようにも思う。たしかに1ヶ月という短期間であれだけの集落遺跡を調査してしまったわけで，この報告書が，今からみるとあまり上手く使えないのも当然という気もする。

第1図の和島誠一の背景をみると，やはりトレンチを入れていき，住居が確認されたところを広げている。調査区のどの部分かがこの写真からはわからないのだが，やはり，このような方法で集落の調査をおこなっていたことを頭に入れておくべきだろう。

八王子市宇津木向原遺跡　三殿台でおこなわれたような大規模な集落遺跡の発掘調査は，東京都多摩地域では1964（昭和39）年から開始される。東京オリンピックの開催が契機となって，開発が盛んになり，緊急の大規模な事前調査が始まったのである。

その皮切りが中央自動車道の八

第7図　三殿台遺跡表土掘削作業（上空から）（和島 1965）

第8図　三殿台遺跡全景（和島 1965）

第9図　宇津木向原遺跡1（第1次）（中央高速道八王子地区遺跡調査団 1973）

第10図　宇津木向原遺跡２（第１次）（中央高速道八王子地区遺跡調査団 1973）

第11図　宇津木向原遺跡第１次調査の全景（第９図と第10図を合成）

第12図　宇津木向原遺跡（第２次）（中央高速道八王子地区遺跡調査団 1973）

■は縄文■は弥生から古墳にかけての時期の竪穴住居

第 13 図　宇津木向原遺跡全体図（中央高速道八王子地区遺跡調査団 1973 より作図）

王子インターチェンジの工事に先立って行われた宇津木向原遺跡の調査といえるだろう。この調査は 2 次にわたっておこなわれたが，放射状（「米」状）や，長いトレンチをいくつか入れたりして，そこで遺構が当たれば発掘区を広げていくという手法がとられている（図 9・10）。放射状のトレンチを入れた理由はよくわからないが，当時はトレンチをいれて遺構があれば調査区を広げていく方法が一般的だった。トレンチを入れた状況がわかるように，写真を合成してみた（第 11 図）。

第 12 図は，有名な方形周溝墓が出たときの第 2 次調査の様子で，トレンチを入れ，方形周溝墓のところだけを広めに発掘したことがわかる。

そして調査の結果として提出された全体図が第 13 図だ。この図を見ると，開発区域をすべて発掘しているようにみえるが，写真をみてもらえばわかるように，トレンチを入れて遺構があれば広げるという方法が採用されていて，決して調査対象地の全域が発掘されているわけではない。縄文，弥生から古墳にかけての時期の竪穴住居を示してあるが，どう見ても，この集落全体図を基礎資料にして集落論あるいは集落景観などは語れない。

このように従前の集落研究をみていくと，多くの人が，具体的にどこが掘られているのかをあまり考えないまま，提示された集落全体図の中に住居跡を群別するために線を引いたりする分析を伝統的におこなってきた。しかし，その様な検討も，やはりどこをどのように調査しているのかを逐一報告書で確認してからおこなわなければならない。未発掘区が広ければ，群別線自体が意味のないものであると考えなければならないだろう。

町田市鶴川遺跡 J 地点　また 1964（昭和 39）年には，日本住宅公団鶴川団地の建設に伴う町田

第 14 図　鶴川遺跡 J 地点航空写真（永峯ほか 1972）

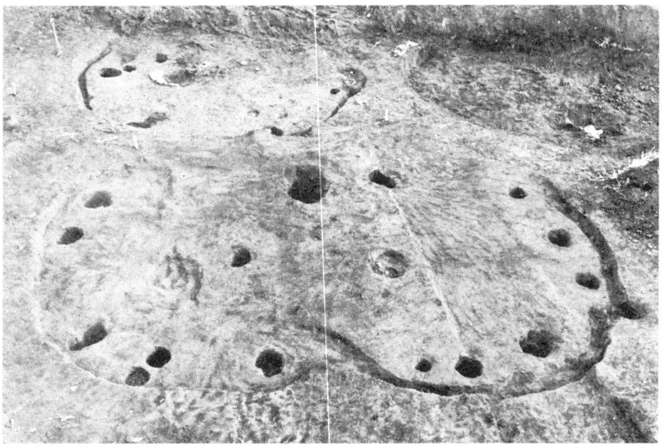
第 15 図　鶴川遺跡群 J-27・29 号住居跡（永峯ほか 1972）

第 16 図　中田遺跡 A 地区（八王子市提供）

市の鶴川遺跡J地点の調査もおこなわれた（第 14・15 図）。この調査でも同じようにトレンチが入れられ，おそらく重機も導入されている。この鶴川J地点も，当時としては中期の集落の全貌を明らかにした遺跡として有名になった。鶴川J地点の調査においてもトレンチを入れて，遺構に当たったところを広げていったような集落調査であり，写真をみると住居の床面もかなり掘り抜いてしまっているようでもある。

八王子市中田遺跡　八王子中田遺跡（第 16 図）は，1966（昭和 41）年の秋から東京都住宅供給による都営八王子中野団地の建設に伴う事前調査としておこなわれた。当時としては非常に広い 38,000m^2 の予定地内の 31,520m^2 が調査対象になっており，私も初めてこの調査に参加したときに「すごい，こうやって発掘調査をするのか」と感動を覚えた記憶がある。5m のメッシュを張り，15m ごとに幅 2m の試掘トレンチを設定して遺構を確認していった。そのため，それまでの三殿台や宇津木向原や鶴川Jの発掘調査のようにアットランダムにトレンチを入れているのと違い，かなり計画的にトレンチを入れている点が異なっている。今でいうところの 5m メッシュのグリッドが設定され，それを基準にトレンチが入れられていって，

第 17 図　中田遺跡 D 地区（八王子市提供）

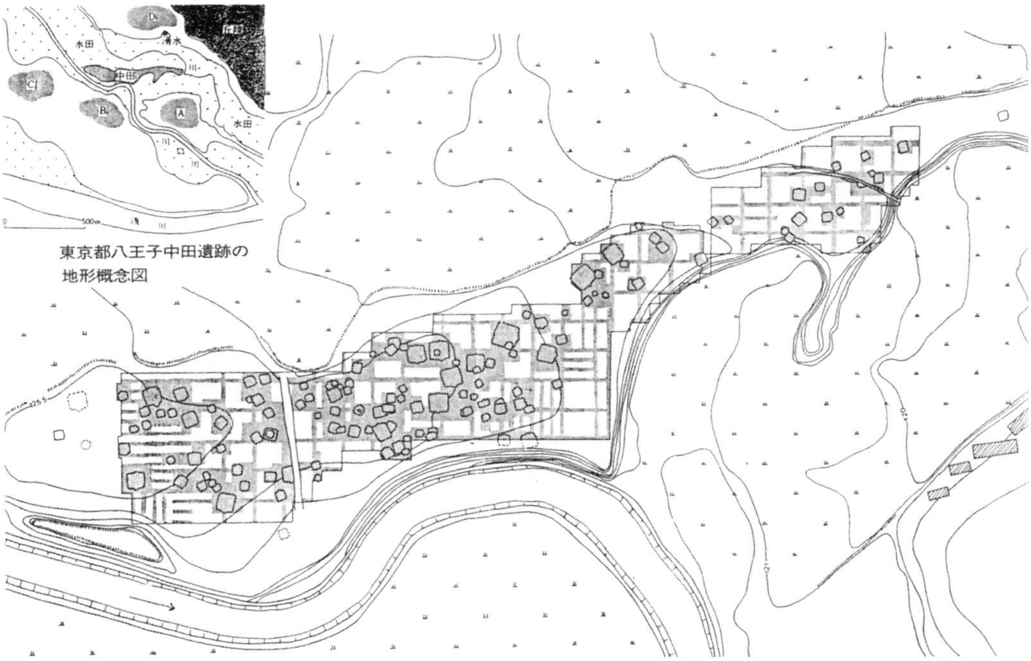

第 18 図　中田遺跡の調査区（全体）（土井 1990）

そこで当たった遺構の調査をするという形になっている（第 17 図）。

その結果が第 18 図のようになった（土井 1990）。中田遺跡も全域が発掘調査されているわけではなく，かなり未発掘区が広く残っていることがわかるだろう。しかし，中田遺跡の調査報告書に示された全体図にはこのような未発掘区は示されていなかった。そしてたとえば服部敬史，都出比呂志，小笠原好彦ら，中田遺跡を古墳時代の集落研究の資料として扱っている研究者は，全掘されたことを前提にして古墳時代の集落分析をおこなっている。

しかし，第 18 図を見てもわかるように，このような方法で集落跡を調査していくとなると，掘り残したところが必ず出てくることになる。かつての中田遺跡の調査成果として提示された全体図を使って，住居群をグルーピングする集落分析は絶対におかしいわけである。

第19図　船田遺跡A地区（八王子市船田遺跡調査会 1970）

第20図　船田遺跡D地区全景（八王子市船田遺跡調査会 1973）

ただ，中田遺跡の報告書に優れたところがあるとすれば，3冊の報告書にそれぞれどこをどう掘ったかというトレンチの図が入っているところで，トレンチ図と全体図を合成すると，第18図のような発掘事実が復元できるのである。

ところで，近年，中田遺跡では，団地の建替えに伴う再調査がおこなわれた。全体図（第18図）の一番左にいくつか白い丸で示された住居があるが，この部分での再調査がまずおこなわれた。すると意外なことに縄文中期の集落跡が出てきたのである。それだけでなく，縄文中期の集落跡の右隣，真ん中に中世の堀がある。再調査の成果は，東京都埋蔵文化財センターが出した報告書で確認することができる（東京都埋蔵文化財センター 2009『八王子市中田遺跡』調査報告第231集）。

この再調査で興味深いのは，縄文時代だけでなく中世の遺構が出てきていることだろう。40数年前の中田遺跡の調査では，中世の遺構・遺物はほとんど報告されていない。理由は簡単で，その頃の考古学者は中世に全く興味が無かったからである。その意味でもかつての考えを一新するような再調査になったことは貴重である。中田遺跡では，全体が壊されていなかったからこそ，このような再調査ができたわけで，新旧の中田遺跡の調査結果から，私たちはまたいろいろに学ぶことができるだろう。

八王子市船田遺跡　第19図は1968（昭和43）年の八王子市船田遺跡で，中田遺跡と同じような調査手法をとっている。船田遺跡も，都営船田団地建設に伴う事前調査として行われたのだが，大体1年もかからないで調査をしている。対象面積は116,000m^{2}という広さだ。どのように集落跡を調査していたのかは，もはや空中写真を見ただけでわかるだろう（第20図）。空中写真に示されているような実際の調査状況を確認しないで，提示された集落全体図を集落分析の資料として無批判に使うという悪弊は，その後もずっと続いていったのである。

川崎市潮見台遺跡A地点　第21図は1969（昭和44）年の川崎市潮見台遺跡A地点である。潮見台の場合も，掘り上がりの状態が第22図のようになって

第21図　潮見台遺跡A地区（久保ほか1971）

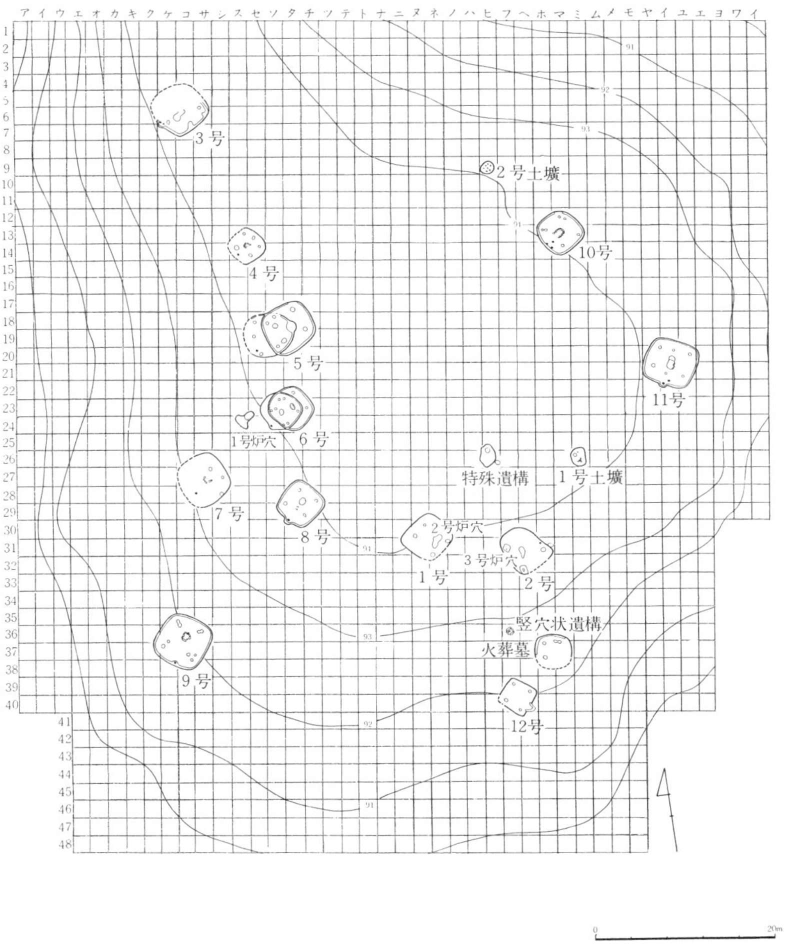

第22図　潮見台遺跡全体図（久保ほか1971）

第23図　潮見台遺跡航空写真（久保ほか1971）

いて，住居が重機で破壊され，段も形成されている。つまり図の下部にあたる範囲については，ほとんど集落の調査をおこなえなかったといえるだろう。かなりの住居が壊されて，かろうじて半分残ったものがあったという具合だ。

ところが全体図では第22図のようになる。破壊を受けた区域は全体図では上部になるが，そこに住居跡が分布していないのは，今みてきたように調査前にすでに壊されていたからと考えるべきであろう。この潮見台遺跡A地点も，加曽利E式後半の集落研究，あるいは埋甕研究で，かつては分析資料としてかなり使われていた集落遺跡なのだが，このような調査がおこなわれていたことを知るべきであろう。

第23図はすこし引いて撮影された航空写真で，左下に潮見台遺跡が見えている。よくみると平坦面の端がかなり重機で剥がされてしまっていることがわかる。やはり，かなりの住居がすでに失われていると考えるべきだろう。

八王子市西野遺跡　第24図は，1972（昭和47）年の八王子市西野遺跡の全体図だ。これは良心的な全体図だといえるだろう。掘っているところと掘っていないところがわかるからである。西野遺跡は，安孫子昭二により調査された。東京電力八王子変電所の建設に伴う敷地内の事前調査で，敷地面積は24,000m^{2}の広さがあった。ここで安孫子は，遺構確認のために次のような新しい方法を採用している。

「この範囲全体にまばらに遺物が散布するところから，発掘調査にあたって調査期間とその経費をいかに見積もるかが大きな問題となった。これまでの経験からすると，埋蔵文化財自体の性格もあろうが，表面採集によって成果が実際に発掘をやってみた場合に当たるか外れるかは，まさに5分と5分と言って良いだろうと。かと言って，それでは端から端まで綿密に調査しようかというかと言えば，それが理想的であるにしろ，いろいろな面で障害が生じることも必至である。そこで，24,000m^{2}というあまりに広い面積を対象とする場合に採用し得る1つの方法は，試掘というわけである。我々が行った試掘方法は，まず範囲全体を縦横それぞれ10mのグリッドに区切って，この中を更に2mグリッドに区切って生じる25個の小グリッドの内，中央部に当たる 10…23 区の 8m^2 を全グリッドに渡って調査することとしたと。この調査により遺跡全体の 8% をカバーし，各調査区より発見された遺構・遺物等の情報を元にして，全体を大局から把握し第 2 次調査の在り方を検討することにした」と報告書に書いてある。

たしかに新しい遺跡確認の試掘の方法だったかもしれない。古墳時代の集落の一部と，それから縄文時代の五領ヶ台式の住居が右上の区画の中から出ているようだ。今であれば，私ならば全部発掘してしまうところであるが，当時としてこのような方法が編み出されたわけで，じつは，この 8% に重要な意味がある。

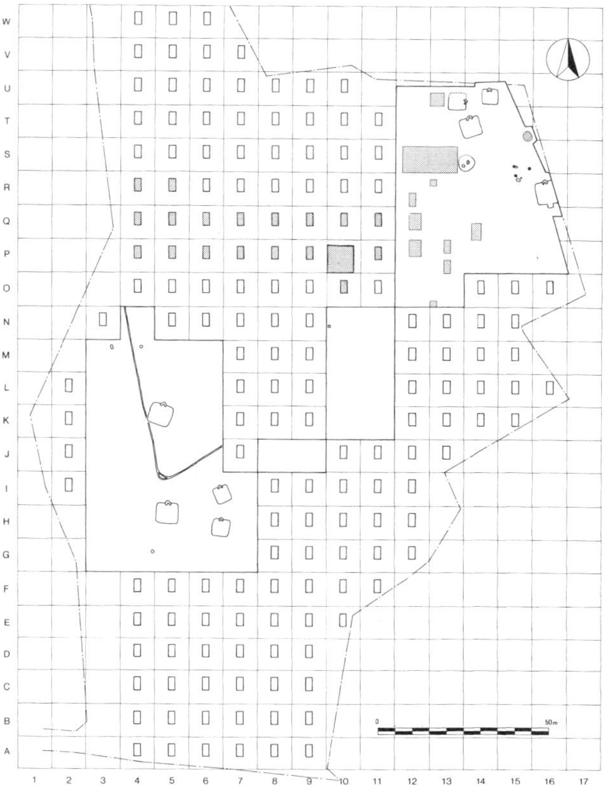

第 24 図　西野遺跡の試掘位置図（安孫子ほか 1974）

八王子市椚田遺跡群　第 25 図は八王子市椚田遺跡群の予備調査の時の航空写真だ。椚田遺跡も 276,000m^2 という広大な範囲を区画整理することになり，これをどのように発掘調査するかが課題となった。そこで分布調査の結果，遺跡が予想される範囲に 10m×10m を単位とする 100m^2 の方眼を設け，その一角の 8m^2 について試掘することにした。この試掘を隈無く面的に広げることによって遺構分布を正確に把握しようとしたのだ。

第 25 図　椚田遺跡群予備調査時の航空写真（西から）（八王子市提供）

この方法は，すでに八王子市西野遺跡の予備調査において用いられていたもので，椚田遺跡の調査でも採用されたのである。この安孫子昭二と服部敬史がおこなった予備調査の方法が，その後の東京都の埋蔵文化財保護行政に馴染み，今でも開発に対して 100m^2 あたり 8m^2，つまり 8%

第 26 図　椚田遺跡群神谷原遺跡全景（八王子市郷土資料館 1981）

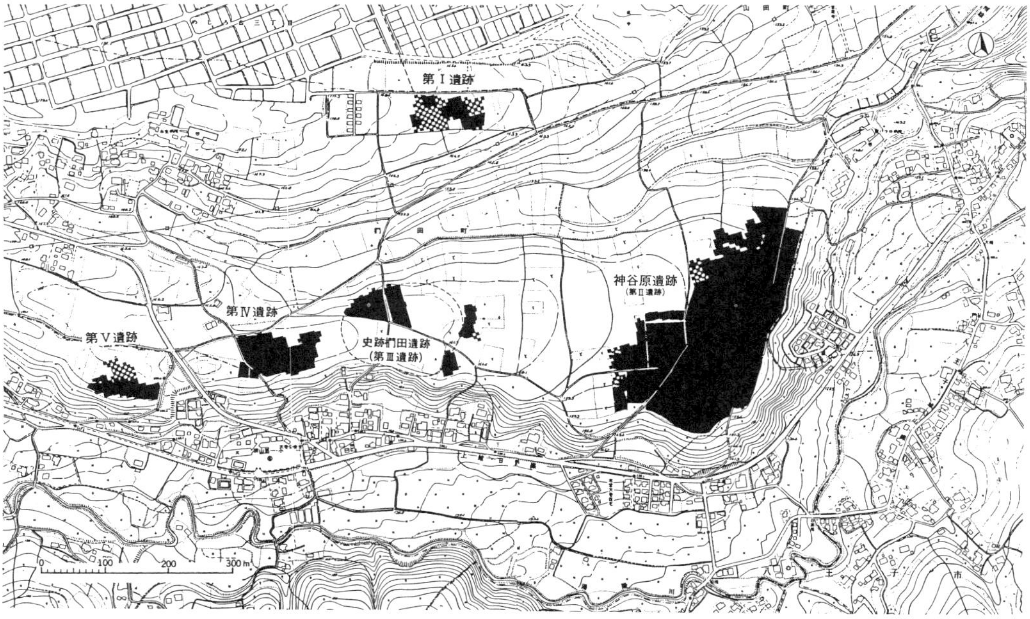

第 27 図　椚田遺跡群の範囲（八王子市郷土資料館 1981）

の試掘調査を業者に義務づけている。それがこの時点から始まり，8％の試掘で遺跡の全体像がつかめるという調査者の感覚を形成してきたということになる。

第 26 図の航空写真が，1974（昭和 49）年から 50 年頃の，縄文中期の集落遺跡で有名な神谷原遺跡だ。試掘されていない場所も認められるが，そこは遺跡の範囲外という認識があったということになろう。しかし，どこまでを調査の対象とするかを上手く考えるのが考古学者だと思う。物が出土しなくなったところで簡単に調査範囲から切り捨ててしまうというのが，やはり伝統的に発掘調査をする人たちの考え方であるかもしれない。

この椚田遺跡群の場合，発掘した部分が第 27 図のようになった。その後，諸般の事情で強引に第Ⅲ遺跡を国史跡にしたため，全域が調査できていないのであるが，この図をみると，国史跡

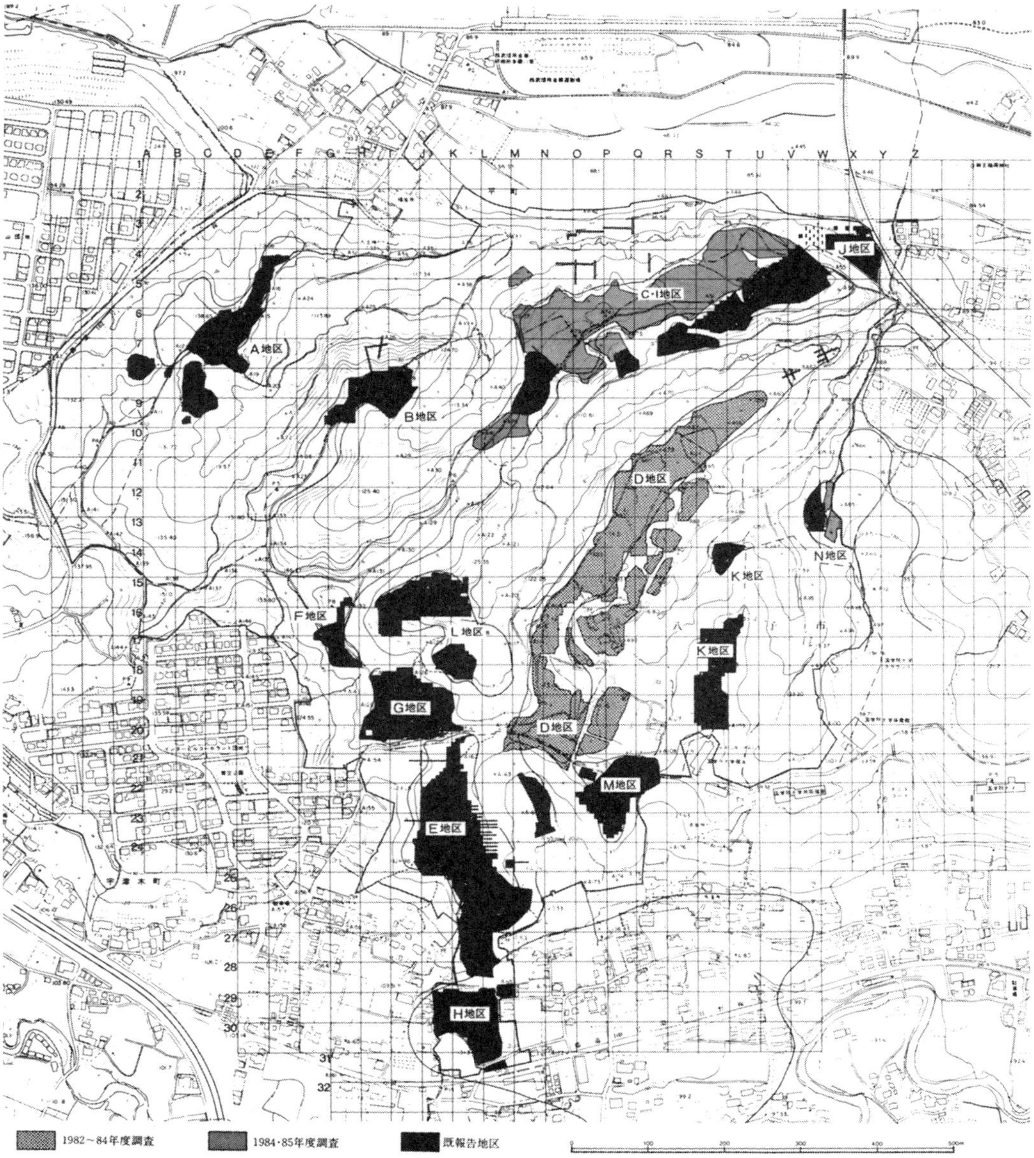

第28図　宇津木台遺跡群の調査区全体図（土井ほか1989）

となった第Ⅲ遺跡とその左隣の椚田第Ⅳ遺跡を別の遺跡だと考えるのはおかしなことだと思う。

八王子市宇津木台遺跡群　第28図は宇津木台遺跡群の発掘区全体図で，開発区域の西側で発掘できなかった部分が多くあるのに対して，東側部分はかなり広い面積を発掘できている状況が読み取れる。そのような「東高西低」の事前調査を私たちがおこなったことが，この図を見てもらえばわかるだろう。

第29図は縄文時代ではなく，古墳時代後期の鬼高期に関する宇津木台遺跡群の遺構全体図だ。宇津木台地区は，手のひらを見たときのような形状で，尾根があり，谷があり，また尾根がある

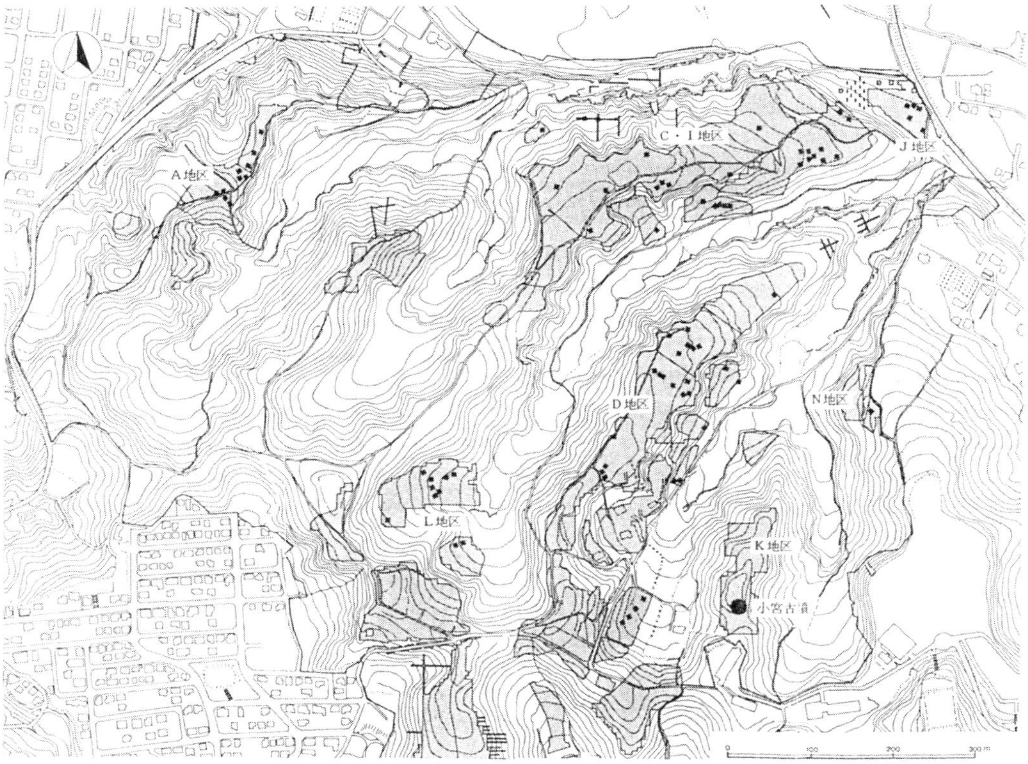

第 29 図　宇津木台遺跡群鬼高期住居跡の分布（土井・渋江 1988）

第 30 図　宇津木台地区航空写真（八王子市提供）

という地形なのだが，そのようなところに尾根，谷などの地形にかかわらず，ずっと鬼高期の住居が出てくる。この全体図を見れば，それぞれの地形にのっている住居群を一つの集落としてカウントして良いのかという疑問が当然出てくるのである。

たとえば，第29図の左上に見えているA地区は痩せ尾根だが，その上に大きな古墳時代の住居跡が出てきたりする。この住居に住んだ人間が痩せ尾根上に孤立しているはずがない。宇津木台地区の古墳時代の鬼高期の住居の分布状況をみていくと，当然のことであるが，当時のムラは，私たちが便宜的○○地区と呼んだような地形区分の単位ごとにあるのではなく，より広い範囲で考えていかなければならないことになろう。そのうえで，さらに6世紀なら6世紀の，7世紀なら7世紀のムラの在り方を考えいく必要がある。

空中写真でみると宇津木台地区の全体が第30図のようになる。遠くに富士山が見えるが，一番手前の丘陵が住宅造成されつつある宇津木台地区になる。この地域からできるだけ多くの考古学的情報をとりだそうとし，当時としては，かなり上手く調査をできたと感じているのだが，尾根を削って谷を埋める造成工事のなかで，担当者と話し合いをして，D地区については尾根全体を発掘することになった。そこにたまたま縄文中期の環状集落跡があったのである。

その半分を調査した状況の写真が第31図になる。発掘によって出てくる排土を，集落の尾根に置かないで，できるだけ谷に置こうとした。すると尾根肩部の一部では土砂が長い間に崩れ落ちている状況だという情報も得られた。崩壊してしまった住居跡があるならば，私たちが発掘調査して得た全体図のみで，いろいろなことを考えるのはおかしいのでは，という議論をしたこともある。

D地区の縄文集落は半分ずつ調査した関係で（第31・32図），集落の全体を写した全景写真がない。そこで写真を合成すると第33図のようになる。D地区の尾

第31図　宇津木台D地区全景写真1（土井ほか1989）

第32図　宇津木台D地区全景写真2（土井ほか1989）

第 33 図　宇津木台遺跡群 D 地区全景（第 31 図と第 32 図を合成）

第 34 図　南八王子地区滑坂遺跡（佐々木・三木 1988）

根の全長は約 700m で，その真ん中に縄文中期の集落跡がある。しかし，尾根の斜面途中から古墳時代の集落が現れたり，尾根先端から旧石器時代の生活痕跡も見出されたり，尾根下のテラスから江戸時代以降の生活と関わり合いがある遺構・遺物が出てきたりした。発掘区を広げれば広げるほど何かが発見される。単に縄文中期の住居が分布する範囲だけで，遺跡の範囲を線引きすることはとてもできないという結論をえることになった。遺跡には範囲がないのである。

八王子市滑坂遺跡　第 34 図は，南八王子地区の開発で発見された滑坂遺跡という縄文中期の環状集落跡である。広場といわれてきた真ん中辺りは，じつは非常に高くなっていて，おそらく一番下にある住居からは 2m 以上の標高差がある。尾根を挟んで向こう側に住んでいる人に声を掛けることは絶対にできないほどの高低差で，本当に広場であったのか疑問である。そのような状況も全体図から読み取らなければならない。むしろこのような状況からそれまでの常識を疑い，いろいろなことが考えられるべきだろう。

そして滑坂遺跡の場合は，北側下方に畑がずっと広がっていく。じつは，そこはさらに広大な中期の集落遺跡である小比企向原につながっていく。滑坂と小比企向原は大きな意味で同じ遺跡なのではないかと私は考えている。

八王子市多摩ニュータウンNo.107遺跡　多摩ニュータウンNo.107遺跡は，縄文時代の集落遺跡だけでなく，中世の大石氏館跡であることでも有名である。ところが縄文の研究者は，後者が及ぼした影響について，都合の悪い部分は無視してしまう傾向がある。

第35図は縄文時代の全体図だ。住居の残存状況からうかがうに，相当に後世の破壊を受けていることは明らかである。この遺跡を有名にしているのは，真ん中にある環状にめぐる穴たちであろう（第36図）。これらの「土坑」を墓と解釈する研究者が多い。たとえば谷口康浩（2005）は，これらを縄文時代の文節構造を説明する基本的な資料として使っている。しかし果たして，この図に示されたような群別線が本当に引けるのかははなはだ疑問だ。実際に発掘された状況写真を見てほしい（第37図）。分節線が引かれたところは，じつは古代の竪穴や中世の土地利用などで大きく破壊を受けているのである。古代や中世の土地利用による破壊を考慮しないで，縄文時代の「土坑」として調査された遺構だけが掲載されている全体図だけを参照すれば，そこに何となく線が引けるのは当然だ。縄文時代のみならず，全体の調査成果にもう少し目配りをすべきだろう。たまたま残っていた縄文時代の遺構全体図のみで，あれこれ論じるのはおかしいのではないか。

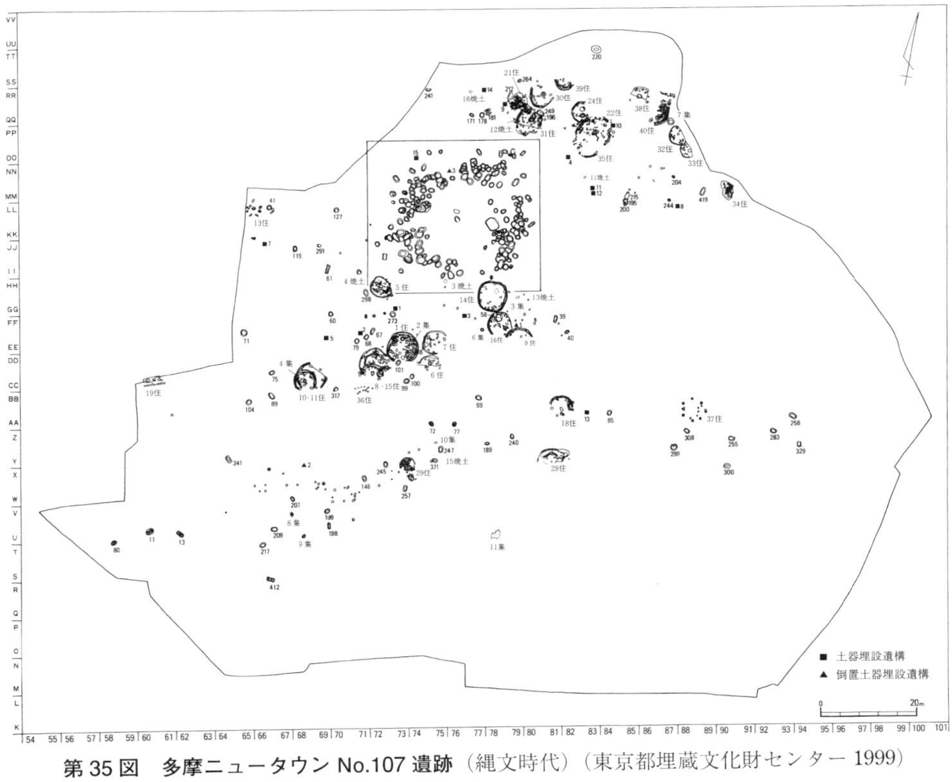

第35図　多摩ニュータウンNo.107遺跡（縄文時代）（東京都埋蔵文化財センター1999）

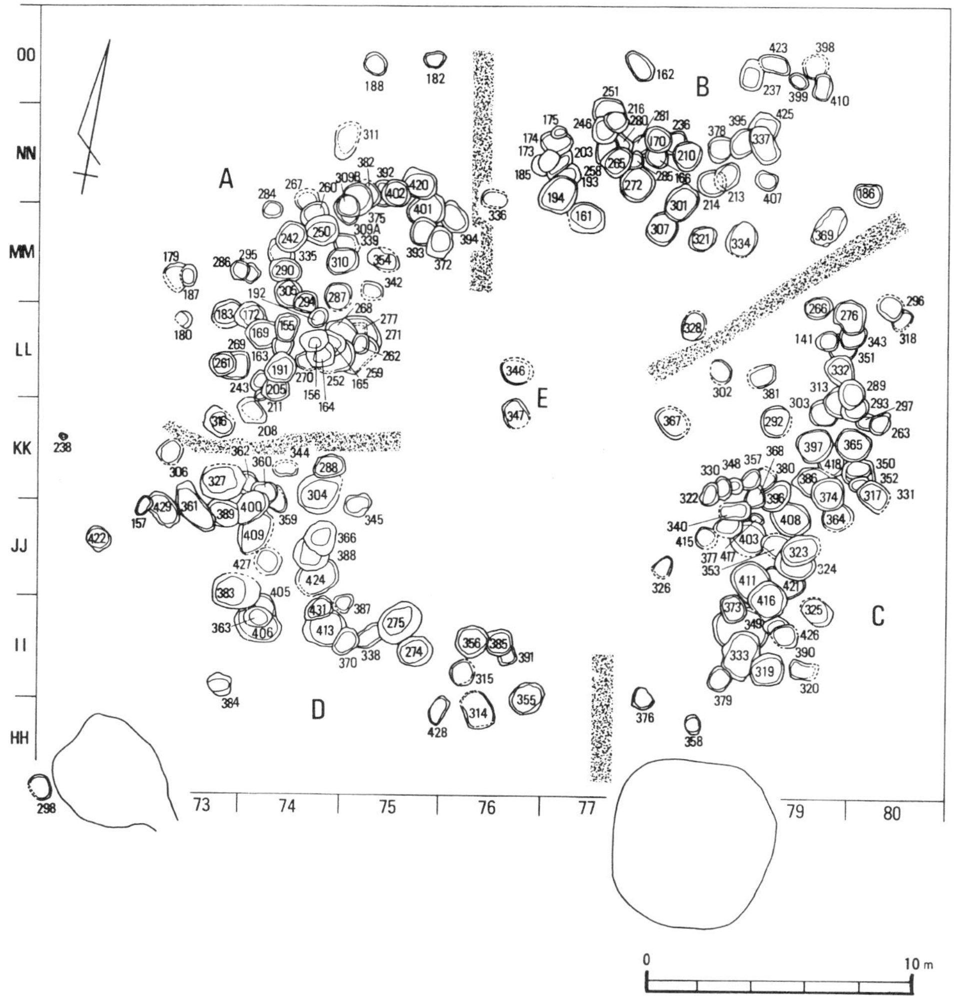

第 36 図　縄文時代の土坑群（東京都埋蔵文化財センター 1999）

第 37 図　縄文時代の土坑の空撮（東京都埋蔵文化財センター 1999）

大規模調査の始まった頃の発掘調査の問題点　それでは「大規模調査が始まった頃」の集落遺跡の調査方法について，すこしまとめてみよう。

①大規模調査が始まる以前の集落調査（昭和30年代）は，ランダムに試掘溝を入れた範囲で，遺構が確認できた部分を拡張するような方法で，それが南堀貝塚や宇津木向原，鶴川遺跡群の調査でおこなわれた。

②大規模調査が始まった頃の発掘調査（昭和40年代前半）になると，調査面積によって試掘溝の数を増やしたり，試掘溝をきれいに整えたりして，遺構を見つけるようになる。それは中田遺跡や船田遺跡の発掘調査だった。

③大規模な発掘調査方法が確立（昭和40年代後半）すると，調査面積に対して8%の試掘溝を確保して，調査対象範囲に設定し，広げていくやり方が定着した。善し悪しがあるかもしれないが，その端緒が安孫子昭二の西野遺跡，そして服部敬史の椚田遺跡群の調査だった。

このように顧みると，集落遺跡の調査経験が少なかった時代もあるし，発掘調査の内容の検討もおこなわれないままに，工事で壊される前に，できるだけ多くの住居を掘り上げるというのが，日本考古学の長い間の課題であったようにすら思えてくる。

そうした不十分な発掘調査の成果物として，未発掘部分を無視した集落全体図が作られ，その全体図が集落研究の基礎資料として一人歩きをしていった。集落全体図の一人歩きとともに，発掘調査記録の精度の問題もあった。つまり，どの遺構のどの位置からどういう遺物がどのような状態，どの程度の量で発見されたのか，そうした基礎的なデータについて，現在のような正確な記録は残されてはいない。つまり遺構の廃絶時期を決定したり，同時存在を確認したりする資料としては，きわめて不安定，不十分な報告書が出され続けてきたといえるだろう。

冒頭に引用した藤森栄一と水野正好の発言（藤森1966，水野1969）は，「大規模調査が始まった頃」の「②」すなわち昭和40年代前半にすでに提出されていた。それにもかかわらず，集落分析の原則は確認されることなく，そういうことはお構いなしの集落研究がおこなわれてきた。それはつまるところ，日本考古学は，資料論や調査方法論という基礎論を鍛えてこなかったということにほかならない。

「遺跡はどのような情報を内包しているのか，発掘調査は何をどのように記録する学問的な作業なのか」，そんな基本的なことを，日本考古学は，ほとんど考えてこなかった。遺構群別の作業に典型的にみられるように，発掘の結果，掘り出した遺跡や遺構・遺物をどのように解釈するのかが優先されており，考古資料の性格は何かや，それを収集する方法としての発掘調査そのものに対する基礎的な議論はほとんどなかったのである。

極端な言い方をすれば，新発見の遺物を探すために良さそうな遺跡があるから発掘してみるという状況が省みられることなく，1960年代の高度経済成長に伴った大規模開発による事前調査の時代に突入してしまった。そこでおこなわれてきた発掘調査方法を冷静にみていくと，発掘とは少ない経費で最大の成果をあげるのが良いとされてきたようにさえ映る。成果とは，できるだけ多くの住居を掘り，できるだけ多数の遺物を回収するということである。そのために効率のよい調査手順が常に求められており，トレンチを入れて，遺構がみつかると拡張するという方法がまず一般的におこなわれた。この方法が採用されたのも，地中に埋蔵された遺構を手早く掘り上げること，そこに残されている遺物を手早く掘り出すことを目的にしていたからに他ならない。そうした悪弊が，開発に伴う大規模な事前調査が確立した以降，そして現在もなお続いているといえるのかもしれない。

2　遺物の出土状況への注目のエポック―吹上パターンと原位置論―

日本考古学において，「遺跡はどのような情報を内包しているのか，発掘調査は何をどのように記録する学問的な作業なのか」という基本的なことが省みられなかった証拠として，考古資料論の基本の一つ，資料の残り方の問題，とくに遺物の出土状態をめぐる議論が現代のように活発になってくるのは，そんなに古いことではないという事実を改めて指摘しておきたい。

第38図　武蔵高等学校裏石器時代住居跡1（縄文土器の出土状況）（山内 1936）

第39図　武蔵高等学校裏石器時代住居跡2（山内 1967）

私が考古学を始めたのは，先述した八王子市中田遺跡の調査に参加した1966（昭和41）年からである。その頃は，土器の編年研究が主流であって，遺物の出土状態といえば，層位との関係においても，遺構との関わり合いにおいても一括出土土器が編年資料として重視されていた。方法論といえば，型式論だとか様式論だとか，土器の時代や年代をどうみるかを一所懸命におこなっている研究の動向だった。一方で遺物の出土状態が意味する情報については，特殊なあり方以外はほとんど注目されていなかった。

住居から出土した土器の認識について　それでは，集落研究の基礎的な単位となる住居からの出土遺物はどう認識されていたのかというと，まず注目したいのが，武蔵高等学校裏石器時代住居跡縄文土器の出土状況について，山内清男が1936（昭和11）年の『ミネルヴァ』第1巻第4号に，写真を示して「竪穴部が廃用後凹地となり，そこに土器が捨てられたもの」，つまり土器は廃棄されたものだと述べている事実である（第38図）。そこには新たに竪穴住居の写真（第39図）などが加えられている。本格的な発掘調査とはいえないと思うが，第40図のような，住居跡に関する図面も載せられている。

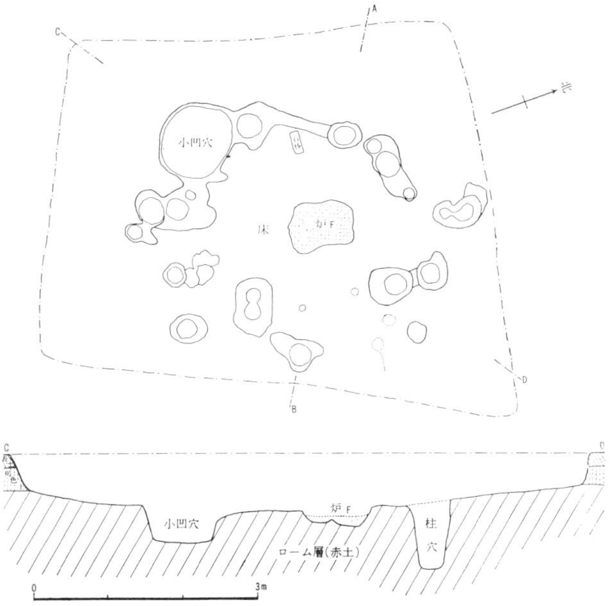

第40図　武蔵高等学校裏石器時代住居跡3（山内1967）

昭和前期に山内清男が述べた，このシンプルで，ごく当たり前の資料認識が，どうしてその後きちんと共有されてこなかったのであろう。たとえば国分寺市多喜窪遺跡の調査について，1949（昭和24）年に発行された吉田格の『武蔵野の石器時代』という小さな本に，第41図の写真が掲載されている。そこには「都下国分寺町滝久保発掘の勝坂式竪穴で中央に石囲の炉があり。発掘後に元の位置に土器を置いたものである」（吉田1949）と書かれてある。住居から出土した土器が，この住居の床面にどのように置かれていたかを再現している。この考え方は，そのまま『国分寺市史』にも採用されている（第42図）。

第41図　国分寺市多喜窪遺跡（吉田1949）

当時は，トレンチを入れて，そこで住居が当たった部分を拡張して，壁の向こう側に土をどんどん上げていくような発掘調査方法がとられていた。国の重要文化財になるような土器もまた，全部が完形ではないのだが，あたかもそこから出土したかのように床面に並べられているのである。同じような再現は，藤森栄一が自らおこなっているかは未確認であるが，その後長野県の井戸尻遺跡でもおこなわれている。要するに住居覆土から出てきた土器は，その住居で使用されていたと，ほとんどの考古学者が素朴に思っていたのだ。もしかすると今でもそう思っている研究者もいるかもしれない。

第 42 図　多喜窪遺跡（国分寺市 1986）

第 43 図　吹上遺跡 A 地点第二層（昭和 34 年調査）（栗原文蔵ほか 1959）

第 44 図　吹上遺跡 B 地点（栗原文蔵ほか 1959）

吹上パターン提唱の意義とその清算　1936（昭和 11）年に山内清男が「竪穴部が廃用後凹地となり，そこに土器が捨てられたもの」（山内 1936）という認識を示していたにもかかわらず，それが一般的な考え方とならなかったのは，今からするといかにも不思議だ。しかし，『ミネルヴァ』に書かれたものについて誰も問題としなかった，それもまた事実なのである。当時は，そういう状況ではなかったといってしまえばそれまでだが，住居の廃絶と出土遺物の性格について，住居の廃絶と土器の遺棄および貝層の堆積が，時間的に不連続であるという当たり前の事実を再確認したのは，やはり小林達雄だった。

吹上パターンの話をしよう。米島貝塚の報告には，ほとんど写真がないため示すことはできないが，そもそも吹上パターンの提唱の原因になったのが，1959（昭和 34）年の大和町吹上貝塚の第 2 層における土器の出土状態だ（第 43 図）。勝坂式の新しい方の土器が多数出土している。別の住居では第 44 図のように床よりも上の方から土器がまとまって出土している。この報告書を基本にして小林達雄は吹上パターンを提唱した。

埼玉県庄和町米島貝塚の報告，山内の発言から約 30 年後の 1965（昭和 40）年，この報告で小林が竪穴住居から出土する遺物を廃棄物と認識し，そしてその認識が一般化することに道を開いたという意味で大きな画期をつくったと私は思う。

報告のなかで「貝層を取り除くとすり鉢状のくぼ地の底辺に十数個体の完形土器が累々と並んで現れ，その土器を全部取り上げてすり鉢状の底を30～50cm掘り進むと，住居地の床面に突き当たったのである」（小林ほか1965）と述べて，この遺物出土状況を単なる遺物・住居址の出土状態・埋没状態にとどまらず，縄文時代における人間集団が果たした所業の一つの型，つまりパターンに止揚して認識されるべきものだといって，廃絶される住居がある程度埋没したくぼ地に完形土器が廃棄されるという廃棄行動を，埼玉県吹上貝塚の中期の住居址の例から吹上パターンとよんだわけだ。そして，いくつかの報告書で「この点を確かめようにも記述が曖昧である」と，当時の報告書への批判が述べられている。しかし，小林自身による発掘調査そのものに対する批判はなかったように思う。また米島貝塚の報告書自体も写真などがあまりなく，きっちりとした報告書ではない。そのためここで具体的に取り上げることができなかった。

吹上パターンの提唱は，1965（昭和40）年の米島貝塚の報告だったが，その段階ではあまり注目されていなかったような気がする。その後，東京都多摩ニュータウンNo.46遺跡の発掘があり，1968（昭和43）年度の日本考古学協会の研究発表で一躍注目を集めることになった。No.46遺跡の報告書は翌年に刊行され，反響をよんで1970年代前半の多彩な研究状況を生み出すきっかけとなった。

それ以後は，各地から○○パターンとよばれる出土状況の多様な在り方が報告されるようになる。西耕地パターン，平和台パターン，井戸尻パターン，新井戸尻パターン，亀ヶ岡パターンなどであるが，これらは要するに多種多様な遺物の出土状態を指しているのが実態だった。吹上パターンと異なる出土状態に対して○○パターンが認識されはじめたのだろう。つまり，小林達雄が吹上パターンを提唱して以降，全国的かはわからないが，縄文研究者の間で遺物の出土状態への関心が高まったことに意義がある。

一方で吹上パターンそのものについての検討もおこなわれるようになっていく。小林達雄自身は，完形土器の廃棄に少しこだわりすぎ，ある時期に新しい土器が製作されると，使用可能な土器を一括して捨てるという廃棄現象のシーズン制の問題へと進んでいった。しかし，住居の覆土に一括して廃棄されていた土器には，完形の土器はほとんど無かったといって良い。全く無いかといえばそういうわけではないが，基本的に完形の土器がそのまま廃棄されていくということはあり得なかった。復元土器の多くは，ほぼ完形と記述されていることが多く，完形土器が廃棄されたと，小林だけではなく，割合一般的に考えていたのだろう。結局，その後，土器製作に関わるシーズナリティ論として小林が提案した吹上パターンは清算されることになる（後藤1981）。

しかし，吹上パターンには，二つの重要な資料認識があったと思う。一つは，竪穴住居覆土から出土する土器を廃棄物だと認識したことだ。もう一つは，覆土の堆積に竪穴の埋没過程，つまり時間差を認識したことだ。この二つ資料認識が重要で，この資料認識が基本になり，今度は第1次埋没土の存在から議論は，いわゆる集団移動論という副産物も生まれた。小林達雄が意図したところはともかくとして，吹上パターンの提唱は，遺物の出土状況への注目という意味では大きな刺激になったのである。もちろん，当時若かった私たちも刺激をうけたのだが，それをきっかけにして，遺物の出土状況に着目する意識が非常に高揚したことは疑いが無いだろう。

「原位置」論の限界とその学史的意義　そういった渦中に登場したのが，麻生優の「原位置」論だ。1969（昭和 44）年に「『原位置』論序説」を『上代文化』発表している。遺物の出土状態は，人間行動の結果を示し，その状態を「原位置」とよんで，遺物の出土分布の意味を探ろうとしたのだ。

この「原位置」はなかなか難しい。私は麻生の考えた「原位置」はすこし違うと思っているが，とにもかくにも，目的を達成するためには，一つ一つの遺物の出土位置，つまり「原位置」の正確な記録が必要であるといって，この年に神奈川県川崎市の十三菩提西耕地遺跡の発掘で実践する。この略報は 1971（昭和 46）年 3 月に刊行されるのだが，接合した資料を線で結んで，その意味を検討することも考えられていたのだが，残念ながらドットマップの一部が例示されただけで，その成果は結局公表されなかった。麻生の「『原位置』論序説」の一節を以下に示す。

「小さな土器片でさえも，原位置の分布状態は（完形土器との関連において）何かその性格を解明できるかもしれない（注）」。注については後述する。「そのためには一つ一つの遺物の出土状態の正確な記録が必要である。完形品であろうと，破片であろうと，一つの遺物のあるがままの姿は，ある時点でのヒトの行動の結果を示すものと考えられるのである。この立場に立って出土状態の微細な観察を進めていけば，必ずや現在の時点で解明されないいくつかの重要な歴史事象が解明できると思われる」（麻生 1969）。この部分は確かにそうだと思う。

注であるが，そこには「神奈川県十三菩提遺跡では，包含層から土器片が出土する意味を解明するために，1 つ 1 つの土器片の出土状態を細かく記録した。土器面を上にしているか，下にしているか，横にしているかに注意を払った」と書かれている。しかし，ここまで来るとすこし違和感をもつし，限界がある。麻生は，発掘したときに出てくる遺物のすべてが，縄文時代なら縄文時代の当時のままの状態で残っていて，それが「原位置」なんだという考え方をもっていたが，実際の遺物は麻生の思うようには残ってはいないことは明らかだ。しかし，遺物の出土位置を記録する，つまりドットをとるという調査方法について，私たちは「原位置」論から学ぶものがあった。それが良かったと思っている。

遺物の出土位置を記録する調査の進展　麻生の考えた「原位置」の意味はともかく，これ以後，遺物の出土位置を記録する調査が集落遺跡の調査でも始められる。まず，1972（昭和 47）年には東京都日野市平山橋遺跡を小田静夫が，東京都小金井市貫井南遺跡を安孫子昭二が調査し，遺物の出土状態を細かく記録していった。

ただし貫井南遺跡の場合は，事前調査として初めて，表土以下に包含される遺物の全てについて出土地点とレベルを記録する発掘を採用したのだが，発掘調査から 15 日目で挫折し，ドット記録は遺構内に限定することにした。縄文中期の集落跡の中心部，そして膨大な出土遺物を前にして，定められた 3 ヶ月という調査期間での調査の完了が危ぶまれたための措置だろう。ドット調査の目的としては,「吹上パターンの検証を含めた住居地および住居外の遺物の出土の仕方を見極めることにあった」(安孫子 1974) と書いてあるが, 結果的には住居覆土の遺物出土状態の多様性の確認に終わってしまった。

この頃私たちは, 小金井市栗山遺跡の発掘調査をおこなっていた。この調査は, 1971～1973(昭和 46～48) 年の3回に分けておこなったのだが, 遺跡の性格を確認する目的の学術調査だった。小田や安孫子に先立って, 1971 年の調査では表土を除いて石器は出土地点とレベルを記録して, 土器片を除く主要な遺物も同様に取り扱った。これには, 従来一括して扱われていた石器の分類や, 組み合わせを考えてみようという目的があった。縄文時代の場合も, やはり旧石器の発掘と同じように, どこからどのように石器が出るかという記録が必要ではないかと思ったのだ。

その問題意識が生まれたのが, 栗山の調査をする前に, 小金井の貫井遺跡の報告書を作成しているなかで, 石器の出土位置が問題になった。ちょうどその頃, 縄文農耕論が流行りで, 打製石斧が多いとか, 石鏃が少ないなど, いろいろな意見が出ていて, 縄文の石器研究をどうするのかという話題があり, 石器分析が注目されていた。

それまで覆土一括で扱われていた石器も, やはり出土位置が不明確だと資料として使えないと, そういう認識に至った。そして翌年度の調査では, 前年度に確認した住居地内の出土遺物のすべて出土地点とレベルを記録し, 住居を調査するにあたっては, やはり吹上パターンを細かく検証しようという目的があった。そのために, 土器の出土位置も細かく記録しようということになった。この年には, 貫井南遺跡や平山橋遺跡などの調査も行われていたため, そのようなものを見聞するにつけて, 3年目には住居地以外の各グリッドに拡大して, 全体に広げて記録することにした。

小金井市栗山遺跡での実践　報告書を作成するにあたり, 遺物の出土分布を活かそうと, いろいろと考えた。とくに土器の接合を徹底的におこなった。完形に近い土器にも, 離れた場所に散らばった何片かの破片が接合していくことに気がついた。最初から同じ方法でずっと記録を取っていれば, もう少し見やすい出土分布図や, 接合図が提示できたと思うのだが, それでもいくつかの興味深い事実がわかってきた。

まず住居が埋没する前, 住居廃絶後におそらく住居の壁の上の方の住居外にあった土器が, いくつかの破片に分かれて, 住居の埋没に伴って覆土中に流入してきたものだという状況が, 接合関係から確認された。つまり層位また地点を越えて離れた土器片が接合する状況がかなり認められていく (土井ほか 1975)。これは○○パターンとよばれてきた状況とは全く異なる現象だ。もちろん, 私たちはこれを栗山パターンとよぼうとは思わなかった。むしろ遺物の出土状態の多様性を改めて認識することこそ重要だったからである。そのため, まずこの多様性を細かく出土状況を取りながら検討すべきだと考えた。

吹上パターンの, 完形土器といいながら, じつはほとんど完形ではなく, 底部の抜けたモノや致命的なひび割れのあったもの, あるいは一部欠損したモノも完形と認識されていたように, つまりこれは実測図を作るときに, あたかも完形のように実測図が報告されていて, それを見た人が皆これは完形だと思い込んだということも大きかったような気もする。ともかく従来〇〇パターンとよばれているものの多くは，その根拠となった資料を，第三者が再検討できるような報告として提出されてこなかった。

また，今では当たり前の認識なのだが，私たちが想像していた以上に遺物は移動していて，それが接合したりする。かつて接合作業をおこなった時点では，遺物の分布から生活面の把握もできるのではないかと考えていたのだが，だんだんそれは本来あり得ないことだと考えるようになった。つまり，ある時期の地表面は，その後の土地利用によって，また自然の様々な要因によって絶えず攪乱されているわけだから，遺物が元の位置から移動するのが当然のことだと。その結果，遺物包含層は形成されていくものだと思いいたった。こんな当たり前のことも，それまでは本格的に議論されることはまず無かったのだ。

それからもう一つは，発掘調査には，その経過とともに自ずと姿を現していくような可視的な情報，たとえば掘りあがった遺構であるとか，土器の出土状態などばかりではなくて，現場では観察できなかった情報，接合してこういう結果が出た，あるいはすでに破壊されてしまった遺構，たとえば覆土中に掘られていた土坑のようなものなど，上層から下層に順に掘り下げていったときに認知できなかったような情報が，遺物の出土分布や接合関係から導き出されることがわかったことも，重要なことだった。

さらにもう一つは，中期と思われていた栗山の集落遺跡から，堀之内１式の土器片がかなり出てくる。これは当時は不思議であったが，その後，栗山の崖線下の野川に沿って，割合低いところに後期の集落，住居の調査がおこなわれるようになった。中山真治も注目しているように，堀之内１式の土器片の分布は，土坑の分布と重なることが明らかになった（中山 1994）。つまり後期の人々は，中期の人々よりも一段低い，段丘下の野川沿いに住居を構えていたのだが，なぜか土坑だけは段丘上に作るという可能性がみえてきた。

このように様々な遺物の動きを知って，本来の状況を復元するためにも，出土位置の記録や接合作業というのがとても大きな意味をもっていることに気がついた。

その後各地で，このような遺物分布状況を記録する試みが始められるようになった。たとえば，茨城県大洗町のおんだし遺跡（おんだし遺跡調査団編 1975），神奈川県相模原市の当麻遺跡（神奈川県教育委員会 1977），あるいは古墳時代の長野県市道遺跡（市道遺跡発掘調査団 1976）などがある。しかしあまり良好な結果は得られなかったようだ。それはおそらく，いずれの調査も試行錯誤の段階，つまり何が見えてくるのかがあまりわからないままに，手探りの状況でおこなっていたからだと思う。おそらく徹底的な接合作業がおこなわれていれば，接合図を通して新たな情報が得られたはずだった。しかし，調査期間，整理期間という時間的な制約がクリアできないことが普通だった時代のため，こうした方法の有効性を確認できないまま終わってしまったのだと思う。

遺物の出土状況の記録―考古学の方法論的基礎―　このように遺物の出土状況を記録する調査を始めて，私はずっとそれを続けてきた。しかし，どうだろう。それ以降盛んになった大規模調査のなかで，この調査方法はあまり定着していかなかったような気がする。しかし，縄文の話，縄文時代に限ったことではなく，どの時代でも私は同じことだと思う。遺物の出土状況の記録は，考古学の方法論的な基礎だと考えている。

1979（昭和54）年に東京都八王子市弁天池北遺跡という古墳時代後期の集落で調査をしたときに，その住居から出てくる遺物を約三つの出土状態のタイプに分けて報告したことがある（土井1981）。古墳時代の報告書ではおそらく初めてだったと思うのだが，そういう違った形で認識できる出土状態は，やはり厳密に分けなければならないと思ったからだ。

この後1981年から，先述した東京都八王子市宇津木台遺跡群の調査を担当することになるのだが，その遺跡群の調査を通して，さらに調査記録の充実を考えていくことになる。その後，いろいろな機会を捉えて資料論・調査方法論を考え，遺跡観の検討にも視野を広げた。そうした思考過程にあるときに，1984年に山梨シンポジウムが開催されたのだ。それをきっかけに縄文集落の研究にどうも新しい見方が必要だという思いがあり，いくつか考えるところを問題提起していった。

これについて，またその後の東京都を中心にした研究動向については黒尾和久が『東京考古』の30号を記念した「『東京考古』到達点と展望」という特集にあたり縄文時代の「集落・領域論」についてまとめているので参照してほしい（黒尾2012）。

おわりに ―遅まきながら考古学資料論と発掘調査方法論を鍛え直そう―

縄文に限ったことではないが，考古学的な集落研究をおこなっていくには，かつての藤森栄一や水野正好の指摘（藤森1966，水野1969）に立ち返って，集落研究の基礎資料としての集落全体図そのものの検討が必要である。今後集落遺跡の調査をするときには，是非とも藤森や水野がいったことを噛みしめながら，第三者がそれを利用できるような調査・報告をしてほしい。それが今後の日本考古学の一番大きなポイントになっていくと思う。

ただ最初に述べたように，日本考古学はきちんとした方法論を組み立ててこなかった。私も「考古学方法論ノート」（土井1985c・1987・1989a）を書いたのだが，いろいろな概説書を見ても，考古学はどういう学問かはっきりわかる解説をしたものはほとんど無い。大学で考古学を専攻した人はたいてい概説書を読むが，そこには昔の人たちの行動を確認することだなど，曖昧なことしか書かれていない。

もしかしたら今の大学の考古学の先生も，発掘調査をして，遺跡をどのように捉えて，どうやって情報を取り出すか，そのためにどのような方法があるのか，学生に十分に教えていないのではないだろうか。じつは，大学の先生でも発掘調査の経験が十分という人は意外に少ないのではないか。そのため考古学専攻の大学でも，遺跡論だとか，考古資料論だとか，発掘調査方法論などの基礎論がよく解らないままにされているような気もする。

実際にいろんな人と発掘現場に出てみると，遺跡からどういう情報を得たいと，誰もが同じように考えているわけではないことに気づかされたし，私たちも誰かから手取り足取り発掘調査の方法を教えてもらってきたわけではない。発掘において失敗して掘り過ぎたり，下手をすると壊したりすることがあった。しかし，そういう失敗を重ねながら経験値をあげて，つぎはもっと正確な調査をして，良い情報を得るのだというように前へ前へと進んでいくしかなかった。

そのような経験を積み重ねてゆき，発掘調査はどのようにおこなうのが一番良いのか，どういうデータを取れば良いのかと私が考えはじめたタイミングで，吹上パターン論で廃棄物の話が，さらに遺物がどのように残っているのかという「原位置」論の話が出てきたのだ。これらの議論の良いところと限界を見きわめ，合わせながら，実際の発掘をして調査報告をおこなってきた。

考古学方法論の基礎として，遺物の出土分布状況をしっかりつかまえる。そして遺物を接合して，そこからみえてくる遺跡が内包する様々な問題に，いろいろな角度からアプローチすることはとても大事だと私は改めて思う。本書で扱っている研究集会を主催している，いわゆる「新地平グループ」とは別に，ドットや接合など，そんなことをやってもしょうがないという勢力が常に片方にいるわけだが，私自身はそれが大事だと若い頃から思ってきたし，実践してきた。

いわゆる「点を取る調査」を，私たちが始めた後で，各地でいろんな試みがあったのだが，そうした実践が意外と引き継がれていかなかったのは，まずは何よりも発掘調査期間というよりは整理期間が確保されていなかったからだろう。しかし，その背景には，出土遺物の地点データを基に接合作業をして，作成した分布図や接合図からどのような情報を引き出すのかという重要な，しかし基礎的な作業プロセスがおざなりにされていて，なおかつそれで良いとする風潮があったからのように思う。

遺物出土状態に関する細かい検討を行い，その検討素材についても提示しつつ，良い方向に集落研究や考古学調査を盛り上げていくことが大事ではないだろうか。たしかに時間をかければかけるほど，出土遺物や遺跡の内容を検討する問題が次々と出てくる。いくらでもやることはあるはずだ。そして，その基礎論として，遺跡とはなにか，発掘とはどのような営みなのか，考古資料の性質などがきっちりと押さえられている必要がある。

ともあれ「考古学の資料論と調査方法論を鍛え直しながら」，日本考古学も「遙かなる地平に近づいていくべき」だと，私は考えている。年齢も重ねたので，私自身は今後大きな発掘調査を主催することはできないかもしれないが，できたらもう一回は発掘調査に参加して様々な課題に取り組んでみたい。

たとえば中央大学に現職を得た小林謙一が，現在，相模原市とタイアップして学術調査をしているのは，私が1990年代前半に『藤野町史』の編纂に協力したときに現地を踏査して，「これは本当に良い遺跡だ」と思った大日野原遺跡だった。南関東で最後に残された縄文大集落といっても良いようなところで，私も好きなように発掘調査をしてみたい。その際に，考古学資料論と発掘調査方法論を鍛えるという方向性で，調査に参加する者が集まって，いろいろな検討や議論をするのがやはり一番良いだろう。そのようにして，私たちは間違っていない方向に，新しい研究の「地平」をのぞむ方向に進んでゆけるのではないだろうか。

(2012年6月30日講演，記録・校閲：黒尾和久)

参考文献

麻生　優　1969「『原位置論』序説」『上代文化』第38輯　国学院大学考古学会
安孫子昭二ほか　1974『北八王子西野遺跡』東京西線及び北八王子変電所遺跡調査会
安孫子昭二ほか　1974『貫井南　小金井市貫井南遺跡調査報告』小金井市貫井南遺跡調査会
板橋区郷土資料館　2007『時代を開いた男と女—考古学者和島誠一と高群逸枝・平塚らいてう・市川房枝—』
市道遺跡発掘調査団　1976『市道長野県佐久市市道遺跡の発掘調査』
岡田淳子ほか　1967〜68『八王子中田遺跡』1〜3　八王子中田遺跡調査会
おんだし遺跡調査団編　1975『茨城県おんだし遺跡』
神奈川県教育委員会　1977『当麻遺跡・上依知遺跡』
久保常晴・関俊彦ほか　1971『潮見台遺跡』中央公論美術
栗原文蔵ほか　1959『大和町のむかし“吹上貝塚”』大和町教育委員会
黒尾和久　2012「『東京考古』到達点と展望　縄文時代」『東京考古』第30号　東京考古談話会
国分寺市　1986『国分寺市史』上巻
後藤祥一　1981「新山遺跡における遺物の遺存状態の観察　補論・「吹上パターン論」とはなにか」『新山遺跡』東久留米市教育委員会
小林達雄ほか　1965『米島貝塚』庄和町文化財調査報告第一集　庄和町教育委員会
小林達雄　1968「多摩ニュータウンNo.46遺跡における吹上パターンについて」『日本考古学協会第34回総会研究発表要旨』
小林達雄　1974「縄文世界における土器の廃棄について」『国史学』第93号　国史学会
佐々木克典・三木　勉　1988『南八王子地区遺跡調査報告』4　八王子市南部地区遺跡調査会
谷口康浩　2005『環状集落と縄文社会構造』学生社
中央高速道八王子地区遺跡調査団　1973『宇津木遺跡とその周辺　方形周溝墓初発見の遺跡』
土井義夫ほか　1975「発掘調査時の記録に基く成果と問題点」『栗山』小金井市教育委員会
土井義夫　1981「土器の出土状態の記録」『弁天池北遺跡』八王子市弁天池北遺跡調査会
土井義夫　1985a「シンポジウム『縄文集落の変遷』に参加して」『東京の遺跡』No.6　東京考古談話会
土井義夫　1985b「縄文時代集落論の原則的問題—集落遺跡の二つのあり方をめぐって—」『東京考古』第3号　東京考古談話会
土井義夫　1985c「考古学方法論ノート（1）」『貝塚』35　物質文化研究会
土井義夫・渋江芳浩　1987「平安時代の居住形態—武蔵国多摩郡における集落遺跡の検討—」『物質文化』49　物質文化研究会
土井義夫　1987「考古学方法論ノート（2）」『貝塚』40　物質文化研究会
土井義夫　1988a「考古資料の性格と転換期の考古学」『歴史評論』No.454　歴史科学協議会
土井義夫　1988b「『セツルメント・パターン』の再検討」『史館』第20号　史館同人
土井義夫・渋江芳浩　1988「古墳時代集落遺跡の二つのあり方」『日本考古学協会第54回総会発表要旨』日本考古学協会
土井義夫　1989a「考古学方法論ノート（3）」『貝塚』43　物質文化研究会
土井義夫　1989b「あとがき」『宇津木台遺跡群XⅢ』1982-84年度（D地区）発掘調査報告書（4）　八王子市宇津木台地区遺跡調査会
土井義夫　1989c「宇津木台地区の全発掘区と調査面積」『宇津木台遺跡群XⅣ』八王子市宇津木台地区遺

跡調査会
土井義夫・黒尾和久ほか　1989『宇津木台遺跡群』XⅢ　八王子市宇津木台遺跡調査会
土井義夫・渋江芳浩ほか　1989『宇津木台遺跡群』XⅣ　八王子市宇津木台遺跡調査会
土井義夫　1990「古墳時代集落研究の現状と課題」『千葉県立房総風土記の丘年報』13　千葉県立房総風土記の丘
土井義夫　1991「1990 年の縄文時代学界動向　集落・領域論」『縄文時代』第 3 号　縄文時代文化研究会
土井義夫・黒尾和久　1992「縄文時代前期前葉の居住形態」『武蔵野の考古学』吉田格先生古稀記念論文集刊行会
土井義夫　1995a「再審請求したいのは姥山人だけではない」『論集宇津木台』第 1 集　宇津木台地区考古学研究会
土井義夫　1995b「考古学資料論」『中世資料論の現在と課題』名著出版
土井義夫・黒尾和久　1996「1995 年の縄文時代学界動向　集落・領域論」『縄文時代』第 7 号　縄文時代文化研究会
土井義夫・黒尾和久　1997「考古資料をめぐって—地域史研究の立場から」『地方史・研究と方法の最前線』雄山閣
土井義夫・黒尾和久　1999「方法論　遺物の出土状態と出土分布論」『縄文時代』第 10 号　縄文時代文化研究会
土井義夫　2001「縄文　多様性の追究と発掘調査」『歴史評論』No.615　歴史科学協議会
土井義夫・黒尾和久　2004「〈対談〉多摩の縄文中期のムラを掘る」『多摩のあゆみ』第 116 号　多摩信用金庫
土井義夫　2008「縄文集落「見なおし論」の視点」『論集宇津木台』第 2 集　宇津木台地区考古学研究会
土井義夫　2010「基調報告　古墳時代集落研究の問題点」『東京考古談話会シンポジウム発表要旨　八王子中田遺跡の再検討—古墳時代集落研究の現状を考える—』東京考古談話会
土井義夫　2011「古墳時代集落研究の問題点」『東京考古』第 29 号　東京考古談話会
東京都埋蔵文化財センター　1999『多摩ニュータウン遺跡　No.107 遺跡　旧石器・縄文時代編』東京都埋蔵文化財センター調査報告第 64 集
永峯光一ほか　1972『考古学調査報告鶴川遺跡群』雄山閣
中山真治　1994「多摩川流域における縄文時代後期前葉集落」『東京考古』第 12 号　東京考古談話会
八王子市郷土資料館　1981『特別展図録　椚田遺跡群の調査』
八王子市船田遺跡調査会　1970『船田　東京都八王子市船田遺跡における集落址の調査Ⅰ　図版編』
八王子市船田遺跡調査会　1973『船田　東京都八王子市船田遺跡における集落址の調査Ⅱ　図版編』
藤森栄一　1966「原始古代集落の考古学研究について」『歴史教育』第 4 巻第 3 号　歴史教育研究会
水野正好　1969「縄文集落研究への基礎的操作」『古代文化』第 21 巻第 3・4 号　古代学協会
山内清男　1936「武蔵高等学校裏石器時代遺跡の発掘」『ミネルヴァ』第 1 巻第 4 号　翰林書房（→ 1967『山内清男・先史考古学論文集』第 5 冊　先史考古学会）
横浜市　1958『横浜市史』第 1 巻
横浜市教育委員会・（財）横浜市ふるさと歴史財団　2008『南堀貝塚』港北ニュータウン地域内埋蔵文化財調査報告 40
吉田　格　1949『武蔵野の石器時代』
和島誠一　1965『三殿台　横浜市磯子区三殿台遺跡集落址調査報告』横浜市教育委員会

遺跡群研究の現状

石井　寛

はじめに

遺跡群の構成を考究し，当時の社会構造の把握を目指すのが遺跡群研究の基本的な姿勢である。当然，そこでは領域に関する検討も必須となり，さらに，移動に関する議論にあっても，遺跡群の検討は不可避である。つまり，集団の活動原理といった観点にとどまらず，他集団との関連の上に立った視野をもって，縄文時代の社会構造の考究に向かう時，必然的に遺跡群や地域を対象とした検討が要請されることになる。ここでは縄文時代の遺跡群研究に関する研究史を中心にまとめ，加えて現在の研究情勢の簡単なまとめと展望をおこなっておきたい。

1　研究史 1

(1) 広域調査の開始前後まで

縄文時代の集落に関する議論が具体性を有してきたのは，おおむね，「列島改造論」「高度経済成長」に伴う発掘調査が急増した 70 年前後とすることができる。それ以前にあっては，発掘調査の限定性も関係して恣意的な資料解釈が目立ち，1 集落址を 1 集団にそのまま置き換えたような議論が多くなされていた。その極端な例が，縄文時代を通じて一定の領域が，一定の系列にある集団に永続的に保有され続けると考えるものである。

例えば，この時代の縄文集落論を代表する水野正好の「縄文時代集落復元への基礎的操作」では，以下のように記されている。

「烏帽子東西両群，池袋遺跡群は一集落のもつ領域をほぼ示している。その各群が併存しあい，相互に入り乱れることなく流れの歴史をもつことは，その領域が相互に強く意識されていたことを示すものと考えられ，よく領域の性格をしることができるのである。」

「恐らく村人はこの群内のテリトリー内で一生を送り，歴史の流れも地上の変化も全てその領域内に生起したものと思われるのである」(水野 1969)。

集落内の一定空間内における「住まいのながれ」では，住居単位が集落内で保持した空間の存続をいい，集落レベルにあっては，一定の領域を保有する単位として描かれる。そして，「村人はそのテリトリー内で一生を送り，全ての出来事はその領域内で生起した」と考えられた。

こうした理解は発掘調査事例の少ない時点においては，むしろ「現代人的な常識」として，一般的には受け入れやすい理解・構想であったとされるのではなかろうか。資料が山積し，縄文社会のもつ複雑な面が明らかとされつつある現状とは異なる研究条件下にあった現実を認識しておきたい。

一方で，内陸部における馬蹄形貝塚の形成という現実に注視して，より柔軟な考え方がこの時期にも出現している。堀越正行は「縄文時代の集落と共同組織」（堀越 1972）のなかで，次のように語る。

「貝塚がすべて臨海地に存在せず，内陸部にも存在することは，もはや既定の事実である。…（中略）…自らの手で少なくとも貝を採捕することが許容されていた社会状態を想定しなければならない。」

「各集落間距離の略等間隔状態，この場合奥地での鹹水性貝塚の形成，とりわけ歴代遺跡である馬蹄形貝塚としての集落の点在は，そこに社会的な取り決めが存在したであろうことを容易に肯首させる人間行為として容認されよう。つまり集落間の生活領域をある程度指定する取り決めが存在したと考えうるのであるが，それは主として植物性食料の独占状態であるが，狩猟がこの範囲内でしか許容されないかということに関しては，一応否定的に考えておきたい。しかしもっとも重要なことは，集中的居住式が一定程度回避され，散在的居住式が実現した背景には，海や海岸は臨海集落に独占有されることなく共有された歴史的事実が存在し，その海利用の保証があってこそ海依存の占地をしていない馬蹄形貝塚等の貝塚が奥地にも存在し，一定の間隔を保って散在しえたのであろう。…（中略）…ほぼ同一の生活環境条件下における地域社会が，社会生活上の，少なくとも経済生活上の権利と義務とを持って互いに「諒解」して生活を営んだ，ある意味での社会的規模に共同組織化したことにほかならない。」

誉田高田貝塚のような内陸部における馬蹄形貝塚の形成は，海進現象や地盤の隆起などによっては説明されず，内奥部の集団も海浜部へ貝の採取に赴くことが出来たとする理解は，従来，集落址を中心に円圏で描かれることが多かった「領域」に関する議論に，新しい視点を提供するものであった。

一定の範囲内に存在する複数の集落址に関しても，いくつかの発言がなされている。水野正好の理解は，基本的に「領域内」に一集団であるが，長崎元広は次のように考察した（長崎元広 1977：第 1 図）。

「円で囲った群の中に常に複数の集落が同時存在した可能性は，きわめて強い。各群は，ちょうど 1800m の円内におさまる。このことから従来いわれてきたような一遺跡＝一集落ではなくて，各群それぞれを一集落とすることもできる。そうなるといわゆる共同体の地理的規模を再考する必要に迫られる。もちろん，これら十三に及ぶ群を一まとまりにした大群が八ヶ岳山麓には，なおいくつかあって，“圏”を構成している。各圏に対応する人間集団の組織（たとえば「部族」組織）が実存したか否かは興味深いけれども，少なくとも各圏内における各群は，互いに地縁・

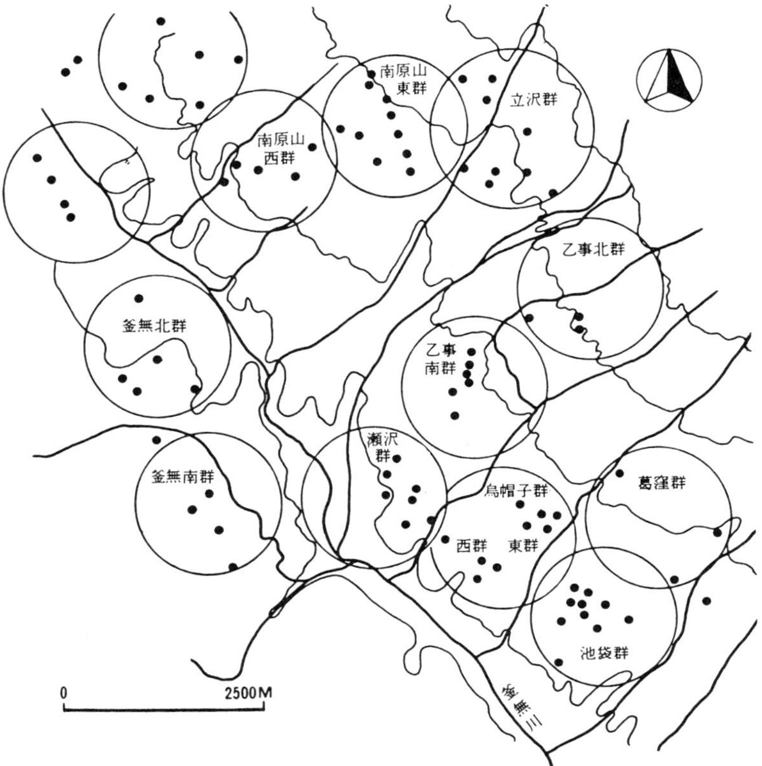

第1図　長崎による遺跡群の群別（長崎 1977）

血縁の関係で結ばれていたと思われる。」

「円で囲った群の中」には複数の集落址が存在しているが，それらは全体で一集落を構成していた可能性を考える。そして，そうした「円で囲った群」が集合して「圏」を構成し，地縁・血縁で結ばれていたと想定する。

この研究段階では個別集落址に対する調査はきわめて限定された状況にあり，集落址群の時間的な整理は不可能であった。したがって，現在おこなわれているような，時間軸に沿って集落址・集落址群を整理し，理解を深めるという手順は，望むべくもない研究情勢にあった。そうしたなかで，個別集落址を別集団とは捉えず，一定の「円で囲った群の中」にある集落址群をまとめ，全体として把握しようとした視点には新鮮味さえ感ずることができる。同じ頃，向坂鋼二の著した「原始時代郷土の生活圏」は，様々な議論を手際よくまとめるだけでなく，「生活圏」から「地域圏」，そして「大地域圏」といった，遺跡群に対する独自の整理も示されており，この時代の遺跡群に対する解釈の集大成的な位置にあるといえよう（向坂 1970）。

(2) 広域調査の開始とその理論的背景

60年代後半から末にかけて，ニュータウン建設に伴う広域調査が南関東で開始される。とくに，東京都の多摩ニュータウンと，横浜市の港北ニュータウンは，対照的な自然環境にある二つの地域における広域調査という意味でも，強い関心がもたれるものであった。港北ニュータウン地域は多摩丘陵の東端から下末吉台地に立地しており，その内に異なる環境を有しているのに対して，多摩ニュータウン地域の場合は丘陵地形が勝り，平坦地が限定されている。しかも，両地域は多摩丘陵を共有し，多摩ニュータウン地域の東側は鶴見川流域となる点でも関心がもたれた。

この両地域における遺跡群調査にあたって，岡本勇は「遺跡群研究」を，小林達雄は「セツルメント・システム論」を提唱し，以後の調査・研究活動における理論的な背骨を築く。岡本の「遺跡群研究」に関しては，その構想が詳述されることはなかったが，簡潔な記述として，以下を引用しておきたい。

「遺跡群研究の課題は，集落相互の関係，集落と墳墓の関係，集落と生産址との関係，ならびに集落とテリトリー（領域）の関係を有機的相互連関的に把握することである」（岡本 1971）。

遺跡を単独で扱うことなく，遺跡群全体の構成を把握し，各時代の社会構造や集団構成の把握へと向かおうとするもので，基本的な研究姿勢とされるものである。現実には，港北ニュータウン地域の調査活動は様々な悪条件が重なり，岡本の構想通りには進捗せず，現在にあっても，三の丸遺跡や神隠丸山遺跡といった重要遺跡が資料整理にさえ着手されていない現実がある。しかし，従来，「等間隔」の分布が語られる傾向の強かった拠点集落址，あるいはそれに準ずるような集落址が，この地域に高い密度で存在し，かつそれらが近接・隣接して存在する事実が明るみに出されたことは，縄文社会研究の視野を拡大させるに十分な内容を有していた。

小林達雄の「セトルメント・システム論」（小林 1973 ほか）については，多くの紹介や論評があり，ここに詳述の要を認めないが，簡単に記しておくことにしたい。小林は A から F の六つのセトルメント・パターンを設定する。多数の住居址のほかに，貯蔵穴やピット群・墓壙群などが残され，存続期間も長い A パターン，数棟から 10 数棟の住居址があるが，それ以外の施設に乏しい B パターン，1～2 棟の住居址があるが，ほかの遺構がほとんど認められない C パターン，住居址は存在せず，それ以外の遺構も稀にしか検出されないが，数個体の土器が残されるような D パターン，A～D パターンから離れて存在する墓地・デポ・粘土採掘跡・石器制作址などの E パターン，キャンプ地・道・狩猟場などの F パターンで，これらの総合として成り立つセトルメント・システムを時期ごと，地域ごとに比較するなかから，社会構造と遺跡群の動向への接近を図るものである。

こうした小林の構想は，発掘調査の進展をもって，可児通宏による考察へと受け継がれてゆく（可児 1982・1993：第 2 図）。可児は「パターン B・C は A の存在を前提にし，B・C はそれぞれそこを拠点にして行われた生業活動の違いを反映しているのではないか」と考え，「パターン B・C は，パターン A での生活を支えるために必要な資源を調達するために設けられた“拠点”ではなかったか」との評価を示した。

パターン A を拠点とした遺跡群の展開に対しては，すでに黒尾和久が，「縄文中期全体にわたるような「大規模集落」を中核とし，その周辺に「小規模集落」やその他の作業場がちりばめら

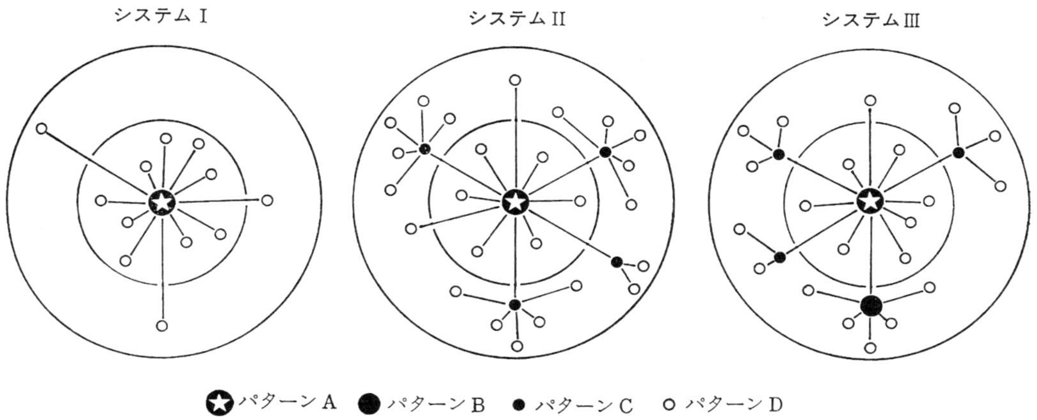

第2図　可児による「セトルメント・システムのモデル」（可児 1993）

れているというような，固定的な生活領域の設定はむずかしい」，との疑問を表明していたが（黒尾 1988），可児に近い発言は多くなされてきている。黒尾の発言は縄文中期集落群の評価にあたっての，一つの重要な問題提起となる。なお，可児は粗製土器の検討を通して，領域に関する考察も行っており（可児 1991），後に触れることとする。

小林達雄のセトルメント・システム論は，都内における中期遺跡群の評価にあたっての基準となってゆく。例えば，野川流域の遺跡群に対して，広瀬・秋山・砂田・山崎は，小林のセトルメント・パターンを引用しながら，その構成の変遷をまとめた（広瀬・秋山・砂田・山崎 1985）。このなかで，勝坂式期にあっては，遺跡ごとに時期別の住居址数変化に違いがあるとしている。また，加曽利E式期では，勝坂式末期との間にヒアタスが介在していること，ヒアタスの時期が遺跡ごとに異なる点を指摘し，遺跡ごとの変遷が一様でないとしている。ただし，加曽利E式Ⅴ段階（東京編年の第Ⅴ段階）に向けて，住居址数が増加する点では一致すると指摘した。

(3) 移動論の発表

1970年代中頃から後半にかけて提出された集団移動に関する問題提起は，住居址や集落址の調査例急増を背景の一つとする。移動に関する問題意識そのものは決して新しいものではなく，縄文集落が語られる際には，しばしば簡単な言及がなされていた。しかし，それらはあくまでも留意点としての言及にとどまるもので，正面から「移動行動」と向き合った議論は，この時点における時勢の一つであった。それらの提出によって，従来の固定的な集落観・領域論に対する疑問提示が行われ，研究の視野を大きく広めたことは大方が認めるところである。

しかし，この時点においては，問題提起の域を大きく出るものではなく，移動のシステムに関する議論も，構想のレベルにあった。末木健は長野県茅野和田遺跡の東地区と西地区との間に，時間的な補完関係が指摘されることをいい，移動の一つのあり方と考えたが（末木 1989），そうした事例は現実には稀とするしかなく，一般化するには無理が多い。石井寛は大河川や丘陵状地に区画された地理的範囲内に居住する様々なレベルの集団を総合した形での「地域集団」の存在を考え，全体で地域を管理するとともに，移動行動を保証するシステムの存在を予測した（石井1977）。石井の場合は港北ニュータウン地域という具体的な地域を対象とし，以後に待ち構える遺跡群の調査による検証を待つことになる。

その後，集団移動に関する問題意識は，集落址研究にあたっての基本的な検討課題として保持されてゆく。移動の実態の解明にとって遺跡群に関する考究は大前提となるが，1集落址内においても住居址に対する様々な角度からの分析を促し，集落経営の連続と断絶という問題にとどまることなく，竪穴の構築から廃絶に至る様々な問題が検討されてゆく。「移動と定住」に関する議論は，細部に係わる検討から，広域に展開する遺跡群の全体構造の把握に至るまで，研究の視野を拡大させていった。

（4）谷口康浩の領域論

移動に関する議論が活発となる研究情勢のなか，それとは別の観点に立って，縄文集落論の構造的な理解を目指した研究者に谷口康浩がいる。谷口は環状集落論とあわせて領域論にも積極的に言及し，縄文中期社会の基本構造への接近を試みる。ここでは1993年と2003年の論文を中心に取り上げてみる。谷口は1993年の「縄文時代集落の領域」では，拠点集落の認定条件として，多数の住居址と種々の施設が計画的に配置されており，継続期間が長いこと，多種・多量の道具類や遺構・遺物を有し，有利な地点に位置することをあげる。また，拠点集落の特徴としては，環状あるいは双環状の形態をなし，その直径は120～150mにおよび，中央広場には墓域が備わっていること，長期の居住期間にわたり，100軒以上の竪穴住居址が累積し，それらの重複も激しいことなどをいう。そして，「ティーセン多角形分析」をおこなうなかから，それらの分布の特徴として，9kmの間隔をおいていること，拠点集落が保有する領域は平均して63km^{2}の面積が多いとした。

さらに，2003年の「縄文時代中期における拠点集落の分布と領域モデル」では，上の論文の発展を試みる。拠点集落に住居跡の70～80%が集中している実態を基礎に，その分布状態をまとめ，「拠点集落の分布がランダムなものでなく，均等分布の傾向をみせる事実は，高い人口密度の中で近隣の集団との利害関係を調整しつつ，一定の領域を確保し，資源利用をできるだけ効率的に行いうる最適立地が選択されたことを意味する。また，中期に六角形ラチスの狭い密集した領域構造が実現された要因として，集落周辺における人工的植生の形成と利用，農耕の可能性，基礎的な生産力の向上を可能とした新技術の獲得，拠点集落を中継地とする交換ネットワークの発達などが考えられる。」とまとめる。

多摩ニュータウン地域内の大栗川流域にあっては，No.72・796遺跡に流域の住居跡の58%が集中しており，それ以外の準拠点集落は「拠点集落から分派した単位集団の衛生的集落，または一時的な代替集落などの可能性を考慮」し，「特定の拠点集落とそれを中心に展開する複数の小規模集落が一つの地域社会を構成し，前者が全メンバーの結集点でかつ多機能な場，後者は前者を構成する単位集団の個別的な用益地に関係したものと予測しているが，両者の関係の究明は今後の懸案として残る」としている。

谷口の考える縄文中期社会の骨組みは，新たな資料を積極的に組み入れながら，旧来型の理解の補強を目指したと理解することもでき，強いては水野正好集落論にさえ通ずるものを有している。とくに黒尾和久を代表とする「新地平グループ」の一部研究者とは見解を異とする部分が多く見受けられるが，両者の対立点は縄文中期社会の理解を深めるうえで重要な論点を多く含んでおり，議論の進展が期待される。また，「ティーセン多角形分析」の扱いに関しても議論があろうかと考える。後に若干触れることとしたい。

2　研究史2

(1) 遺構論からの検討

遺跡調査の増加は分析の多様化を促した。ここで対象としている遺跡群に関しても，住居址あるいは炉址の特徴などに注目した遺構研究からの接近があり，土器をはじめとする遺物の詳細な分析からの言及もなされるようになる。

可児通宏は前期の粗製土器に注目して，その分布を追求した（可児 1991）。土器に「広域分布型」と「地域型」を認定し，いわゆる精製土器にあたる「広域分布型」からは生活領域の割り出しは難しいが，粗製土器である「局地分布型」は作り手と使い手が同一と考えられることから，「その分布は作り手でもあり，使い手でもあった人々が移動した行動範囲の軌跡＝生活領域＝を表している」と考えた。具体的には諸磯式の「撚糸文タイプ」「貝殻背圧痕文タイプ」を検討し，従来考えられていた範囲を大きく凌駕する領域を想定する。従来の領域の広さでは「地域によって領域内のセトルメント・パターンの分布に著しい不均衡が生じる」が，「今回の方法で捉えることのできた生活領域の広がりというようなものが認められるとするならば，この領域はその中に海岸・台地・丘陵（・山地）という地理学的にみても生態学的にみても異なる環境を含むものであるから，遺跡のセトルメント・パターンの分布にみられた地域的な不均衡は，領域内における同一集団の地域による生業の活動の違いを反映していると解釈することも可能となる」と，広域に及ぶ領域の設定によって，セトルメント・システムの均一化がなしうるとした。

小薬一夫も前期の住居址を対象とした考察をおこない，集団論へと展開させた（小薬 1991）。小薬は住居址の型式を設定し，その分布を観察するなかから，「住居型式圏」を設定する。そして，埼玉県の「打越遺跡が形成された台地上には，住居型式を異にした少なくとも2つの集団が，土器型式では区別できない時間差をもって，あるいは同時期に，しかも特別に住居構築域を異にすることもなく占地していたことを示している」と理解し，「当時の集団の活動領域そのものが，目に見えるような明確な線引きを有する不可侵的なものでは決してなく，むしろ貝塚を形成する生産基盤をもった当地域などにおいては，その地が住居型式を異にする集団の差を超えて広く共通の選地として利用・展開されていたことを物語っているといえる」と考える。そして，同一住居型式の分布を集団の移動範囲と結びつけて理解し，「集落移動の結果現れてきたのが住居型式圏なのであり，住居型式圏の広がりは，移動の広がりそのものを指し示していることになる。A型式の住居を構築していた前期の集団は，時には海浜部へ，時には内陸部へ移動しながら離合集散を繰り返すことによって集団を維持していたのである。そして，その移動は，住居型式圏で示された30～60km程の範囲で展開されていたのであろう」とまとめている。可児や小薬が想定した領域のあり方は谷口とは異なるし，小薬による住居址型式の集落内における分布状態に対する言及も，谷口の考える「分節」とは理解を異にしており，ある意味，柔軟な研究姿勢であるといえる。

馬橋利行は勝坂式期における住居址の「柱穴配置類型」を分析し，同一規格の住居址の分布を追求した（馬橋 1998）。そして，同一類型の住居址を時空間を広げて求めた場合，時間的にも，空間的にも広がりを有していることを認識する。「このことは，集落を形成する有機的関係をもった集団を想定した場合，無秩序に住居を構築することは考えにくいことから，いくつかの技術系統を保有するグループが存在する可能性が示唆」されると考え，「集落間を分析する方法」としての可能性を探る。馬橋による資料分析は，多くの竪穴住居址が検出されている勝坂式期を対象としており，さらに広い地理的範囲への展開も可能である。その対象地域として，多くの集落址や住居址に関する資料が得られた横浜市港北ニュータウン地域の組み入れも可能であり，「住居址類型」を成立させる背景への接近が期待される。

（2）遺跡群への視点

先に，野川流域の集落址群を扱った広瀬らの考察を引用した（広瀬・秋山・砂田・山崎 1985）。そのなかで，広瀬らは地域内にあっても，集落址ごとに住居址数変遷に違いがみられるとの指摘をおこなっていたが，同一地域の中期集落址群を扱った中山真治によっても，同様の指摘がなされている（中山 1992）。つまり，「厳密にみていくと，土器型式上勝坂～加曽利E式期全般にわたって継続している遺跡はなく，いずれかの時期が欠如しており，一般的には2～4型式程度の見かけ上の連続性があり，多少の隣接する各集落での存続期間のズレが認められるのが普通である」とした。また，中山はこの地域では「環状形態」をとる集落址は目立たず，環状を呈する集落址の場合も，以前に「開かれた土地を目当てに移動してきた前住者の住居配置を踏襲」（黒尾 1988）する形で，同一の土地が繰り返して利用された可能性に言及する。そして，そこには「豊富な湧水点に立脚した生活基盤経済システム」が強く関係するとしている。

発掘調査の事例が増加するなか，個別調査の積み重ねによって，地域内に存在する遺跡全体を総体的に検討する条件が整ってきた。東京都内においては住宅地においても遺跡調査が活発に行われており，その成果が積み上げられてきたとされようか。上にあげた野川流域の遺跡群の分析はその一つの具体例となるし，後述するように，より広域で展開する中期遺跡群に対する総合的な分析へと歩を進めている。「新地平グループ」による活動については後段で触れることとして，

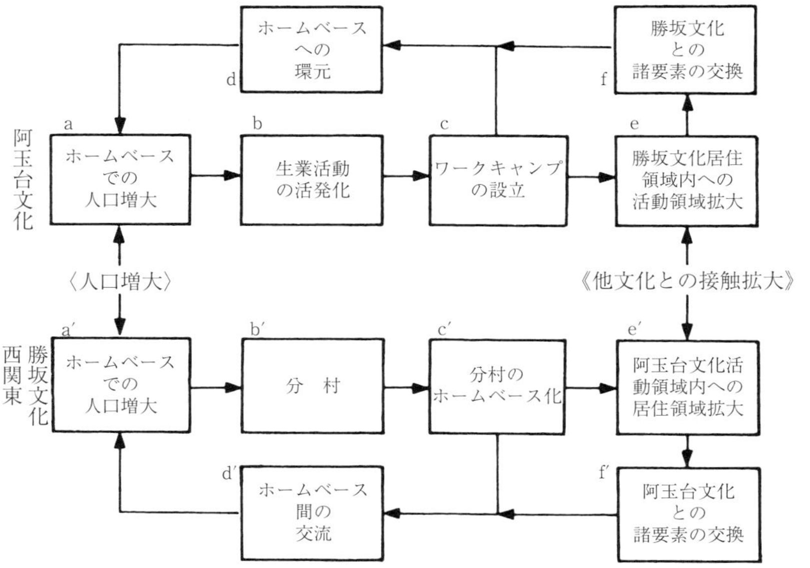

第3図 「勝坂・阿玉台両分化の分化過程」（小林 1988）

ここではそれ以前に執筆された小林謙一の論述から，1988 年の「縄文時代中期勝坂式期・阿玉台式土器成立期におけるセツルメント・システムの分析」と，1994 年の「縄文時代中期前葉の南多摩中部域」の 2 点を取り上げておきたい。

小林は 1988 年の論文では，継続的で一時期に 3 軒ないしそれ以上の住居址を有する MO 型，住居 1 軒からなり，短期的，あるいは継続的集落の初期段階としての SO 型，土坑や集積のある TS1 型，土器のみが散布する TS2 型に遺跡を分類し，各地域における集落址の構成の変遷を追求する。その結果，諏訪湖周辺の勝坂式土器圏では MO 型集落を中心とした活動をおこないつつ，その後背地に SO 型を分村として設け，それらも次第に MO 型へと発展させてゆく経過が観察されるとした。対して，霞ヶ浦から東京湾北・東岸に拠点を有する阿玉台文化圏にあっては，人口が増大しても拠点的な居住域は拡大させず，MO 型の集落規模を大形化する方式をとっているとした。一方で，ワークキャンプとしての活動領域を広域化させ，東京湾西・北岸地域などは，そうした阿玉台系集団によって生業活動領域とされたとしている。勝坂系集団は集落の数を増加させ，地域の開発を行うことで人口増加に対処しているのに対して，阿玉台系集団では集落規模を大形化させながら，活動領域を広域化させる方式をとっていると考えた[1)]（第 3 図）。

小林は続いて 1994 年の論述では，より小地域的な観点からの分析を行う。小林自身のまとめを引用すれば，「町田市域を中心とした中部南多摩地域の中期前葉では，真光寺タイプの土器分布や，添石炉などの特徴的な炉型式の分布から，中小河川を中心とした幅 2〜3km，長さ 4〜6km ほどの狭い範囲ごとに，拠点集落と周辺の活動域を有する単位集団が展開している」とした（小林 1994c)。それらの集団が集まって地域集団を形成していることを示し，さらに土器群組成比や，住居型式・炉型式，さらに土器片錘のあり方にみる生業活動の分析から，南関東地方の中期前葉の小地域を設定した（小林 1989ab・1990）」（小林・津村・坂口・建石・西本 2002a）。こうした小林の研究の積み重ねは，黒尾和久らの活動と合流する形で，「新地平グループ」としての形態をなしてゆく。

（3）様々な研究活動の展開

1995 年に開催された「シンポジウム縄文中期集落研究の新地平」は，縄文中期集落址研究における新たな契機となった（縄文中期集落研究グループ・宇津木台地区考古学研究会 1995）。徹底した土器型式の時間的細別と，集落址分析へのその応用が試みられ，その実践として，中山真治は「縄文中期土器の細分と集落景観―既刊報告書の再検討―」をまとめる。多摩地域の主要な中期集落址における住居址数を，細別段階ごとにカウントした結果，その変遷が遺跡ごとに異なることや，連続的な居住とみられていた遺跡にあっても，住居址が検出されない細分段階が介在している点などが注意された。すでに，1 土器型式期間内には数度にわたる住居構築のあることが，幾多の調査事例から明瞭とされており，住居址が検出されない細分段階の存在は，集落の断絶期間の介在，集落経営の安定的な継続への疑義の提出を意味する。

小薬一夫は「縄文中期の住居型式からみた集落変遷と領域」と題した発表を行い，とくに炉址の形態について詳細な観察を行った。滑坂遺跡と神谷原遺跡は比較的近距離にあるにもかかわらず，炉形態の変遷には違いがみられること，宇津木台遺跡では石囲炉の率が高いことが注意され，各遺跡の個性が看取されるとした。また，多摩地方に特徴的な添石炉を追求すると，一定の範囲内での分布がみられ，「総じて 15～20km の範囲の中で，同じような炉を使った住居跡が広がっているといえそう」とまとめている。

その後，細かな時間軸による集落址・集落址群の観察は，新地平グループを中心に活発におこなわれるようになる。近年では宇佐美哲也が武蔵野台地の中期集落址群についてまとめている（宇佐美 2012）。宇佐美は各集落址を細別土器段階ごとに観察した場合，住居址数の増減が安定しておらず，環状形態が安定して存続させられたとは考えにくいとした。そして「同一の主柱穴配置や同一の炉形態の住居が途切れなく構築され続けることはなく，そこには居住集団の入れ替えに近い事態を想定すべき」と考えた。さらに，炉形態の小地域的な差異を考慮して，「一定の地域を想定しつつ，その内部で頻繁に行き来があるような，移動性に富んだ居住のあり方を想定するほうが，より妥当性が高いものと判断できる」としている。

一方で，小林謙一は雑誌『セツルメント研究』を刊行し，中期集落址の研究を推し進める。同時に，津村宏臣・坂口隆・西本豊弘・建石徹などとの共同作業をおこない，様々な角度から遺跡群の構造への接近を図っている。武蔵野台地東部の中期集落址群を対象として，津村による「視認関係」を用いた集落址分布の追求も進められた（津村 2003 ほか）。

集落址の詳細にかかわる部分は，主に小林が執筆している。まず，上でも若干引用した 2002a での発言では，「概ね 4～6km 程度，幅 2～3km 程度の範囲に 3～8 集落程度の大・中規模の定住集落を配する各集団が，土器・住居・炉形態などに細かな点での個性を有していたと思われることは，意識的・無意識的に関わらず，各集団が社会的な規範を共有しつつ同一のアイデンティティーを保っていたものと想定される。そうした状況の背景となり得る社会システムの復元については…（中略）…今後，様々な文化的要素へのアプローチを重ねて行かなくてはならない」との見通しを述べる。

続いて2002bでは，津村によるボロノイ分割と視認範囲の分析から，武蔵野台地東部の遺跡群を大きく三つの集落群に分割する。そして，それら視認関係にある集落群のネットワークが交通路に相当し，集落群の分布や領域がそのネットワークに沿って配列され，集落配置を定める際の要因となっている可能性が示されたとする。そのうえで五つのセツルメント・パターンを設定し，その変遷を観察する。さらに，「遺跡のない地域が共入会地または緩衝地帯としての役割を持っていたらしいことがわかった」として，集落分布が有する社会的意義を認識しようとする。

小林らの活動は継続性を有している点，今後，多摩ニュータウン地域の調査成果が積極的に採り入れられることで，さらなる裾野の拡大が期待される。港北ニュータウン地域のとり入れに関しては，整理・報告作業の遅延という現実に加えて，間に川崎市域が介在しているなど，難しい面も抱えるが，いずれにしても，将来において，より広い地理的範囲を対象とした，調査成果の統合がなされることが望まれる。

その港北ニュータウン地域であるが，先にも記したように，地域最大規模の集落址である三の丸遺跡や，東側地区の一拠点集落址である神隠丸山遺跡，あるいは早渕川北岸にある歳勝土・大塚遺跡といった拠点集落址の遺物整理に，未だ着手されていない現実がある。そうした状況のなか，直接調査に携わった調査員の定年という節目を迎え，石井寛は2010年，中期集落址群の現時点での簡単なまとめを記した（石井 2010）。中期集落址分布の変遷では，地域の西側から開発に着手されており，初期の集落址は西側の狭いエリアに集中して現れていること，それより遅れて開発に着手された東側の地区では，東西に解析された細長い台地ごとに良好な集落址が配置されており，しかもそれらは狭い谷を挟みつつ，1km程度の間隔で南北に連なっている点などが看取された。こうした集落地配置が現出された背景として，この地域に集合した様々なレベルの集団間に強い連関性の保持を想定し，全体で地域を管轄するシステムの存在を考えた。しかし，上にも記したように，三の丸遺跡や神隠丸山遺跡といった拠点集落の遺物整理にも着手されていない現実と制約は大きく，遺跡群全体の構成に関する詳細な分析は，今後に託された大きな課題とするしかない。

多摩ニュータウン地域でも簡単なまとめがなされた（小薬・丹野・山本 2012）。三沢川流域では藤内Ⅱ式並行期と井戸尻式並行期の間で集落址の存続期間に断絶が目立ち，それぞれの時期に主体をおく集落址相互に補完的な関係がある可能性に触れている。また，No.248遺跡で検出された粘土採掘場については，隣接するNo.245遺跡の集落だけでは使い切れない量の粘土が採掘されているとして，「おおよそ相模野台地に面した集落群のものであったと位置づけられる。この結論は，多摩ニュータウン内部，多摩丘陵内部には別の採掘場が存在したことを意味する」との見通しが述べられている。港北ニュータウン地域と同様，現状においては集落址群の総体的な理解には及んでおらず，詳細な分析は今後へ向けての課題とされる。

(4) 領域論の近年の展開と小規模集落址からの問題提起

多くの遺漏のある点はお許し願うとして，ここで領域に関する近年の研究について簡単に考えてみたい。以上の概観にも示されるように，領域論と遺跡群研究は一体の関係にあり，個別集落の構成原理に関する議論とも不離の関係にある。例えば，可児通宏による「セトルメント・システムのモデル」（第２図）は，いわゆる拠点集落址を核とした様々な遺跡群の構成を例示してくれた。しかし，黒尾による「縄文中期全体にわたるような「大規模集落」を中核とし，その周辺に「小規模集落」やその他の作業場がちりばめられているというような，固定的な生活領域の設定はむずかしい」との発言は，拠点集落とその周囲の衛星的地点群という構成に意義を唱えるものであった。

確かに，中核的な集落址の周辺にある中小規模の集落址が，前者のある種の活動拠点であるとした場合，あまりにも距離が近すぎ，その設営にどれ程のメリットがあるのか疑問が抱かれても致し方ない。関東地方南部における縄文中期盛期における集落址群は，かなり近接した配置状態を示しており，小規模集落を含めて，それぞれの集落址を拠点として日常的な活動を行うに，さしたる支障はないかに映るのである。

港北ニュータウン地域を例にとれば，前高山北遺跡は拠点集落址である三の丸遺跡とは小さな谷を隔てて対面する位置にあって，加曽利ＥⅡ式期の竪穴住居址が１軒だけ検出された（横浜市ふるさと歴史財団埋蔵文化財センター 2001）。位置的にもこの住居址が，三の丸遺跡の何らかの活動拠点として設けられたとは考えにくく，三の丸遺跡とはわずかな距離をもって設営された，独自の居住単位とみなすべきと思われる。また，住居址が１軒だけの検出に終わりつつ，墓壙を伴った集落址も存在している。調査区域の限定性はあるが，勝坂式終末期の住居址が１軒のみ検出された四枚畑遺跡では，小形の完形土器２個体を埋納した墓壙が見出された（横浜市ふるさと歴史財団埋蔵文化財センター 2003）。実際には住居址は破壊がひどく，この墓壙と係わるのか確証はないが，遺跡全体の状況からその可能性はきわめて高いと考えられる。ほかにも牛ヶ谷上遺跡では加曽利ＥⅡ式期の竪穴住居址１軒の傍らに，単独埋甕１基が検出されている。単独埋甕が乳幼児の埋葬施設であるとなれば，ここでも住居１軒での居住のなかで，そうした埋葬事例が発生していることになる（横浜市埋蔵文化財センター 1990）。

こうした事例を参照すると，「衛星的な中小規模集落址」に対して，「中核的集落址のある種の活動地点」としての位置付けはなしにくく，とくに埋葬事例の発生は，たとえ住居１軒での単独占地であっても，そこに住居単位の主体性を問う必要性が生じてくる。もともと埋葬施設に関しては，事例の発生なくしてその設営はなされないわけで，単独占地で居住期間も短い小規模集落址において，墓壙設営の発生機会が限定されている点に留意すべきである。

ところで，津村・小林・建石らは，「ボロノイ分割」と「視認」範囲の分析から，集落群のネットワークへと論を展開したことは上に触れた（津村・小林・坂口・西本・建石 2002b：第４図）。視

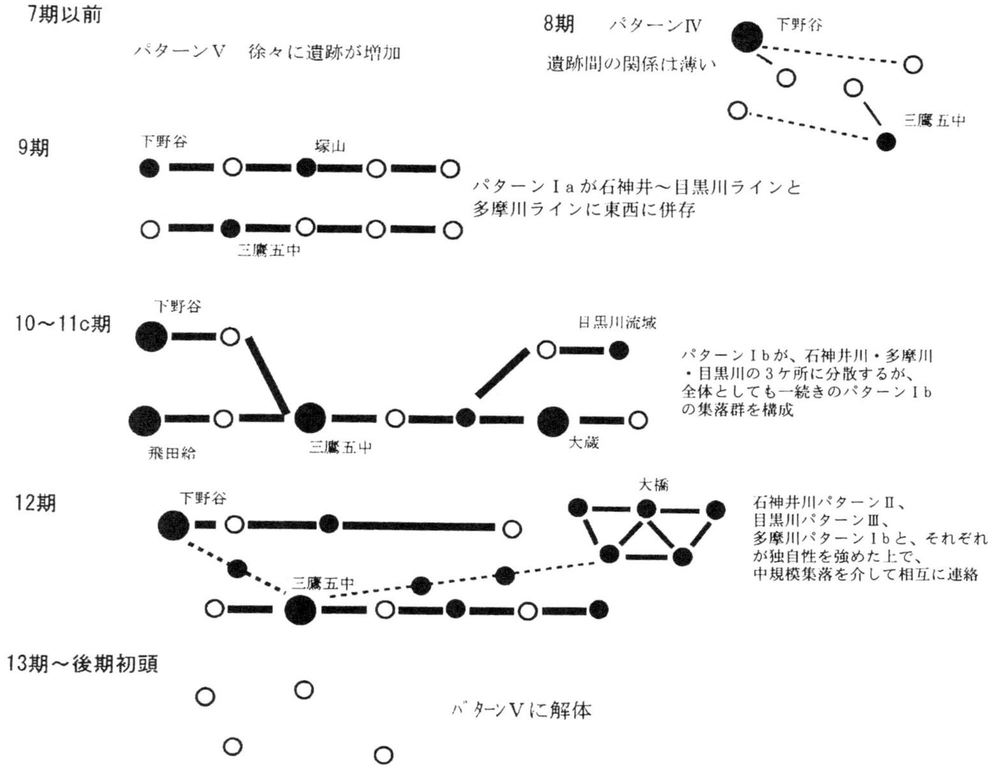
7期以前
パターンⅤ　徐々に遺跡が増加
8期
パターンⅣ
下野谷
遺跡間の関係は薄い
三鷹五中
9期
下野谷
塚山
パターンⅠaが石神井～目黒川ラインと
多摩川ラインに東西に併存
三鷹五中
10～11c期
下野谷
目黒川流域
パターンⅠbが、石神井川・多摩川
・目黒川の3ケ所に分散するが、
全体としても一続きのパターンⅠb
の集落群を構成
飛田給
三鷹五中
大蔵
12期
下野谷
大橋
石神井川パターンⅡ、
目黒川パターンⅢ、
多摩川パターンⅠbと、それぞれ
が独自性を強めた上で、
中規模集落を介して相互に連絡
三鷹五中
13期～後期初頭
ﾊﾟﾀｰﾝⅤに解体

第4図　遺跡ネットワークのパターン（小林ほか 2002）

認関係によって集落相互が連絡されていたことを前提とした論の展開であるが，そのネットワークの中には住居址1軒の小規模集落址も組み入れられている。というよりも，そうした小規模集落址を組み入れなければ，ネットワークそのものが成立しない事実に注視したい。しかし，「集落相互はお互いに視認されなければならないのか」，そして「本当に見えるのか」という疑問は多くの方々が抱かれたようである（普段の会話で多くの方々からそうした疑問・感想を聞くことがあった)。樹木によって遮られ，隣の集落が見えない場合は，「木に登った」とか「狼煙を上げた」とかしなければならないまでの「視認関係」「連絡関係」が，縄文時代中期の集落間に果たして要求されていたのか，という疑問が生じるのは当然ではなかろうか。

さらに，小規模集落址までをも組み込まなければ成り立たない「ネットワーク」のあり方も問題とされる。小規模集落址が拠点集落址と同等の安定性を保持していたかはきわめて疑問であり，それらにあっては同時存在住居址は1軒と推定される事例が目立ち，加えて住居址の構築次数も1～2回に限定される傾向にある。拠点集落址にあっては1土器型式期間内に5回程度，極端な場合はそれ以上の次数に及ぶ竪穴住居の更新がなされている。つまり，拠点集落址内における住居址の構築次数との比較においても，小規模集落址において連続的な居住があったかについて疑問が抱かれるのである。そうした集落跡をも組み入れなければ成立しないネットワークは，必然的に不安定なものとならざるをえない，否，成立が難しいのではないか。小規模集落址で検出される住居址の規模も，拠点集落址に存在する住居址よりも一概に小さい点も考慮したい。

津村・小林らは「視認関係」のネットワークにそうした小規模集落址をも採り入れ，さらに「ボロノイ領域」の設定へと歩を進めるが，そこにも大きな疑問が感ぜられる部分がある。原典に当たって確認して頂きたいが，「ボロノイ領域」が極端に狭い拠点集落址がある一方で，小規模集落の「ボロノイ領域」が広く設定される傾向が見て取れるのである。しかし，住人が多く居住する拠点集落址の領域が狭く，住人がごくわずかで，経営にも断絶点が多かろう小規模集落址のそれが広大であるのは不自然であろう。

津村らの「ボロノイ領域」を谷口の「ティーセン多角形」分析による領域と比較した場合，谷口は自らが選択した「拠点集落」を対象として（集落址を限定して）「ティーセン多角形分析」による領域設定を試みた。対して，津村・小林らは小規模集落址までをも対象に組み入れて，個々の集落址を対象とした「ボロノイ領域」設定を行っており，その結果，良好な集落址が多く存在する地域では，ボロノイ領域が極端に狭い拠点集落址を生み出すに至っている。拠点集落址のボロノイ領域が狭い事例が少なからず存在するとなれば，そこから想定される拠点集落址を中心とした生産活動はいかなる形態のものか。小規模集落のボロノイ領域が広く設定されてしまう背景とは，どのような理由によるかの説明も要される。

小規模集落址はともすれば拠点集落址の影に隠れ，その存在さえ無視されかねない存在であるが，以上のように小規模集落を巡っては，中期社会を考えるうえでも様々な視点が提供される。社会的に孤立した住居単位はありえないとしても，縄文時代全般を見通した場合，住居単位の単独占地が制限されているとは思えないし，中期盛期においても同様であったとなれば，住居単位の独立性云々に対する検討が要請されるのは必然ともいえる。社会組織・親族組織を基礎とした原理にあっても，住居単位の行動が厳しく制限されていたのか，それとも異なる親族単位が主体となる拠点集落の中にあってさえ，異なる系譜にある住居単位が単独で占地することが可能であるのか，縄文中期集落の構成に係わる設問となる。

小規模集落址に関するこうした問題提起は，拠点集落内部における住居単位のあり方にも大きく関係してくる。新地平グループによる時間軸に沿った集落址分析では，住居址の存在が確認されない時間帯の抽出や，住居址が一定期間存在しない区域が集落址内に確認されたりしている。こうした事態が頻繁に生じているとなれば，集落内の住居構成は決して安定したものでもなく，ましてや住居単位が集落内の一区画を保持し続けるといった，安定的な集落観は危ういものとなる。拠点集落址が様々な面で中核的な存在であることは確かであろうが，その意義を強調する一方で，小規模集落の存在によって提起される問題にも目を向ける必要があるだろう。

さて，拠点集落址の存在を強調する谷口の分析に若干言及すれば，「縄文時代中期における拠点集落の分布と領域モデル」のなかで，領域の分割に関する言及をおこなっている。いくつかの領域の「ほぼ境界上に，加曽利Ｅ式期になって出現した新興の環状集落」として相模原市橋本遺跡をあげ，東久留米市の新山遺跡や，青梅市丸山遺跡も同様の地点に出現した新興集落址として引用する。谷口はこうした「新興の環状集落」の出現は，既存の複数領域の中間付近に現れる傾向があるとして，「集落分布密度の更なる増大を背景に拠点集落が増加し，領域をさらに細分化する方向に向かったことを表している」と評価した。

しかし，「新興の環状集落」とはどのような集団の系譜を引き継ぎながら形成されるのだろうか。谷口にとって拠点集落は「1つの単位集団が年間を通じて日常的な資源開発を行なう占有のテリトリー」たる「領域」の根拠地であり，単位集団はその領域を「一所懸命」に保守する主体であり，親族組織の基盤でもあった。であれば，領域の分割は，基本的にそれまでの領域を保持していた集団ごとに，あたかも細胞分裂のごとく，内部が分裂する形でなされるべきなのではないか。「複数の領域の境界上」への占地とは，関係する複数の領域それぞれから分割された，集合体たる領域を有する「新興の環状集落」が成立したことを意味する。その新興環状集落の経営主体が，限定された「単位集団」からの分派であった場合，その分派は隣接する領域を保持していた集団から領域を分与されたことになる。果たして谷口の考える固定的で柔軟性に乏しい「環状集落論」「出自集団論」でこうした事態は生じうるのだろうか。

従前からの固定された領域の枠組みの変更は，「一所懸命な集団とその領域」という構造のなかでは，説明に難点が伴う。複数の領域からの分譲結合として生まれた新たな領域を保持することとなる新興の環状集落が，分譲した複数の領域に対応する，それぞれの分派から構成される，複数の分節単位によって成立すると考えれば，こうした設問への説明もなしうるかとも思える。しかし，そう都合良く「新興の環状集落」が成立するものか，大いに疑問を抱かざるを得ない。

つまるところ，土器型式の細分によって得られた細かな時間軸を用いた集落址の観察・分析を推し進めつつ，その時々の成果を駆使した中期集落観を育んでゆくか，ある程度の分析を経つつも，想定される縄文社会論を机上で組み立ててゆくかという手順の違いとなる。そして，どれだけ恣意的な論の展開から逃れることができるか，どこまで「現代人的常識」の束縛を回避できるかが問われることにもなる。

4　展　望

遺跡群を扱った代表的な研究を概観してきた。紙幅の関係もあり，遺漏が多い点はお許し願いたい。通観すると，当初は多分に「一所懸命」な集落観が主体をなしていたが，遺跡分布状態の実態把握と，発掘調査の進展が見られはじめた70年代後半が，研究の大きな転換点になっているかと思える。移動論は閉塞的な集落観に対するアンチテーゼとして提出されたが，その時点においては具体性には乏しく，あくまでも問題提起として位置づけられるものであろう。研究の進展過程において，ある意味，必然的な疑問提出であったかもしれない。領域論にあっても，一つの集落にコンパスの中心をあてがい，円圏を描くことで済まされていた向きに対して，地域社会・地域集団的な見方を組み入れることで，「集団」の扱いに柔軟性がもたらされた現実を直視したい。

ただ，一定の地理的範囲内にある集落址群を全体として扱おうとする姿勢が全くないわけではなかった。堀越正行による内奥部での馬蹄形貝塚の成立に関する理解や，長崎元広の記述にみられる，集落址群を全体として一集団として理解しようとする姿勢が，70年代前半から中頃にすでに提出されていた事実は軽視されてはならない。可児通宏による土器類型からの領域論への接近にしても，従来の固定的な領域論に疑問を提示し，より広い地理的範囲内にある集落址群を総じて扱おうとする態度には，堀越や長崎と共通する研究姿勢が看取される。

こうした一定範囲にある集落址群に対する総体的な対処は，近年の考究において，新たな展開を見せている。小薬一夫や小林謙一らによる炉址の型式分類と，その分布に関する議論は，その代表とすることができる。では，様々な「文化要素」はどれだけ「集団」と関わりをもつのか，あるいはそれらの分析は，集団を規定するに際して，どの程度まで有効であるのか。集落址に関わる資料がきわめて乏しかった50年代から60年代前半は，縄文社会・集団への接近に際して土器型式研究に期待が寄せられた。しかし，そうした風潮は，岡本勇による「土器型式の現象と本質」によって自重を求められ（岡本1959），以後は土器型式と集団を安易に結びつける風潮は抑えられることとなった。程度の差こそあれ，土器型式を集団と結びつけようとする論述は，その後も繰り返し提出されてくるが，逆に，土器の分析によって得られた示唆を，集落論・遺構論と結びつけて理解を深めようとした考察は限定されている。そうした意味でも，炉址をはじめとした諸要素を地域的に検討しようとする新たな試みにあっては，複数の観点が組み合わされている点，一方的な議論に傾く危惧は抑えられているといえようか。

住居址を型式的に分類し，その分布を追求する作業も幾人かの研究者によってなされていたが，この場合も住居址だけの分析による結論には危惧を覚える。住居型式が土器など遺物よりも集団のアイデンティティーを示す可能性が高いとしても，この分析段階では，前提にとどまっているのも確かで，住居型式がそのまま特定の集団を表徴すると考えるのは，むしろ危険でさえある。住居型式の広がりが有する意味を，他事象の広がりと組合せながら，多角的に検証してゆく努力が要請される。

ある事象の分布に中心となる地理的範囲があるとなれば，そうした文化要素が周辺域で受容された背景，ある文化要素の分布状態が現出された背景の理解も要請される。これは地域的な集団単位の存在を想定するとしても，それが閉鎖的な単位であるか，それともより緩い集合であるかといった設問にもつながる。在地型式とは異なる住居型式が，きわめて安定した姿をもって他地域の集落内に存在した場合，それが住居型式の採用であるのか，近隣，あるいはより遠隔地からの住居単位での移住を意味しているかが問われ，とくに後者の場合は地域間の集団関係と関わる問題へと発展する。繰り返しとなるが，当時の社会が内部的な強い規制の基に成り立っていたのか，それともより緩やかな枠組みの下で，外部にも解放された社会であったのか，この問いかけは集落内における住居単位のあり方と大きく関係する。

先に小規模集落址を簡単に観察した。そこでは単独の住居単位での生活がもたれていたこと，事由の発生があれば，個別に埋葬をおこなった事例があることなどに触れた。こうした事例の存在から，住居単位の独立性はどこまで保証されていたのか，あるいはどの範囲まで特定集団の規制・規範は及んだのかといった，上でも引用した問題が提起されることとなる。現状では多くが理解の外にあるのが実情と考えるが，そうした個別居住単位は，あるいはAパターンの集落内にも，またある場合はその傍らにも単独で占地しうる可能性を想定すべきなのではないか。こうした考え方は，「一所懸命」な集団観，内部に強い規制が働いていると考える集落観とは対局にさえあるが，多様な遺跡群の構成を考えるうえで検討されるべき問題であり，近年の縄文集落論における課題の一つであるとしたい。

このような形での住居単位のあり方に考えを及ぼすのは，つまるところ，住居址数の変動や，集落内に住居址の存在しない区域の発生が予想されるといった，細分時間軸に則った集落址分析からの問題提起に，今一度，正面から対面する必要性を強く感ずるからである。集落内部構成の安定性に関する分析事例をさらに積み重ねる必要があり，その結果，集落変遷に変動場面が多く把握されるのであれば，そうした変動をもたらす社会活動・生産活動の考証へと歩を進める必要がある。現在の我々から考えれば，不必要に住居を移動させる理由はないと思われるし，拠点集落址間を住居単位が移動し合っているような事態も想定しにくい。しかし，そうした現代の我々の常識とは異なるレベルでの，住居単位の動きが想定されるならば，実例の検証を重ねつつ，具体的な議論へと止揚する努力が求められる。そうした議論の積み重ねによって，固定的な集落観の見直しと，新たな集落観・地域社会観の形成につなげることができるかも知れない。容易な作業ではないが，これは生産活動とも係わる問題を内包するものであり，机上での集団観・集落観を止揚するためにも，必要不可欠な研究手順かと思われる。

註

1）港北ニュータウン地域の遺跡群で検証した場合，勝坂系の集落址に関しては，小林の想定に沿った形で集落址群の増加がなされているように観察される。しかし，阿玉台式系の集落址に関しては問題が指摘される。例えば阿玉台Ⅰa式～b式期の集落址である北川貝塚は，大形の掘立柱建物跡群が環状にめぐり，その中央には多くの墓壙からなる墓域が形成されている（横浜市ふるさと歴史財団埋蔵文化財センター 2007）。竪穴住居址こそ検出されていないが，この時期としては十分に拠点的性格の保有が考えられる集落址である。また，竪穴住居址1～2軒だけの集落址にしても，時期相のなかにあり，決して霞ヶ浦周辺を拠点とする集団の生業活動領域とは映らない。この地域に根を下ろした集団による活動が展開されていたと推定される。

引用・文献

石井　寛　1977「縄文社会における集団移動と地域組織」『調査研究集録』第2冊

石井　寛　2010「縄文時代の遺跡群と地域集団―港北ニュータウン地域の遺跡群研究から―」『横浜市歴史博物館紀要』第14号　横浜市歴史博物館

宇佐美哲也　2012「武蔵野台地東辺における縄文時代中期の集落景観」『国立歴史民俗博物館研究報告』第172集　国立歴史民俗博物館

馬橋利行　1998「縄文時代中期前半の住居柱穴配置類型と規格性の抽出による集落分析法の一試論」『シンポジウム縄文中期集落研究の新地平』2　縄文集落研究グループ

岡本　勇　1959「土器型式の現象と本質」『考古学手帖』6

岡本　勇　1971「はじめに　1. 調査の目的と方法」『港北ニュータウン地域内埋蔵文化財調査報告』Ⅲ　横浜市埋蔵文化財調査委員会

可児通宏　1982「多摩ニュータウン地域の縄文集落」『考古学ジャーナル』203　ニュー・サイエンス社

可児通宏　1991「縄文人の生活領域を探る—土器による領域論へのアプローチは可能か」『研究論集』10　創立10周年記念論文集　東京都埋蔵文化財センター

可児通宏　1993「縄文時代のセトルメント・システム」『季刊考古学』44　雄山閣

黒尾和久　1988「縄文時代中期の居住形態」『歴史評論』454　歴史科学協議会・校倉書房

小薬一夫　1985「縄文前期集落の構造—内陸部と海浜部の集落比較から—」『法政考古学』第10集　法政考古学会

小薬一夫　1995「縄文中期の住居型式からみた集落変遷と領域」『シンポジウム縄文中期集落研究の新地平〔発表要旨・資料〕』縄文中期集落研究グループ・宇津木台地区考古学研究会

小薬一夫　1991「「住居型式」論からの視点—縄文時代前期の集団領域解明に向けて—」『研究論集』10　創立10周年記念論文集　東京都埋蔵文化財センター

小薬一夫・丹野雅人・山本孝司　2012「縄文時代中期のムラとその様相」『研究論集』26　東京都埋蔵文化財センター

小林謙一　1988「縄文時代中期勝坂式・阿玉台式土器成立期におけるセツルメント・システムの分析」『神奈川考古』第24号　神奈川考古同人会

小林謙一　1993「多摩における勝坂式成立期の土器様相」『東京考古』第11号　東京考古談話会

小林謙一　1994「縄文時代中期前葉の南多摩中部域」『東京考古』第12号　東京考古談話会

小林達雄　1973「多摩ニュータウンの先住者」『月刊文化財』第112号　文化庁

縄文中期集落研究グループ・宇津木台地区考古学研究会　1995『シンポジウム縄文中期集落研究の新地平〔発表要旨・資料〕』

末木　健　1975「移動としての吹上パターン」『山梨県中央道埋蔵文化財包蔵地発掘調査報告書』山梨県教育委員会

末木　健　1989「縄文時代中期の隣接集落構造—長野県茅野和田遺跡東・西地区の集落構造について—」『甲斐の成立と地方的展開』角川書店

谷口康浩　1993「縄文時代集落の領域」『季刊考古学』44　雄山閣

谷口康浩　2003「縄文時代中期における拠点集落の分布と領域モデル」『考古学研究』第49巻　第4号（通巻196号）　考古学研究会

津村宏臣　2003「遺跡間視認性の時系列動態とセツルメントパターンへの影響—武蔵野台地東部縄文中期集落の景観考古学—」『セツルメント研究』第4号　セツルメント研究会

津村宏臣・小林謙一・坂口隆・西本豊弘・建石徹　2002a「縄文集落の生態論（2）—遺跡分布の位相の評価とセツルメントシステムの予測—」『動物考古学』第18号　動物考古学研究会

津村宏臣・小林謙一・坂口隆・西本豊弘・建石徹　2002b「縄文集落の生態論（3-1）—考古学的文化要素の傾向面分析—」『動物考古学』第19号　動物考古学研究会

長崎元広　1977「中部地方の縄文時代集落」『考古学研究』第23巻　第4号　考古学研究会

中山真治　1992「多摩川中流域の縄文時代中期集落」『府中市埋蔵文化財研究紀要』1　府中市教育委員会
堀越正行　1972「縄文時代の集落と共同組織」『駿台史学』第31号　駿台史学会
広瀬昭弘・秋山道生・砂田佳弘・山崎和巳　1985「縄文時代集落の研究—野川流域の中期を中心として—」『東京考古』第3号　東京考古談話会
水野正好　1969「縄文時代集落復元への基礎的操作」『古代文化』第21巻　第3・4号　（財）古代学協会
向坂鋼二　1970「原始時代郷土の生活圏」『郷土史研究講座1』朝倉書房
横浜市ふるさと歴史財団埋蔵文化財センター　2001『前高山遺跡・前高山北遺跡』港北ニュータウン地域内埋蔵文化財調査報告29
横浜市ふるさと歴史財団埋蔵文化財センター　2003『四枚畑遺跡・川和向原遺跡先土器時代補遺編』港北ニュータウン地域内埋蔵文化財調査報告32
横浜市ふるさと歴史財団埋蔵文化財センター　2007『北川貝塚』港北ニュータウン地域内埋蔵文化財調査報告39
横浜市埋蔵文化財センター　1990『全遺跡調査概要』港北ニュータウン地域内埋蔵文化財調査報告X

「横切りの集落研究」から「横切りの遺跡群研究」へ
―平均住居数という考え方がもたらすもの―

黒尾　和久

はじめに ―「環状集落跡」の形成プロセス検討の三つの研究ステージ―

縄文中期の「環状集落跡」を，考古学研究の先達は，縄文人にとっての継続的な生活拠点，定住地と評価してきただろう。また住居跡の検出数が多いことを根拠に大規模な景観のムラであるとも理解してきた。しかし一口に縄文中期といっても，約1000年という時間幅を有している。調査された「環状集落跡」の多くは，数百年という時間的な累積の結果としての存在であることを忘れてはならない。いうまでもないことだが，集落全体図1枚をもって縄文のムラ語りができるわけではないのである。

ムラの景観が，大規模と評価するのにふさわしい状況にあったのか，あるいは，その場所で営々と世代交代されてゆくような，いわば一所懸命の継続的な定住生活がおこなわれていたのか等々，縄文人の居住実態，ひいては集落研究を土台に縄文時代の社会構造に考古学的に迫るためには，まずは「環状集落跡」の形成過程を明らかにする基礎的検討に取り組まなければならない。

この基礎的検討には，三つの研究ステージがあると私は考えてきた（黒尾 2009）。

1　できるかぎり細かな土器の編年による時間軸を構築すること

2　構築した時間軸に即して住居跡を中心とした遺構の変遷をあきらかにすること

3　分布図に現われた同一細別時期における遺構の新旧関係をさらに整理し，より細かな土地利用変遷をあきらかにすること

三つの研究ステージは，すべて集落研究における「時」の問題に関わっており，また発掘調査で得られる資料の性格について考える考古資料論とも密接で，いわゆる「横切りの集落研究」（新地平スタイル：黒尾 2008）とよばれるアプローチになる。

1が必要になるのは，時間軸設定が細かくなればなるほど，より細かな生活文化の変化を観察することが可能になるからである。東京多摩地域を研究のフィールドとしてきた私たちは，調査資料の検討から導きだした，現状で土器による最も細かい時間軸「多摩丘陵・武蔵野台地を中心とした縄文中期の時期設定」いわゆる「新地平編年」を整備・補強してきた（黒尾・小林・中山 1995，小林・中山・黒尾 2004，縄文研究の地平グループ 2016）。

2・3は，まさに個別の集落遺跡における調査研究課題といえる。2は構築した時間軸設定にしたがって，調査された住居群（およびそのほかの遺構）の所産時期を逐一認定してゆく作業が中心

となる。3は2で明らかにした同一廃絶時期の住居（およびそのほかの遺構）同士の新旧ないし同時という時間関係について，遺物接合など状況証拠を精査することにより，より実態的な居住景観に迫るという実践になる（黒尾 1988・1995b）。

じつは，2から3への検討が必要になるのは，どんなに時期細別の進んだ時間軸（たとえば「新地平編年」）に即しても，同一細分時期に分類される住居同士で，同時存在を否定する住居の重複・近接事例に事欠かないという資料実態があるからであった。そして，この調査資料のあり方から導きだされるべきは，私たちが用意した時期設定よりも1棟の住居の寿命―存続期間―は確実に短いという時間認識にほかならない（黒尾 1993・1995b・1998・2001・2010 ほか）。

それによって「○○号住居は，△期に廃絶した」という土器の編年に依拠した時間認識を，「△期に廃絶した○○号住居と●●号住居」がただちに同時構築・機能・廃絶したとは言えないという時間認識へと深めてゆくことができる。2から3の研究ステージへと基礎的検討を進めなければならないと自覚できたのもこうした時間認識の深化の賜物である。

1　二つの考古学的時間 ―細別時期の時間幅と住居の寿命―

しかし問題は残っていた。細別時期のもつ時間幅に比較して住居の寿命が相対的に短いということ（1棟の住居の存続期間が 20～30 年に及ぶことは無い）はわかるのだが，住居の寿命として，どのくらいの期間をあてればよいのかは，状況証拠だけではつめきれないからである。

そのように状況証拠からのアプローチの限界に突き当たっていたところに朗報が届いた。折からの AMS 炭素 14 年代測定の進展によって，「新地平編年」の各細別時期の具体的な年代幅が推定可能になったのである。この研究成果は小林謙一の努力によって提示されたわけだが，「新地平編年」の各時期は，最短で 20 年（2～6b 期・9c 期・11c1 期・11c2 期），最長で 80 年（9a 期・9b 期・12b 期）という，均等ではなく，ばらつきがあるものとして示されたのである（小林 2004：第1表）。

土器による細分時期に長短があるという研究成果には意表をつかれた。それまで私たちは，約 1000 年という縄文中期の年代幅を1期～13b 期の「新地平編年」の細別時期数で均等に割って，一時期の存続期間を便宜的に 30 年程度と考えてきたからである。しかし，兎にも角にも，この研究成果の提示によって，2・3の研究ステージも，一つ一つの細別時期の具体的な時間幅を念頭においた検討ができることになった。これは非常に意義深い。

たとえば 10a 期として提示した遺構分布図は 30 年の活動累積，12b 期の分布図は 80 年の活動累積とみなせるのである。かつて 12b 期を含む加曽利 E3 式期に縄文集落が最盛期を迎えるという研究結果が提示されたこともあったが，その継続期間が 190 年と加曽利 E1・2 式（90 年・100 年）と比較して2倍も長いとなれば，累積する生活痕跡が多くなって当然であった。

その後，各細別時期の年代幅を，それまでおこなってきた基礎的検討の成果に照らしていった。「環状集落跡」では，最長 80 年の時期（たとえば 12b 期）においても 10 軒近い重複・近接住居が見出されることもあるし，一方で最短20年の時間幅の時期（たとえば11c1・11c2期）においても，同じ廃絶時期に属する住居同士が重複・近接して検出されていることも珍しくはない。そのように調査事例の確認を繰り返すことによって帰納されてきたのが，1棟の住居の寿命は，どんなに長く見積もっても10年程度という時間認識である（黒尾2009・2010・2013・2015）。

この時間認識が，その後の「環状集落跡」の形成プロセスを検討する2から3への研究ステージにかなりのインパクトを与えることになった。

たとえば，11c1期に2棟，12b期に8棟の住居跡を確認したとしよう。かつては11c1期に2棟，12b期に8棟，同時機能した住居が建てられたと考えるしかなかった。そして「ムラ」の景観は12b期が11c1期に比べて4倍大きいと推定したであろう。

しかし，今では11c1期が20年，12b期が80

第1表　南関東の縄文中期の細別時期と継続期間

<table>
<tr><th colspan="2">時期</th><th>土器型式</th><th>新地平編年</th><th colspan="4">継続期間</th></tr>
<tr><td rowspan="28">中期</td><td rowspan="4">中期初頭</td><td>五領ヶ台1式</td><td>1期</td><td>30年</td><td>30年</td><td rowspan="4">90年</td><td rowspan="28">1050年</td></tr>
<tr><td rowspan="3">五領ヶ台2式</td><td>2期</td><td>20年</td><td rowspan="3">60年</td></tr>
<tr><td>3期</td><td>20年</td></tr>
<tr><td>4期</td><td>20年</td></tr>
<tr><td rowspan="12">中期前半</td><td rowspan="5">勝坂1式</td><td>5a期</td><td>20年</td><td rowspan="5">100年</td><td rowspan="12">480年</td></tr>
<tr><td>5b期</td><td>20年</td></tr>
<tr><td>5c期</td><td>20年</td></tr>
<tr><td>6a期</td><td>20年</td></tr>
<tr><td>6b期</td><td>20年</td></tr>
<tr><td rowspan="4">勝坂2式</td><td>7a期</td><td>30年</td><td rowspan="4">200年</td></tr>
<tr><td>7b期</td><td>30年</td></tr>
<tr><td>8a期</td><td>70年</td></tr>
<tr><td>8b期</td><td>70年</td></tr>
<tr><td rowspan="3">勝坂3式</td><td>9a期</td><td>80年</td><td rowspan="3">180年</td></tr>
<tr><td>9b期</td><td>80年</td></tr>
<tr><td>9c期</td><td>20年</td></tr>
<tr><td rowspan="10">中期後半</td><td rowspan="3">加曽利E1式</td><td>10a期</td><td>30年</td><td rowspan="3">90年</td><td rowspan="10">380年</td></tr>
<tr><td>10b期</td><td>30年</td></tr>
<tr><td>10c期</td><td>30年</td></tr>
<tr><td rowspan="4">加曽利E2式</td><td>11a期</td><td>30年</td><td rowspan="4">100年</td></tr>
<tr><td>11b期</td><td>30年</td></tr>
<tr><td>11c1期</td><td>20年</td></tr>
<tr><td>11c2期</td><td>20年</td></tr>
<tr><td rowspan="3">加曽利E3式</td><td>12a期</td><td>40年</td><td rowspan="3">190年</td></tr>
<tr><td>12b期</td><td>80年</td></tr>
<tr><td>12c期</td><td>70年</td></tr>
<tr><td rowspan="2">中期末葉</td><td rowspan="2">加曽利E4式</td><td>13a期</td><td>50年</td><td rowspan="2">100年</td><td rowspan="2">100年</td></tr>
<tr><td>13b期</td><td>50年</td></tr>
</table>

※小林2004「関東・中部地方縄紋中期細別時期別暦年代推定」より，各細別時期の年代幅が実感できるように改変

年という両時期の推定年代幅が念頭におかれることになる。11c1 期の 4 倍の年代幅を有する 12b 期の住居数が多くなっても不思議ではない。そして 10 年程度という住居の寿命について考慮するならば，12b 期の 8 棟は，1 棟が 8 回建てられることで残された痕跡である可能性も充分に考慮しなければならない。かりにそうであったならば，1 棟と 8 棟の見かけ上の違いに惑わされることなく，11c1 期と 12b 期におけるムラの景観は大差ないと判断しなければならないことになる。

そして 11c1 期の 2 棟が，かりに同時構築→同時機能→同時廃絶したのであれば，11c1 期の年代幅 20 年のうちの 10 年程度，2 棟 1 組での居住地の利用があり，残りの 10 年ではこの場所で機能した住居はなかったと推定されることになる。もちろん 2 棟の住居が時間差をもって 20 年間に 1 棟ずつ構築されたという推定も可能になる。

12b 期の 8 棟についても当然，同様の観点からの検討が必要になる。8 棟である分，検討も複雑な手続きをとることになり，それが研究ステージ 3 の基礎的検討になる。小林謙一がおこなった目黒区大橋遺跡でのフェイズ論の試みが，まさに新地平編年 12b 期を中心にした具体的検討に該当するだろう（小林 2004）。

2　細別時期の長短の補正 ―平均住居数という考え方―

「新地平編年」の各細別時期には 20～80 年という長短があった。したがって研究ステージ 2 の検討により導きだされた各時期の遺構分布図にも時間の長短は反映されており，何の前提もなしに分布図を比較できないことを意識した。しかし基礎的検討に使用する時間表記は，土器による細別時期に拠らねばならない。このジレンマを解消し，各時期の居住実態についての比較を容易にするための方便を考案しようとしたときに，10 年と見積もった住居の寿命が鍵を握ることになった。

ここで各細別時期の長短を補正するための方便について一つの提案をしよう。それは各時期の住居検出数を，各時期の推定時間幅で除して，それに住居の寿命を乗じた数値を「平均住居数」とするという考え方である（黒尾 2015）。

平均住居数 ＝ 各時期の住居検出数 ÷ 各時期の年代幅 × 住居の寿命

平均住居数は，20 年の年代幅（たとえば 11c1 期）に 1 棟の住居が見出されたのであれば，1 棟÷20 年×10 年，0.5 棟と算出される。0.5 棟という数値は，20 年という年代幅に住居の寿命の目安となる 10 年間を最大に 1 棟の住居が存在し，残った 10 年は機能している住居は存在しなかったと推定される。つまり 20 年間の時間幅に，住居が存在しない時期と，1 棟の住居が存在した時期があったと考えることができる。

80 年の年代幅（たとえば 12b 期）に 4 棟の住居が見出されたのであれば，4 棟÷80 年×10 年であり，これまた平均住居数は0.5棟となる。すなわち上述した11c1期と比較した場合に，4棟と住居の検出数は4倍であるが，しかし，11c1期と12b期という両者の土地利用景観や居住実態は，平均住居数の数値が同じであることから，1棟と4棟という見かけの差にもかかわらず，大きくは変わらないと推定できる。

上記のように平均住居数の数値が1棟に満たない場合には，その細別時期内には住居が存在しなかった期間が含まれていると理解できることは重要である。この見方に拠ることによって，連続する廃絶時期の住居，たとえば10a期→10b期→10c期の廃絶住居を見出したとしても，そこに1棟未満の平均住居数をもつ時期があるとしたら，直ちにムラの継続を保証していないという時間認識を得られるからである。

また20年の年代幅（たとえば11c1期）に5棟が見出されたならば，5棟÷20年×10年となり，平均住居数は2.4棟になる。この数値は20年という期間に常に同じ景観が継続した場合に想定される住居数を指すことになる。実際には，2.4棟という数え方はないので，2棟ないし3棟で推移したと理解することになる。

しかしながら，5棟が同時構築されていたとすると，住居の寿命を念頭におけば20年のうちの10年間のみに住居が存在したという理解が可能になり，残りの10年間を機能している住居のない期間として想定しなければならない。

さて居住の実態はどうか，これをさらに検討するために，5軒の住居が実際にどのように20年の間に変遷したのかを，状況的証拠をもとに具体的に接近する基礎的作業として研究ステージ3の検討が必要になるわけである。

3　平均住居数からみた宇津木台D地区の住居群の変遷

つぎに平均住居数という考え方を取り入れた八王子市宇津木台遺跡D地区の研究ステージ2の検討結果を紹介してみたい。

宇津木台D地区は，約100棟の住居を調査した「環状集落跡」である（第1図）。集落全体図をみて「継続的定住地」と理解する方もいるだろうが，当然のことながら，調査された住居跡がすべて同時に機能していたわけではない。中期初頭（五領ヶ台2式期）から前半（勝坂1〜3式期）そして中期後半（加曽利E1〜3式期）までの住居跡が確認されており，その存続年代幅は800年をこえるもので，「新地平編年」の3期から12b期までに相当する。

調査された住居跡には，遺存状態がきわめて悪かったり，所産時期を判断する土器が出土しなかったり，住居の重複などの状況証拠も認められなかったりして，「新地平編年」の細別時期までは廃絶時期を特定できない事例が含まれる。「環状集落跡」の調査住居の廃絶時について観察しようとすると，必ずそのような資料の障害に直面し，宇津木台D地区でも9棟で認められた。しかし残りの9割以上の住居跡については廃絶時期を特定できているので，全体の様相を考えるうえでの支障はない。

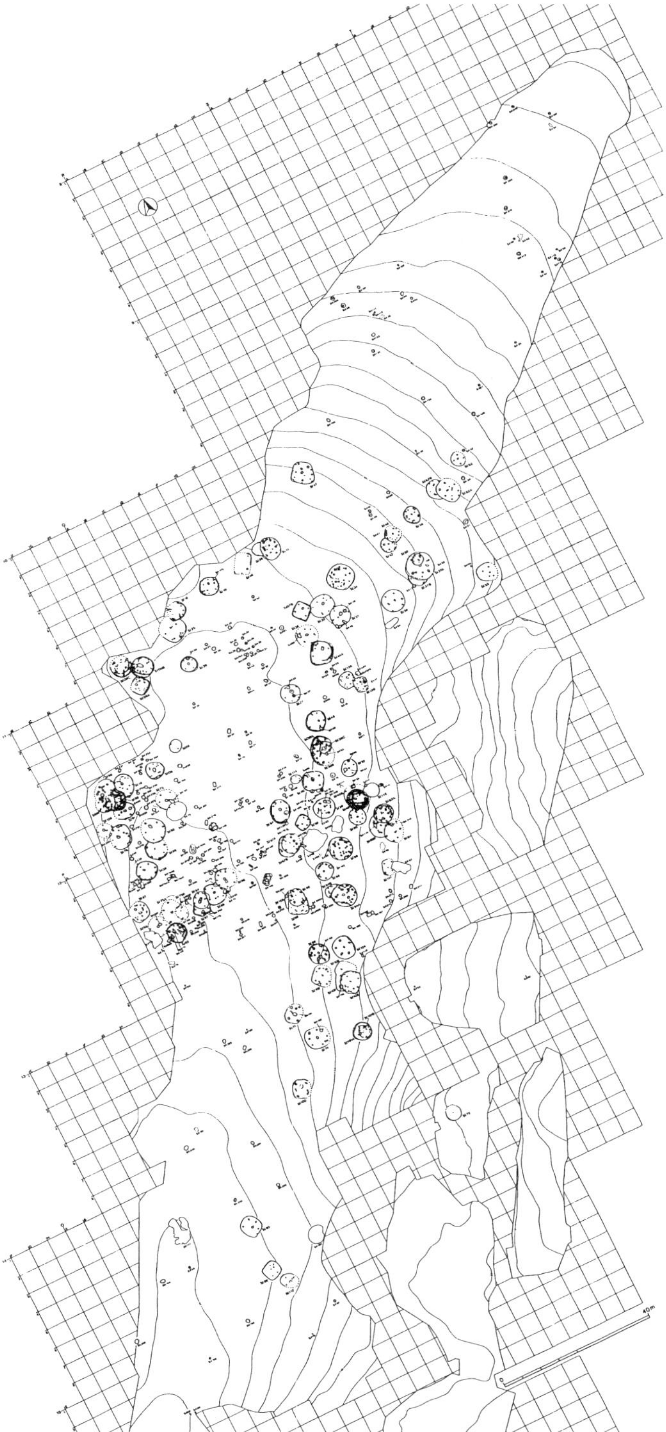

第１図　八王子市宇津木台Ｄ地区の遺構全体図

さて第2表には，宇津木台D地区における各時期の「住居数」を示すとともに，住居の寿命を10年と仮定して，各時期の継続時間の長短を補正した「平均住居数」を示した。両者を見比べてみることにしよう。

まず従前のように細別時期ごとの廃絶住居数をみてゆく。約100棟を検出した宇津木台地区であるけれども，3期〜6b期は，住居の構築されなかった5a期という空白期間を挟みながら検出住居跡数は1〜2棟という，小規模な集落遺跡のあり方そのもので推移していたことがわかる。そして7a期以降に3棟以上の住居跡の検出が認められるようになり，9a期に8棟，11b期に11棟などそれまでよりも多くの住居跡が検出されている時期があることになる。

しかしここで平均住居数に着目すると，2.0棟を超えているのは10c期，11b期，11c1期，11c2期の4時期に限られていて，1.0棟以上2.0棟未満の時期が最も多く，3期，4期，6a期，6b期，7a期，7b期，9a期，9c期，10a期，10b期，11a期，12a期が該当する。また1棟未満となり細別時期内に土地利用の断絶期間を挟んでいたと推定される5b期，5c期，8a期，8b期，9b期，12b期も決して少なくはないことがわかる。

平均住居数という考え方を導入して，各時期の継続時間の長短を補正したうえで，集落の変遷をたどってゆくと，約100棟の住居を調査した宇津木台D地区クラスの「環状集落跡」においても，11b期に3～4棟程度の同時存在住居が想定されるに過ぎず，800年間のほとんどは，住居にして1棟ないし2棟という小規模な景観で推移していると推定されることになる。

そして宇津木台D地区の住居変遷には，平均住居数が1棟に満たない時期を相当に挟んでいるのだから，その実態は継続的とは言えず，断続的とみなすべきであろう。当然のことながら，そこでの居住形態も従来の想定よりも明確に移動性・流動性にとむものと理解されうる。

第2表　宇津木台D地区の時期別住居数と平均住居数

細別時期	年代幅	住居数	平均住居数
3期	20年	2棟	1.0棟
4期	20年	2棟	1.0棟
5a期	20年	0棟	0棟
5b期	20年	1棟	0.5棟
5c期	20年	1棟	0.5棟
6a期	20年	2棟	1.0棟
6b期	20年	2棟	1.0棟
7a期	30年	3棟	1.0棟
7b期	30年	5棟	1.67棟
8a期	70年	5棟	0.71棟
8b期	70年	3棟	0.43棟
9a期	80年	8棟	1.0棟
9b期	80年	4棟	0.5棟
9c期	20年	3棟	1.5棟
10a期	30年	4棟	1.33棟
10b期	30年	4棟	1.33棟
10c期	30年	6棟	2.0棟
11a期	30年	4棟	1.33棟
11b期	30年	11棟	3.67棟
11c1期	20年	4棟	2.0棟
11c2期	20年	6棟	3.0棟
12a期	40年	7棟	1.75棟
12b期	80年	2棟	0.25棟
不詳	-	9棟	-

4　平均住居数からみた八王子市域の縄文中期の集落遺跡 ―予察―

上記のように「環状集落跡」の形成プロセスについて見通すと，そのように小規模な景観や流動性に富む居住形態では，社会や文化そのものを維持・発展できないのではないかという反論を頂戴することになる。しかし，私としては，発掘調査資料に即して，資料に対する時間認識を研ぎ澄ましながら集落研究における基礎的検討の研究ステージ1・2の結果を示したのであり，むしろこの際，「環状集落跡」こそが，縄文中期の同族集団が世代を引き継ぎ一所懸命に生きてきた継続的定住地であるというアプリオリな観点から一旦自由になるべきではないかとよびかけたい。

じつは宇津木台D地区の所在する八王子市域では，1970年代以降の宅地造成などの開発の事前に大規模調査がおこなわれ，縄文時代に関しての重要な調査成果として，中期の「環状集落跡」を完掘したような調査事例が非常に多いことが知られている。宇津木台D地区のほかにも神谷原遺跡，滑坂遺跡，小比企向原遺跡，多摩ニュータウンNo.72遺跡などがある。

八王子市では現在『新八王子市史』の刊行を進めていて，私も原始古代部会の一員として参与しているが，『通史編1原始・古代』の編さんの機会に，中山真治の協力を得て，2013年末までに市域で調査された中期住居（管見に触れ得た1292棟）の廃絶時期について明らかにする悉皆的な調査をおこなった。刊行された報告書等をたよりに縄文中期の住居を検出した遺跡ごとに，調査住居の「新地平編年」に即した廃絶時期を認定して，その後，平均住居数についても数値化を試みたのである。

この作業成果に関しては，紙数の制約もあって『通史編』に示すことがかなわなかったけれども，近い将来の調査データと作業成果の公表を約しつつ，ここでは平均住居数に関する検討結果の一端を記しておきたい（黒尾 2015）。

まず中期を通じて最も多かったのは，平均住居数が 1.0 棟に満たない居住痕跡であった。中期の集落遺跡において，平均住居数 1.0 棟未満となる時期が最も普遍的な存在であると言うと頸をかしげたくなる方もいるだろうが，八王子市域では，開発に伴う大規模調査の進展によって，「環状集落跡」のみならず，住居にして 1～数棟のみが確認される小規模な集落遺跡の調査成果を数多く蓄積してきたのである。地味ではあるがこの調査成果は非常に重要であり，その普遍性について評価すべきである（黒尾 2011）。その成果をうけて平均住居数 1.0 棟未満の時期が最多になるという分析結果が導きだされるのであった。

もちろん小規模集落だけではなく，神谷原遺跡，滑坂遺跡，小比企向原遺跡，多摩ニュータウン No.72 遺跡という「環状集落跡」においても，細別時期ごとにみてゆくと平均住居数が 1.0 棟に満たない時期を少なからず挟んでいた。このあり方は，宇津木台 D 地区でも認められていたけれども，「環状集落跡」において平均住居数 1.0 棟未満となる時期が認められれば，該当細別時期の時間幅において住居の存在しない間欠を想定しなければならないのである。

次いで多かったのが，やはり平均住居数 1.0 棟以上 2.0 棟未満の時期であった。10 棟以上の同時期の廃絶住居跡を調査していても，それらが属する時期の年代幅が 70 年ないし 80 年と長いと，平均住居数は 2.0 棟に満たない事例になることが多い。やはり見かけの住居の数に惑わされてはいけないのである。

そして宇津木台 D 地区以外の「環状集落跡」においても，平均住居数が 2.0 棟をこえる時期は思いのほか少ないという結果も得られた。とくに平均住居数が 5.0 棟以上となり，現実の居住景観が「ムラ」と呼ぶにふさわしくなる時期はきわめて限られていたのである。具体的に示すと，6a 期の南八王子地区 No.11 遺跡，11b 期の小比企向原遺跡，11c2 期の小比企向原遺跡，11c2 期の多摩ニュータウン No.72 遺跡の 4 例にすぎない。

要するに宇津木台 D 地区が特殊なのではなく，平均住居数という考え方を導入した検討結果は，神谷原遺跡，滑坂遺跡，小比企向原遺跡，多摩ニュータウン No.72 遺跡クラスの「環状集落跡」においても，住居数を減ずる時期を挟みつつ，大半の時期で 5 棟どころか 3 棟にも満たない状態で推移していた蓋然性を高めているのである。

宇津木台 D 地区同様に，八王子市域で調査された「環状集落跡」においても，一時的な「ムラ」の景観は恒常的に小規模であり，その土地利用は継続的というよりも断続的というべき状況にある。当然のことながら推定される居住形態も，住居にして 1 棟ないし 2 棟の小集団が離合集散を繰り返す，相対的に移動性に富むものと評価しなければならない。つまり継続的定住地である「環状集落跡」が一定の距離に点在して，そこを中心に衛生的な小規模集落が配置されているような状況が中期を通じて続いているというような固定的な縄文人の領域支配はおこなわれていなかったと推断できることになる。

おわりに ―「横切りの集落研究」から「横切りの遺跡群研究」へ―

このように調査資料のあり方から住居の寿命を10年として，住居細別時期による時間幅の長短を補正する平均住居数という考え方を導入したことによって，「環状集落跡」の形成プロセスに関しても，従前にもまして，移動性に富む居住形態をもつ小集団による断続的占拠，離合集散の累積によるという見通しがたてられそうである。

そして，ここでもう一度注目したいのが，大規模調査の進展に伴い数多く見出されてきた小規模な集落遺跡である。とくに広い発掘区を設けたにもかかわらず，1棟しか見出せないような居住痕跡の存在は重要である。中期の生活単位が住居1棟という規模であること明確に示し（2棟1単位，3棟1単位ではない），さらには，ただ1軒の住居を残した小集団は，果たして「どこ」から来て，「どこ」へ去っていったのか，という問題意識を調査者に生じさせるからである。

この「どこ」に注目するならば，当然，同時期の廃絶住居を有する「環状集落跡」もその候補地になるであろう。平均住居数という考え方から導きだされたように，小集団の出入りが繰り返された場所が「環状集落跡」である一方で，反復居住がおこなわれずに，たまたま1回～数回しか居住地として選ばれなかった場所が小規模集落として認識されてきたのだろう。

これまで私たちは折に触れて，研究の方便として，一定の範囲における中期の集落遺跡の分布図を作成してきた。土地利用の累積している「環状集落跡」，小規模な集落遺跡をシンボルの大きさを変えて地図上にプロットすることもあった。そうした分布図を小稿での視点でみると，まさに中期1000年という時間幅において，複数の小集団が，居住地を移していった軌跡が累積しているものと評価できることになる。

そして，そうした縄文人の行動軌跡を，時間をおって，より具体的にたどるためにおこなう基礎的作業は，言うまでもなく「横切りの遺跡群研究」になる。

1000年に及ぶ中期の土地利用の累積結果を反映させた1枚の分布図で「セツルメント・パターン」の解釈をするのではなく，土器の時間軸（「新地平編年」）に即して，中期の住居を検出したすべての集落遺跡において，すべての住居の廃絶時期を特定するデータベースを作成し，さらに平均住居数の数値を反映させた30余枚の時期別の分布図を作成して，それを動態的に観察し，そのうえで「セツルメント・パターン」の抽出を目指すのである。

現在，八王子市域に関しては前述したように，そうした研究にむけての下準備が整いつつあるわけだが，成案を得るには八王子市という範囲では不足が生じる時期もあるようにも直観する。なるべく広域にわたるデータを整えて，細分時期ごとに分布図が整えられたときに，ようやく「環状集落跡」と評価してきた場所において，確かに拠点的な位置づけを与えられる時期を特定できたり，あるいは小規模な居住痕跡が点在する状況が認められる時期があったり，興味深い各時期の「セツルメント・パターン」を視認できるようになるのではないだろうか。

この「横切りの遺跡群研究」は，「環状集落跡」の形成過程を明らかにする三つの研究ステージと無関係ではない。分析に使用する時間軸は同じもの（私たちは「新地平編年」に拠る）であるし，検出住居数の多寡にかかわらず，すべての中期の集落遺跡において研究ステージ2の検討がおこなわれることが前提になるのであるから，調査資料から抽出できる時間認識を鍛えていく「横切りの集落研究」（新地平スタイル）をベースに，「遺跡群研究」へと矛盾することなく展開できると考えている。

さて本稿で提案した，住居の寿命を10年程度とすること，平均住居数の考え方に疑問をもたれる方も多いとは思うが，私なりに集落研究における「時」の問題を考えてきた通過点として示してみた（参考文献参照）。大方のご批判を頂戴したい。

参考文献

黒尾和久　1988「縄文時代中期の居住形態 」『歴史評論』No.454　歴史科学協議会編・校倉書房

黒尾和久・宇佐美哲也ほか　1993『はらやま―都営柴崎一丁目第2住宅建て替えに伴なう発掘調査』調布市原山遺跡調査会

黒尾和久　1995a「縄文中期集落研究の基礎的検討（I）」『論集宇津木台』第1集　宇津木台地区考古学研究会

黒尾和久　1995b「接合資料の検討からみた縄文中期の居住景―埋設土器の事例検討を中心に」『シンポジウム縄文中期集落研究の新地平［発表要旨・資料］』縄文中期集落研究グループ・宇津木台地区考古学研究会

黒尾和久・小林謙一・中山真治　1995「多摩丘陵・武蔵野台地を中心とした縄文中期の時期設定」『シンポジウム　縄文中期集落研究の新地平［発表要旨・資料］』縄文中期集落研究グループ・宇津木台地区考古学研究会

黒尾和久　2001「集落研究における「時」の問題　住居の重複・廃絶と同時存在住居の把握方法に関連させて」『縄文時代集落研究の現段階　第1回研究集会　発表要旨』縄文時代文化研究会

黒尾和久　2008「縄文集落研究の近況―「新地平スタイル」の視座から―」『縄文研究の新地平（続）―竪穴住居・集落調査のリサーチデザイン―』六一書房

黒尾和久　2009「集落遺跡の形成過程　『環状集落跡』の形成プロセス」『縄文時代の考古学　8　生活空間　集落と遺跡群』同成社

黒尾和久　2010「V．遺物の出土分布・出土状況」『東京都あきる野市　前原・大上・北伊奈（第2分冊）』あきる野市前原遺跡調査会

黒尾和久　2011「小規模集落の普遍性」『季刊　考古学』第114号　雄山閣

黒尾和久　2012「『東京考古』到達点と展望　縄文時代」『東京考古』30　東京考古談話会

黒尾和久　2013「安孫子コメントへの応答　「真の森」をみるために」『セツルメント研究』7号　セツルメント研究会

黒尾和久　2015「第2章第4節　縄文時代中期の集落像」『新八王子市史通史編1　原始・古代』八王子市市史編集委員会編・八王子市

小林謙一　2004「1章2節　遺構間の関係にもとづく集落景観復元」「2章1節　東日本中期土器の年代的再編成」『縄紋社会研究の新視点—炭素14年代測定の利用—』六一書房

小林謙一・中山真治・黒尾和久　2004「多摩丘陵・武蔵野台地を中心とした縄文中期の時期設定（補）」『シンポジウム　縄文集落研究の新地平3—勝坂から曽利へ—[発表要旨]』セツルメント研究会

縄文研究の地平グループ　2016『シンポジウム　縄文研究の地平2016—新地平編年の再構築—発表要旨』セツルメント研究会

土井義夫・黒尾和久・金子直世ほか　1989『宇津木台遺跡群XIII　1982〜84年度（D地区）発掘調査報告書（4）』八王子市宇津木台地区遺跡調査会

集落の環状化形成と時間

小林　謙一

1　縄紋集落論の問題（新「横切り派」・真「見直し論」の立場）

縄紋集落の実態を読み解くことは縄紋社会組織の解明に不可欠である。縄紋集落の実態は，第一に集落遺跡の発掘調査成果から組み立てなくてはならない。現在の縄紋集落論は，「定型的環状集落論 vs. 見直し論（移動論）」の構図を引きずり空理空論と化しているが，それは時代遅れの議論である。問題を混乱させている要因として三つの点を挙げてきた。一つは，方法論としての問題で，集落研究をおこなううえでの時間軸の問題である。時間軸が粗いことが最大の混乱原因であり，土器型式時期よりも集落での時間軸は細かくみるべきで，同時機能遺構（同時存在住居など）の把握を目指すべきである。二つめに研究対象の範囲をどのように設定するかという問題で，個々の集落のみを相手とした集落論に立脚するべきではなく，周辺，領域を含めた遺跡群を「セツルメント」で論ずるべきである。三つめに，研究者の認識の問題がある。遺物出土位置や層位・自然科学的分析など含め考古学的な出土状況を示す情報を遺跡から吸い上げず報告書に提示しないずさんな調査や実証的検証を無視した雑説は論外として，定住論 vs. 移動論など 2 元論的な見方や年代測定・ドット調査データの不十分な活用は集落実態解明の妨げとなる。

時間軸の設定は，土器型式編年細分化（細別時期設定），ライフサイクルモデル・重複関係・遺構間接合等による集落の同時機能住居群把握（フェイズ設定），炭素 14 年代測定を相互に検証しつつ可能な限り細かい時間幅になるように構築していくべきである。小規模な三矢田遺跡・湘南藤沢キャンパス内遺跡から，比較的大規模な大橋遺跡を題材に，集落を構成する竪穴住居のライフサイクル（構築から廃棄までの流れ），集落のライフサイクル（時間軸としてのフェイズ設定）を整理し，縄紋集落を読み解く視点を提示してきた（小林 1999，小林・大野 1999）。

同時存在の可能性がある居住単位をグルーピングし，集落構成を細別化した時間単位の順番にまとめる研究をおこなうべきである。集落全体を取り上げ環状集落の定型をみる立場（谷口康浩，鈴木保彦，山本暉久ら）は，土器型式細別時期で集落が分割されることを嫌い時期を統合する（水野正好集落論）が，土器型式存続期間よりも住居の寿命が短いことは同一型式内の重複住居の存在から明かである。短い時間幅で集落を横切りしなければ，同時機能住居群の把握から一時的集落景観は果たせず縄紋集落の実態はわからないと考える。

研究史的理解　縄紋集落研究の研究史については，多くの研究者が述べてきたところであり，筆者も何度か検討してきたところである。ここで概述するならば①和島集落論およびその系譜を引く共同体論，②水野集落論およびその系譜を引く双分組織論，③小林達雄セツルメントパターン論，④1980年代以降の計画的大規模環状集落論と移動論・見直し論の四つの単元にまとめられると考える。それぞれのテーマについては旧稿（小林ほか2012）で論じているので，概括して示す。

①とした和島集落論は，その後の共同体論へつながる社会モデルを用いた縄紋集落理解として学史的に位置づけられている。その背景としては，志村遺跡，南堀貝塚，三殿台遺跡などの広域調査・全面調査といった考古学的実践があるが，その解釈を唯物史観に基づく社会進化論モデルに求める。結果的にモデルと集落実態把握のミドル・レンジ不在となったことが弱点としてあげられている。その後の共同体論を含み，基本的に斉一的な理解をアプリオリに決定し，個別化を否定する傾向があった。例えば，時期的区分を重視しないなどの傾向として現れるといえる。

②とした水野集落論も，民族考古学に共通するような理論的基盤をもち，集落分割モデルを用意する社会復元といえる。現在の双分組織論につながっており，小を捨てて大をとるという方向性によって基本的には和島集落論と似た弱点をもつ，その後の計画的大規模環状集落論にも通底し，谷口康浩モデルに代表される二項対立と集落形成過程，廃棄帯といった時間的累積を排除する方向性を指向する。

③とした小林達雄セツルメントパターン論は，一つには廃棄パターン論に代表される廃棄論と，モデル集落の空間分布としてみるセツルメントパターン論に区分される。前者は，吹上パターン以外が実態として異なることが明らかになり，廃棄パターン論としては否定されたが，縄紋集落の理解を含む縄紋セツルメントの理解に，廃棄行為の復元がきわめて大きい要素であることを指摘した点で，大きな学史的評価が与えられる。後者の「セツルメントパターン論」も遺跡類型が恣意的に過ぎることや，時間軸の担保が不十分な点において批判を加えられてきたが，学史的には向坂鋼二らによって指摘されはじめた遺跡群理解の重要性を明確化し，集落理解の空間を面的に広げたことが評価される。

④とした移動論・見直し論の登場と，その後の計画的大規模環状集落論と結果環状集落論の議論については繰り返し顧みているところである。その打開策として新地平モデル（土器型式の細別化の適用と遺構間接合を用いた細かい集落フェイズ編年による横切りによる集落動態・ライフサイクル論による住居使用年数の検討などを特徴とする）があげられる。集落を時期区分すると各時期は定型的ではないし住居軒数も変動が多い（宇佐美2006ほか）ことは明らかとなっている。ライフサイクルモデルとフェイズ設定，同時機能住居群の把握（小林1994ほか）など多様な視点を適用する必要がある。住居の柱穴構造の比較により居住者の系譜をたどる馬橋利行モデル（馬橋1998），櫛原功一による住居形態と居住者すなわち柱穴数・間取りと居住員数の関係把握（櫛原2004）についても，細かな時間軸構築状況や時間的区分の把握が前提となるが，仮説的に取り上げていかなくてはならない。基本的な竪穴住居構築の理解についても重複・反復・拡張住居の解釈，炉・柱穴・床の作り替えが連続か断絶か，など考古学的事実と解釈についても細かく議論を重ねていく

必要がある（石井ほか 2012）。

2　竪穴住居跡・跡地のライフサイクル・集落のライフサイクル

集落の主要構成要素である竪穴住居およびその跡地利用の時間的分節をライフサイクルと遺構間接合を加味した居住のフェイズ設定として整理する手法で，竪穴住居の生活面ごとの単位を捉え，モデル化したのが竪穴住居跡・跡地のライフサイクルである。周溝，柱穴や炉，床面など遺構を形成するパーツごとの時間的関係の痕跡によって，ライフサイクルの分節間の順序は考古学的に復元可能である。もちろん，直接切り合わない分節同士の関係は不明となることもあるが，前後関係がたどれる限りの一系的な組列については，当然ながら相対的な先後関係を決めることができる。こうした方法は，貝塚の貝層堆積順序の整理においてもおこなわれている（伊皿子貝塚（鈴木 1981）など）。

住居として用いられた地点は，竪穴住居の計画・構築・使用・修復・廃絶・跡地利用・埋没など，様々な形で利用され，時に改修・改築や新たな新築という形でフィードバックされながら，1 計画→ 2 構築→ 3 生活→ 4 改築・改修・補修→ 5 廃絶→ 6 埋没・転用（窪地へのゴミ廃棄など）のフローチャートをなす。竪穴住居およびその地点の利用のされ方，「自然埋没」などの非人為的変化を含む，時間的な変換点をその地点のライフサイクルの分節と捉える（第 1 図）。住居のサイクル自体は，小林達雄（小林 1965），山本暉久，小杉康らによっても議論されてきた。

直接的な重複関係のない，複数の多系的な組列間の横の関係は，時間的に不明となる。例えば，ある住居の北側を重複する住居と，南側を重複する住居との先後関係は不明である。出土土器による型式学的な時間関係の整理もおこなう必要があるが，型式的に先後関係が決められない，または型式的には同一時期の組み合わせもある。こうした事例について，異なる組列にある遺構の分節同士をつなぐ遺構間接合を用いれば，複数組列間の同時期存在を推定することができる。遺構 A がすでに埋没している（ライフサイクルの分節 6）ことを反映する覆土上層出土の土器片と，遺構 B が分節 4 に当たる炉の補修時に関係すると考えられる炉壁の土器片，さらに遺構 C が生活に供されている（分節 3）ことを反映する床面出土の土器片とが，同一個体の土器の破片であれば，遺構 A・B・C のライフサイクルの分節間の時間的関係を第 2 図のように仮定することができる。さらに遺構 B の覆土上層と遺構 C の貼床内から出土した土器片が接合すれば，その時間的関係を復元することができるだろう。

重複関係・遺構間接合によるフェイズ設定　異なる組列にある遺構の分節同士をつなぐ遺構間接合（黒尾和久 1988）を用いれば，複数組列間の同時期存在を推定することができる。遺構 A がすでに埋没している（ライフサイクルの埋没の分節）ことを反映する覆土上層出土の土器片と，遺構 B がライフサイクルの使用の分節に当たる内部施設の利用・改修に関わる際に遺存した土器片とが，同一個体の土器の破片であったならば，遺構 A・B のライフサイクルの分節間の時間的関係が仮定できる。さらに遺構 B の覆土上層と遺構 C の貼床内から出土した土器片が接合すれ

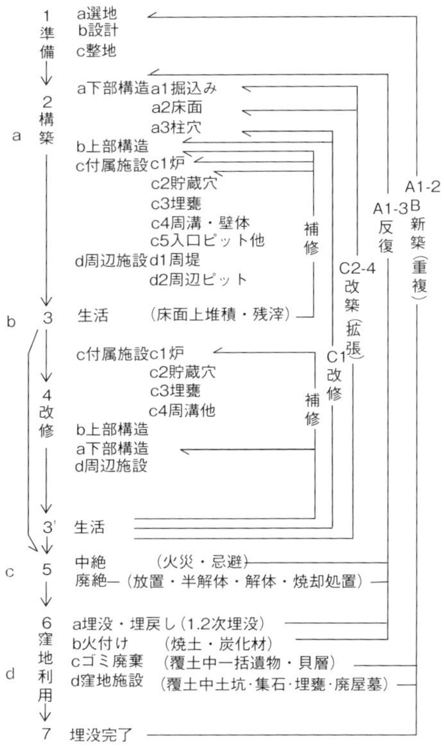

第1図 住居・住居跡のライフサイクル（小林 1994 改変）

ば，遺構 B よりも C の方が新しいという時間的関係を復元できる。

同様に，同一地点でつくり直された一部を破壊して構築される重複住居群は，同時には存在せず，切り合いによって新旧の順序も明らかである。居住に関連する機能に着目し各住居跡について整理するならば，集落内において同時期に建っている住居（同時存在），さらに同時期に居住されている住居群（同時機能している住居）の組み合わせごとに，集落の時間的単位をまとめ得る。これをフェイズとよぶ。第 2 図に示した想定では，遺構 A のみが建っている状態をフェイズ 1，次段階の遺構 A と B が同時に機能している住居 2 軒の段階をフェイズ 2 とする。次の段階に遺構 A は廃棄され，別に遺構 C が構築される段階をフェイズ 3 とする。住居は 2 軒だが前段階とは構成が異なる。最後に，遺構 B が遺構 C より先に廃棄され，住居 1 軒のみのフェイズ 4 が認め得る。土器型式で，遺構 A が TYPE1 の土器を埋設土器として用い，遺構 B・C は型式的に新しい TYPE2 の土器を埋設していた場合，土器型式の新旧とは合致しつつ，一土器型式期内（この場合 TYPE2）に複数のフェイズが存在したことになる。遺構の重複関係があれば，より明確に先後関係を整理できる。At time な同時存在とまで言えずとも，互いに関与しない時間関係の遺構を除外した，ごく短期間に存在した遺構群となる。一定時間幅のなかで同時期にライクサイクルの分節で機能した住居群の把握は，同時存在住居に最も近くかつ考古学的に有意な遺構群の時間単位であり，フェイズとまとめた。同時存在住居・同時機能住居に近い，極力細かい時間幅の

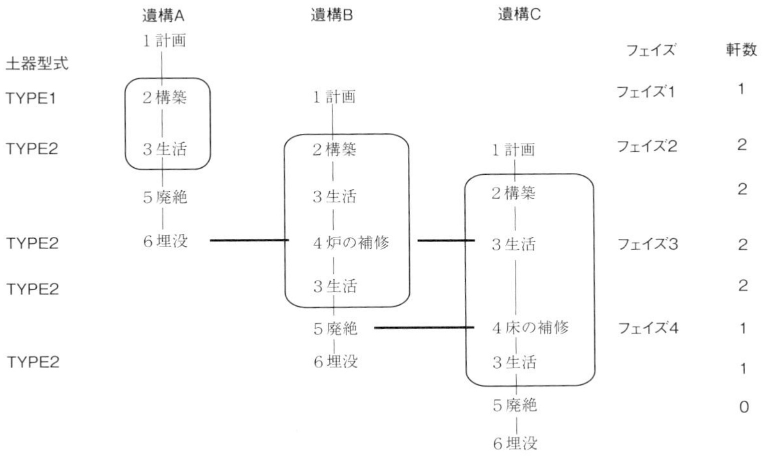

第２図　集落のフェイズ設定模式図（小林 1999a）

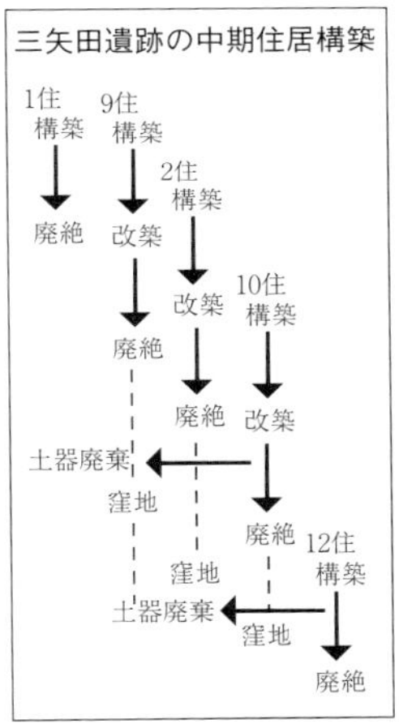

フェイズ1　1住・9住の2軒（加曽利E1式期,新地平10a期）

フェイズ2　1住・9住・2住の3軒

フェイズ3　2住・9住の2軒

フェイズ4　2住・9住新床面・10住の3軒
（加曽利E1式期,新地平10b期）

フェイズ5　2住新床面·10住の2軒

フェイズ6　10住のみの1軒
〈断絶〉

フェイズ7　12住のみの1軒
（加曽利E2式期,新地平11c期）

第３図　三矢田集落のフェイズ設定（小林 1999 改変）

なかでの同時期住居の把握と同じように，同時に存在している集落を把握しなくては，現在出口が見えなくなっている考古学的問題の解決には決して至らない（以上，小林 2004 ほか）。

土器型式細別時期設定とともに，集落内の重複関係・層位（いわゆる「加曽利 E3 面住居」など）・位置・住居形態（入口方向など）・廃棄行為等の情報と統合し，同時存在の可能性がある居住単位ごとにグルーピングし，集落の構成を細別化した時間単位の順番にまとめることが可能である。集落地自体の利用のされ方の変遷（連続・断続・家屋ごとの移動・構成員の出入りの状況を含む）を組み立てることを見通すことによって，集落ライフサイクルとして止揚していくことになる。

3　集落時間分析の検討例

これまで実践例として，下記のような縄紋中期集落の検討を重ねてきた。

(1) 東京都町田市三矢田遺跡

尾根先端部の丘頂部を巡るように，前期から中期の環状集落が形成されている。ここでは，中期加曽利Ｅ式前葉期など中期住居6軒を扱う。土器細別時期でいうと，埋設が連弧文系で新しい12号住居以外は，中期後半加曽利E1式の土器を炉体土器としているが，小林が旧稿（1997b）で紹介した10号住居のように，埋甕炉の作り替えにおいて層位的な新旧関係と炉体土器の新旧関係が明らかに逆転している事例もあり，周辺に転がっている廃棄土器を転用して埋設土器にしていることが想定できる。よって，一概に出土土器・埋設土器によって住居の時間的位置づけを決めかねるが，下記のように住居のライフサイクルと遺構間接合関係，重複関係を重ね合わせて，合理的な変遷観を得ることができる（第3図）（小林1999）。

1号住居，2号住居，9号住居の3軒は，炉体土器などから新地平編年（黒尾ほか1995）10a期の所産と考えられるが，2号住居では，改修された新床面上に1細別時期新しい10b期の土器が遺存しており，やや新しい段階まで機能していたと考えられる。よって，集落当初段階には1号住居と9号住居とが存在（フェイズ1），ついでこれに2号住居が加わり3軒となり（フェイズ2），うち住居の改修・改築が認められないシンプルな構造の1号住居が最初に廃絶された可能性が高く，2・9号住居2軒によるフェイズ3が想定できる。ついで10b期の土器を炉体とする10号住居が現れる（改修のある2・9号住居と同時機能すると考えられ3軒でフェイズ4とする）。この炉体土器は，胴部下部を削りとって炉に埋設しているが，この胴下部の不要部分は，尾根の反対側斜面に位置する廃棄場より出土し，炉体に接合する。すなわち，不要部を居住地近くから片づけ，きちんと廃棄処理を行っている。しかし，10号住居改修による炉体土器作り替えの際に破損した口縁部破片については，住居周辺（主として住居入口から等高線低位側の斜面に遺存）にばらまいたように分布し，きちんとした廃棄処理をおこなわずに散らかしたと考える。このうちの1片が前フェイズに同時機能していた9号住居の覆土上層に遺存し，9号住居は10号住居改修時点において，埋没途上であったことがわかる。よって，前述のように10b期の完形土器を床面に遺存する2号住居新床面と10号住居改修面の2軒が同時機能するフェイズ5，さらに10号住居のみが機能しているフェイズ6が設定できる。最後に，これらの住居群と若干の時間的断絶後（土器細別時期にして2細別時期を間に挟む）に12号住居が1軒のみで設営される（フェイズ7）が，この12号住居は，9・10号住居跡窪地に土器などの廃棄をおこなっているほか，12号住居床面出土土器の破片が2号住居跡窪地付近に分布していることから，12号住居機能時に，2・9・10号の各住居跡地は，廃棄場として利用できる形で，窪地として残っていたと推定できる。

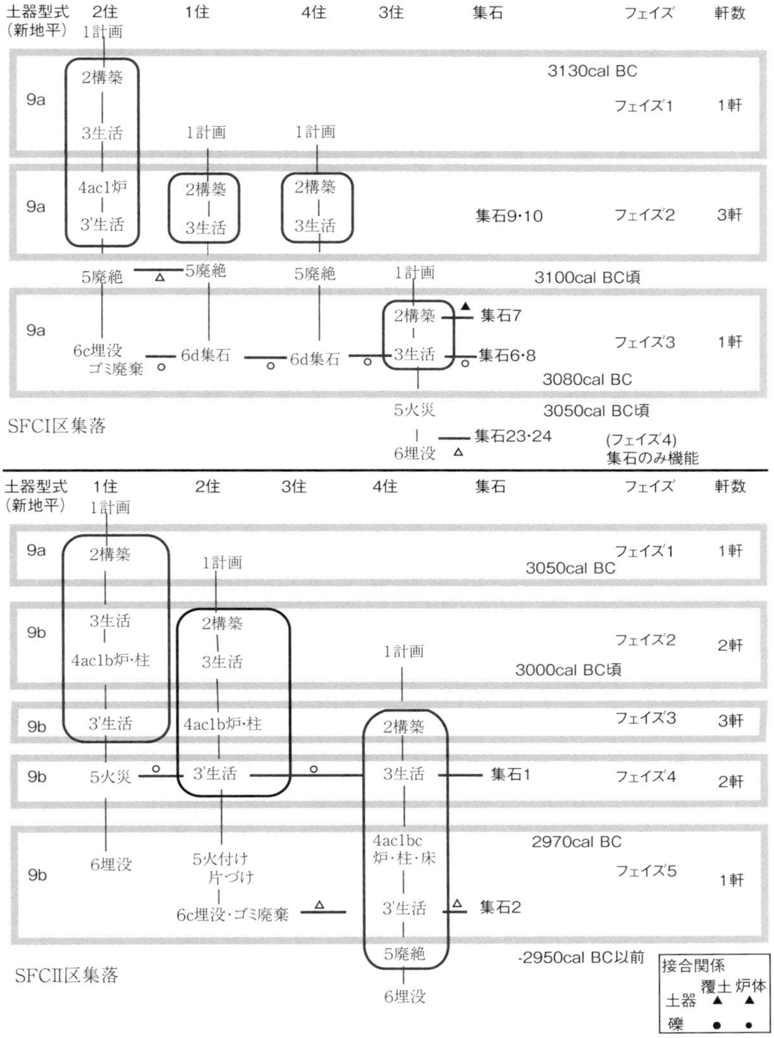

第4図　SFC Ⅰ・Ⅱ区集落のフェイズ設定（小林 1999 改変）

(2) 神奈川県藤沢市慶應義塾湘南藤沢キャンパス内遺跡

慶應義塾湘南藤沢キャンパス内遺跡（以下，SFC と略記）は，多摩丘陵南端の高座丘陵に位置する。発掘調査では，Ⅰ区，Ⅱ区，Ⅲ区，Ⅴ区とした調査地点から縄紋時代中期の居住セツルメントが検出されている。うちⅠ区の勝坂期の集落は，SFC 遺跡中央の溺れ谷を望む標高 35m を計る舌状台地上の集落で，台地南端部に勝坂3式古期（新地平 9a 期（黒尾・小林・中山 1995））の4軒の住居が直線的に配置され，外側を 20 基以上の集石遺構が巡っている。出土土器は，全て同一の勝坂3式古期（9a 期）の所産である。

遺構間接合関係を遺構のライフサイクルとあわせ整理する（第4図）と，フェイズ1として2

号住居が設営される。次にフェイズ2として1・3号住居が加わり，かつ2号住居も機能していることから3軒居住と把握される。フェイズ3として，3号住居が6～8号集石とともに機能していたと考えられる。さらに，3号住居覆土中出土礫と接合関係のある23・24号集石は，3号住居廃絶後に利用されていた集石で，集落廃絶後も集石のみ営まれ引き続き生業活動用キャンプに利用されていたフェイズ4と捉え得る。

SFC Ⅰ区では，住居および集石出土の炭化材，土器付着炭化物について，20点近い^{14}C年代測定をおこない，SFC Ⅰ区集落の同時機能遺構群のグルーピングと，各遺構出土試料の^{14}C年代を暦年較正した。小林によるこれまでの縄紋時代中期の土器型式別の年代測定結果（小林2004）を加味して考えると，SFC Ⅰ区集落開村段階は，勝坂2式新段階（新地平8b期）の終わり頃から勝坂3式古段階（新地平編年9a期古）で，較正年代は，確率分布の範囲の新しい時期である3200-3130cal BCに対比させ得る。SFC Ⅰ区集落フェイズ3は，3号住居の火災による炭化材や，接合関係から同時期と判る集石の燃料材の較正年代の下限が3080cal BCであり，3130cal BCより新しい段階に始まり，3080cal BCまでに廃絶と捉えられる。

土器細別型式からみてSFC Ⅰ区集落に後続するSFC Ⅱ区集落は4370 ± 40～4280 ± 40^{14}C BPに集中する。遺物の接合状況（2住覆土上層にほとんどが遺存する完形復元可能個体SJ102K1の口縁部破片が2住床に遺存し，2住埋没時に4住居住とわかる例など）から同時に存在した遺構について，較正年代で重なる時間幅をみると，Ⅱ区集落は3010-2900cal BCの時間を中心に居住され，住居は時期的に重複しない（Ⅰ区の集石7はⅡ区集落に重なる時期であり，Ⅰ区での居住に伴わず，Ⅱ区集落に移ってから改めて構築と考える）。年代測定をおこなう前の考察では，土器の連続性や住居の形態や集落規模が類似することから，1区集落からⅡ区集落へ連続的に移動したと考えた（小林1993）が，Ⅰ区集落とⅡ区集落の居住の間には，70年間程度のブランクがある可能性があり，居住者に系統的な関連性があるとしても，SFC遺跡の位置する台地上の狭い地域のなかで完結する移動をおこなっていたのではなく，周辺地域を含めて数十年で拠点を移動していたか，または近隣に母集落があり，そこから特定の時期にそれぞれ分村した可能性が考えられる（以上，小林1999）。

(3) 神奈川県綾瀬市早川天神森遺跡

勝坂3式期から加曽利E4式まで同一地点を占有するセツルメントである。分析対象としたのは道路幅の調査地であるため，集落の1/3程度の範囲のみの把握であるが，全体としては住居配置・土器廃棄は環状を呈すると考えられる。石器の廃棄は地点ごとに集中箇所がみられる。時期別に分けていくと単期的小規模集落の累積の形態となる。早川天神森遺跡は，検討対象地区が道路幅のみの限定的な調査範囲であり，全点ドット（出土物の3次元位置情報の記録）や埋設土器などの遺構間接合（複数遺構からの同一個体土器の出土）を検討していないため，細かなフェイズ設定はできていないが，最終的な集落形態や廃棄物の分布をみると，後述する大橋集落と同じような構造が看取される（第5図）。とくに，多量土器出土した竪穴住居の床面・埋設土器，覆土中における時期別出土土器の破片数による組成比をみると，住居床面・埋設土器と覆土中出土土器の時

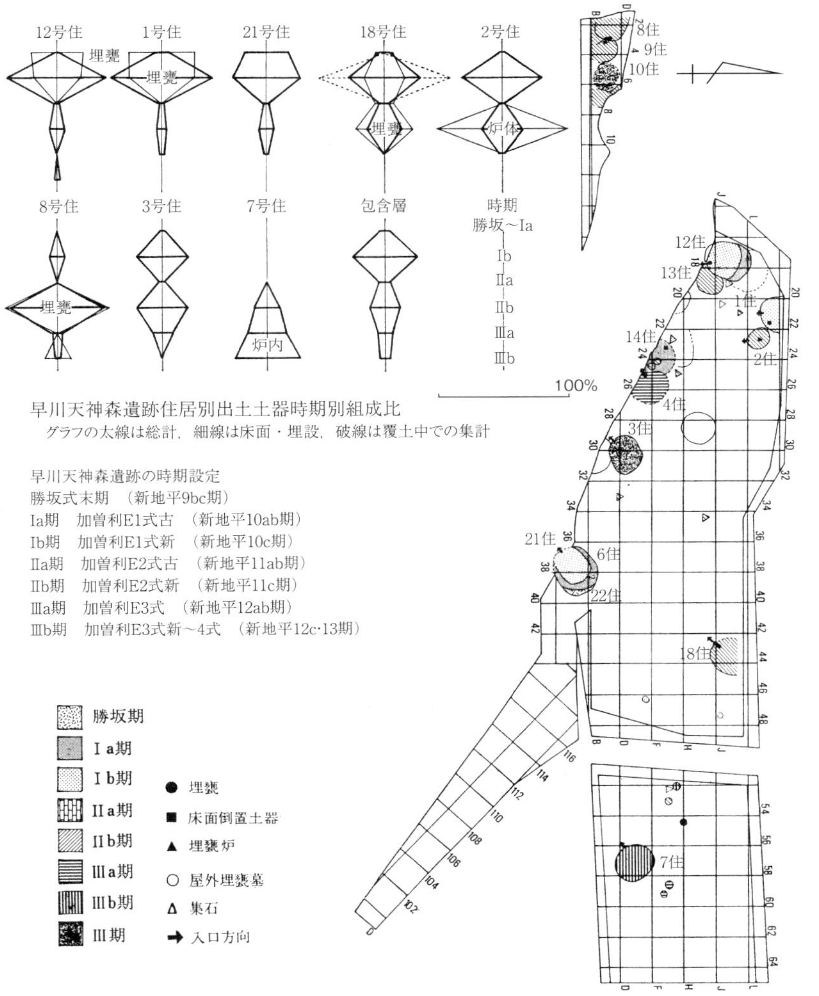

第5図　早川天神森集落の様相（小林 1983 改変）

期組成に明確な差がある住居例が認められ（小林 1983），集落内における土器の廃棄関係が，後述する大橋遺跡ときわめてよく似た様相を示していることが注意される。

(4) 東京都目黒区大橋遺跡

大橋遺跡の概略　目黒区大橋遺跡は，1・2 次調査面積約 9000 平米 / 集落範囲推定 13,000 平米を測る。その後東京都埋蔵文化財センターにより，周辺地区が 3・4 次調査としておこなわれ，縄紋中期住居数軒が検出されている。1 次調査（83 年度目黒区調査）7 基（改築を含め生活面で 10 面），2 次調査検出遺構 91 基（全体で推定 122 基（生活面で 166 面），ほかに 3 次調査で 7 基の検出住居があるがここでは検討せず）（第 6 図）について，これまでにおこなってきた検討，土器編年，土器出土状況・遺構遺存状況（帰属土器の検討），遺構重複関係，遺構間接合，遺構位置情報（遺構間距離・入

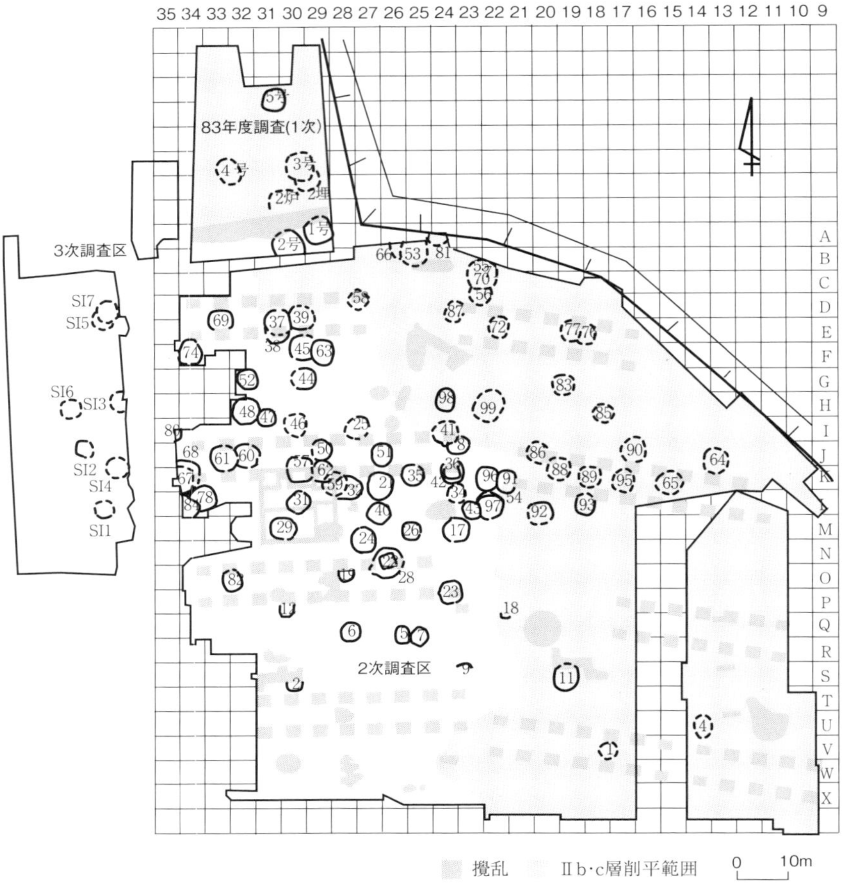

第6図　大橋遺跡住居跡分布（1/1500）（小薬 2003 改変）

口方向など）による集落の検討をまとめておく。以下では住居を SJ ○と表記する。生活時を反映する住居は○軒または同一プランの中の改築床面ごとに○面，改築などの累積結果である遺構としての住居跡は○基と数える。

土器細別時期　大橋集落に構築されている竪穴住居の帰属時期は，出土土器の土器編年からは，新地平編年 11c1 期（加曽利 E2 式新）から 13 期（加曽利 E4 式）の 6 細別時期にあたる。出土土器による 1・2 次調査の住居の時期区分をおこなうと，加曽利 E2 式後半の新地平編年 11c 期に属する住居 2 軒，加曽利 E3 式期の新地平編年 12a 期に属する住居 10 軒，同 12b 期に属する住居 30 軒，同 12c 期に属する住居 11 軒，加曽利 E4 式の新地平編年 13 期に属する住居 6 軒が数えられ，遺存状態が不良で出土土器が乏しい 39 軒が時期不明となる。

住居重複（第 7 図）　重複・作り替え住居を並べると 12a 期に 2～3 段階，12b 期に 3～6 段階，12c 期に 1～2 段階，13 期に 2 段階にわたる遺構の時期的な重なりが認められ，住居構築上の時期として区分される可能性がある（最大で合計 13 段階か）。

遺構間接合　包含層から遺存している南西部の 36 基の竪穴住居跡について集中的に個体復

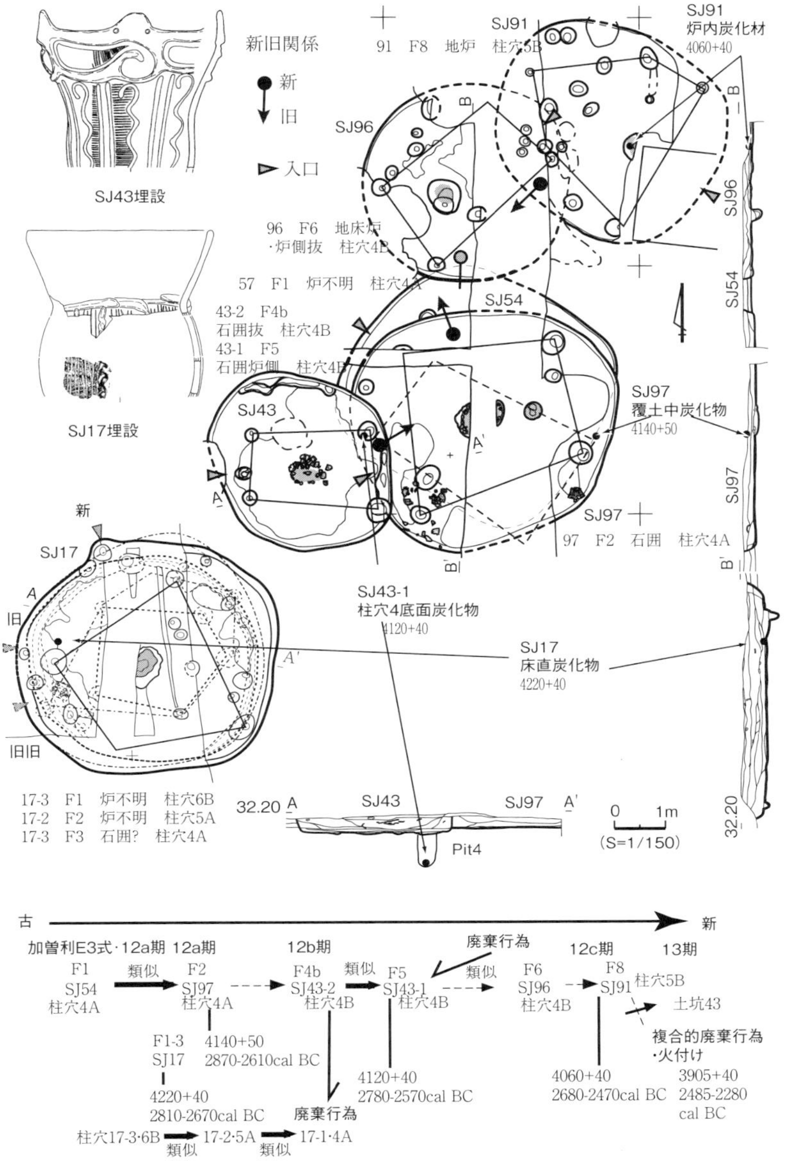

第７図　大橋遺跡 SJ17・43・54・91・96・97 号重複住居群の関係（小林 2004 改変）

元・接合関係（土器片が直接接合するか，文様・胎質から同一個体と明らかにわかる破片群を同定すること）を検討したが，ほかの遺存状況の不良な住居については埋設土器（炉体土器・埋甕など）・炉内・柱穴内出土土器のみ適宜検討した。遺構間接合も多数認められるが，直接切り合う遺構間の接合は考察外，覆土上層同士の接合例は包含層出土資料と同一とみなし除外した。出土縄紋中期後葉土器全 140,798 点，2089.4kg のうち接合作業対象範囲（土器重量で全体の 75%）において，16,102 点，691kg，が接合し 3,287 個体の個体資料（同一の土器が割れた土器片と認定されたもの）とした。16ヶ月のべ1,247人日の作業量である。

埋設土器（レベル1）・床面以下（レベル2）・下層（レベル3）が絡む遺構間接合（異なる遺構に同一個体の土器片が遺存すること）として37例が摘出され，フェイズ1～10の設定を行った（小林・大野1999）。さらに，遺構の残りが不良のため（床面まで飛んでいる）検討地域外とした範囲での同様の遺構間接合例10例およびほかに石器（炉石転用磨石など10例）や礫（集石や炉石など）も遺構間接合が認められ，加味して検討を加えるとともに，出土土器がほかに比べ古いSJ65などが属すフェイズ0を設定し，住居の重複関係や住居作り替えのあり方からフェイズ4をabに区分し，合計で12のフェイズを区分した。

フェイズ設定	土器細分時期	基数	備考
フェイズ0	11c期	2	断絶か
フェイズ1	12a期	6	フェイズ2-7がほぼ連続か
フェイズ2	12a期・12b期	7	
フェイズ3	12b期	8	
フェイズ4a	12b期	11	4abは重複や位置関係で区分
フェイズ4b	12b期	8	
フェイズ5	12b期	14	
フェイズ6	12b期	16	55-87，42-96が近接か？
フェイズ7	12b期	12	8-36近接か？
フェイズ8	12c期	13	46-50近接か？
フェイズ9	13a期	5	断絶か
フェイズ10	13b期	5	断絶か

フェイズ6など多数の住居がまとめられているフェイズは，いくつかの住居がまたがりながらもほかの住居は同時に存在しないなど，さらに分割される可能性も否定できない。また，フェイズ6に比定したSJ55と87，SJ42と96，フェイズ7に比定したSJ8と36，フェイズ8に比定したSJ46と50の住居は位置的に近接しており，同時に存在できない可能性があるため，各フェイズのなかでも厳密には若干の住居数の引き算を考慮する必要がある。が，少なくとも住居出土土器の編年的位置づけによる時期区分よりも細かく区分できる時間幅のなかで同時に建っている可能性がある住居のグループとして，集落の時期が区分されるということであり，集落の中身を検討していくうえでの基本となろう（以上，小林・大野1999，小林2000）。

4　環状化集落形成過程

(1) 集落形成過程分析の方法（個々の住居間の比較検討から）

縄紋集落の構造を分析するために，下記の様相から検討してきた。

住居の特性の比較検討　住居の形状から住居間の関係をみるというのが，もっとも多く採用されてきた視点であろう。住居跡の柱穴配置型式からみる，例えば馬橋利行（1998）による柱穴配置のパターンの類似性（柱穴数と配置の相同）を，住居の系譜としてみる視点や，小薬一夫が示した炉型式の視点があげられよう。櫛原功一が拡張・縮小などの反復住居について，柱穴数の増減は家族数の増減と関連する可能性を示したのも，基本的には同一の視点による。アプリオリに集落内で住居居住者が連続して構築していくという枠組みを排すれば，集落分析に検討されてきた視点であり，学史的には妥当性を与えられてきた。

住居の考古学的コンテクストを整理していくと，ライフサイクル各分節の理解において，留意すべき点があろう。竪穴住居に伴う埋甕が死産児・乳幼児死亡という突発的イベントに伴う行為であるならば，埋甕の有無は死産・乳幼児死亡に関連する可能性があり，住居構築の系譜に関連しない。埋甕に関係する住居形態である張出部の有無は，住居構築の系譜に関連しないと考えるべきであろう。時期的な特徴による住居平面形・柱穴配置の経年的変化があり，必ずしも住居構築の系譜（居住者の伝統的技術の保持の反映としての系統性）が平面形や住居型式に現れるとは限らないと捉えておくべきである。方形住居，潮見台型，敷石住居など多様な住居形態の特徴があり，それぞれは文化的特性の顕現として重要であるが，必ずしも短絡的に同一の形態的特徴が同一の居住者・居住者の系譜と一致するとは限らない可能性がある。より直截な言い方をするならば他人の空似との区分の基準は決めがたい。少なくともアプリオリに形態的特徴から居住者の連続性を導くべきではない。そうした留意点をもちつつも，相互の関係を検討するうえで，住居の形態的特徴および炉型式を検討の視野に収め，関連性がどのようなレベルで生じるか検討する必要はあろう。そのほかの視点たとえば，集落を構成する住居の入口方向（集落内景観のうえでの入口の向き），大きさ（床面積），柱穴間距離など，多様なコンテクストを時間軸に沿って把握する必要がある。形態的特徴のほかの観点として定量的な観点，すなわち大きさ・床面積の類似性または縮小・拡大の比率も一定の時間的経過に沿う場合は，なんらかの関連性による可能性をもち得よう。

集落内の位置も検討対象となってきた。以前の検討（小林2000）においても，想定される道を挟む入口の向かい合う住居群，同じ方向を向いて配置される2〜3軒の住居群は，特定の単位をなす可能性があると指摘した。空間的位置とも考慮すべき視点と捉える。

住居間関係の検討（重複住居群の検討から）　重複住居群での検討をおこなう。重複する住居の重複のあり方，その間の時間的関係，断続か継続か，を考古学的に検討する必要がある。住居型式，炉型式，床面積，の相同や変化をトレースし，時間的な関係のなかで前段階の要素を継続するのか否か，継続するとしてそれは単なる利用・再利用なのか改築・改修なのか，または廃絶されているのかを検討する必要がある。また，遺構としてのあり方のみならず，遺構やその場を利用した遺物の廃棄行為，すなわち廃棄関係（炉体土器の不要部分の廃棄される廃棄場と住居との関係），放置住居，吹上パターン，炉の破壊についても検討するべきである。

こうした観点からの検討は，廃棄パターン論を除くと決して多くはない。作り替えにおける炉型式の継続と変更について，居住者の連続・非連続を想定する意見が小薬一夫によって提示されている（小薬 1997）。石井寛や山本暉久，小杉康，黒尾和久らからも緒論に関連して見解が示されていることは，これまでにも紹介してきたとおりであるが，総合的に体系化した議論としての位置づけは十分ではない。

筆者も十分に論じたとは言えないが，大橋遺跡の重複住居や，直接重複反復しない離れた地点に構築された住居間の関係を，フェイズの整理を通して検討してきた。

時間時期でみることと，連続的か，断続的かを遺構要素の連続性（柱穴配置・炉・床・柱・入口など），から検討することをみる。また，居住者の出入り（増減）については，床面積の変化が反映しているものとの前提を用いる。

住居型式の系譜を大橋集落内でフェイズごとに並べ位置，大きさの変化，柱穴構造など形態をトレースすると，相似した柱穴構造の住居がフェイズを通じて連続している事例がみられる。そうした例とともに，明らかに特徴的な住居構造が一時期のみにみられ，断絶している，または前段階からの系譜と関係なく突発的に設けられるとみられる場合がある。住居のみならず，住居施設以外の施設や廃棄場，道の継承・断絶も同然といえよう。

(2) 廃棄行為からみた集落形成

これまでにみたように個々の住居（その住居の居住者）の継続・断絶について検討するとともに，用いられていた物質の動きに現れ方をみる必要がある。遺物の廃棄・デポ（置棄）・放置といった状況は，その居住施設の廃絶・回帰・再利用・再開発のあり方を反映するものと捉えられ，遺物の遺存状況など考古学的コンテクストと廃棄量（小林 2002）によって把握することが期待できる。時間軸に沿って把握することができ，集落・個別の住居の累積度，廃絶・定住と廃棄の復元の一面に寄与するであろう。

それぞれの様相を重ねることで，集落の時間的動態，結果的に環状配置される環状化集落や比較的単純な時間幅に居住される短期的集落など様々なレベルのセツルメントについて，住居の居住・改築・重複や埋没の時間幅について整理していく必要がある。

集落セツルメント　集落は竪穴住居などの遺構の集合体として理解されているが，遺構を残すに至った行為，居住・生産・消費・儀礼などの行為，とくに廃棄行為の集積として理解される。居住を中心とするセツルメントシステムのなかでも単純セツルメント（居住を中心とした活動）と複合セツルメント（居住および埋葬・儀礼・交易・貯蔵が継続）とが様々なレベルで存在する。

ここでは集落の規模・類型について，時間的観点と廃棄行為，結果として遺存される遺構の集積形態として，便宜的ではあるが以下に区分しておきたい。

A 少なくとも時期的に複合し住居数も多い大規模集落（累積集落），複合的廃棄（燃焼や石棒破砕，完形土器による吹上パターン的な廃棄）を伴う。

B 明らかに短期（単期）的で小規模な集落（単純集落セツルメント），単純な廃棄行為（住居周辺への散らかしや覆土中一括遺物の廃棄など）が主体。

C 1軒のみの住居設営地点（キャンプサイト・短期滞在セツルメント），意識的な廃棄に乏しく，結果的に少数の廃棄物が残存。

時間的属性すなわち，行為の累積度の違いがセツルメントの違いとして現れるものと捉えられる。個々の遺構・セツルメントのなかでは，累積の現れ方は異なっていると理解される。住居（炉）型式の継承は，少なくとも南西関東地方（多摩・武蔵野・相模野など）の縄紋中期集落では，連続的な反復重複住居のなかでも，住居型式（柱穴配置）・炉型式とも変化させていく事例が認められ，伝統の保持がみられない場合も少なくないと考えられる。集落内の住居の占地，住居以外の施設例えば道の継承・断絶についても，わずかに位置を変える場合，断絶する場合がある。集落中央に占地される土坑墓などの墓域は，南西関東では加曽利E3式以降の，当該地域での環状化集落継続の最終段階に近い時期に構築される例が多いなど，集石・貯蔵穴・屋外埋甕・廃棄場など含め，基本的な要素を保持しながらも細かく位置関係を異にする例もみられる。住居自体の配置の変遷からも認められるように，途中の形状をみると，あきらかに集落形態（活動地点の位置関係）が不安定なことが指摘できる。そのなかで，結果的に環状の配置が作られていくことは，主として道の配置がおおむね保持されるためと想定できよう。

居住の廃絶・定住の度合いと廃棄量は関連があると考えられるが，主に廃棄量は住居軒数・居住期間に比例する可能性を考えるのがもっとも妥当であろう。大橋遺跡など中期集落のフェイズ別の住居数をみていくと前段階と大きく変わらない場合もあるが，極端に増減する場合もある。

セツルメントのAにおいて地点が連続しているケースは認め得るが，逆に明らかに断絶するケースもある。さらに詳しく複合的活動の部分（祭祀・生業・生産・分配など）を石器組成なり特殊な遺構の利用形態なりといった別途の視点を含めて検討を重ねる必要性が高いが，セツルメントのA・B・Cにそこでおこなわれた活動においての質的な差異は少ないと考えている。

量的な比例関係と廃棄の違い　ここで分析の主対象としている比較的長期にわたる環状化集落の内容を検討するには，単独住居・小規模集落に見る活動痕跡を検討しておく必要がある。

土器廃棄…住居外への散らかしと住居跡窪地・谷部への廃棄。

礫の廃棄…住居外への散らかしと集石遺構等への使い回し。

石器の廃棄，置棄…器種的にまとまる場合，環状に分布する場合など。

出土遺物の量，すなわち廃棄量としては時間経過に累積するが，セツルメントのAについてはおこなわれる活動に伴う遺物量が増加し，加重するともいえる。住居の軒数と時期的な長さの加重か（例えばC・Bの居住が1軒・1年間で，Aが10軒で10年であれば100倍の量となるような），または居住単位の移動の回数が相対的に増える（改築なり移動なりの度に廃棄の場合）ために増加すると仮設することができよう。ただし，年間の消費による廃棄量と，墓の副葬やデポ，住居埋設土器など構築に係わる遺棄の量を分けて検討する必要があり，具体的には検討の余地も多い。

集落内の道，および廃棄場の継承　集落内における廃棄場をみていくと（事例：大橋集落），フェイズごとに居住単位と廃棄場の相関が認められる。フェイズごとの差異をトレースすると，一部に継続的に用いられる廃棄場が存在する。SJ21住居跡地は，数フェイズの間，居住されている住居から遺構間接合が集中してくる跡地で，共同の廃棄場として継続的な利用が想定される場合である。

集落内の道についてみても，大橋集落では，あくまで仮説的に位置を推定したのであるが，継続的な部分と道の位置が付け替えられる部分がある。集落が一時的に断絶した可能性があるフェイズ８や９においても道のおおよその推定位置（結果的に環状化する住居構築の空間）は大きく変化することはなく，いわば空間は継続するが個々の居住は断絶している場合があると捉えられる。

集落形成過程　上述のセツルメントＣ・Ｂ・Ａは時間的累積の結果であるが，どのような累積かが問題となろう。時期的な累積の間で断絶があるか継続しているかは，両者のケースが認められると考えている。

居住施設の構築・維持・廃棄，作り直しのサイクルの検討を重ねることによって，フェイズを設定してきたが，居住施設が同時期に数十軒が存在する可能性は少ないのと同時に，各時期において複数の住居施設が存在することも示すことができる。

住居跡地は微窪地として残り，相当数の窪地は廃棄場に利用される（吹上パターン・覆土中多量遺存遺物群）。注意されるのが，吹上パターンのある住居が重複される例はきわめて少ない，すなわち廃棄場は重複されない点である。最終局面を最終的な廃棄場に用いている場合が多いということであり，個々の遺構（活動痕跡）間の関係が保持されることが読み取れる。逆に住居跡地を廃棄場として利用されない位置は，連続・断続的に住居として再利用される。すなわち，集落全体を環状配置なりに設計しているのではなく，居住施設間の関係，および居住施設と廃棄場の関係が保持されていると想定できる。連続居住しているあいだは一定の空間的位置が保持されていき，その住居居住者の断絶なり統合や，他集落への移住がおきるとその地点は廃棄されるが，別の居住によって再利用されたり，または逆に新たな利用を妨げる形で（別の地点に住居を構築させることになる）維持されていくと考える。

大橋集落のフェイズ別の住居配置をみると，同時機能としては直列配置，数軒の住居が並列または対向して配置される例が多い。道は連続居住の間はある程度一定の方向に維持され，それに付随して住居は配置されている。中央部は集落の連続居住の累積後に墓壙群が構築されるが，それ以前は空間となっている場合が多い。

生業・分配・調理・消費・製作などの活動地点の複合がおおむね舌状台地の縁辺や谷に制限を受けながら位置的に継続される道にそっておこなわれることにより，少なくとも南関東地方の縄紋時代中期集落のうちの比較的長期に営まれる集落セツルメントは，住居跡の配置が環状化して残されると理解できよう。

5　集落の時間分析のケーススタディ，居住グループの変遷
—大橋集落の住居系譜から—

土器型式および住居・集落のライフサイクルと遺構間接合を利用したフェイズ設定と，フェイ

ズごとに住居出土試料を炭素14年代測定した結果による時間について，まず概観する。

縄紋土器型式の時間として，多摩武蔵野地域の縄紋中期新地平編年13期31細別について，炭素14年代測定結果の較正年代から推定した実時間区分によると，時間幅は一定でなく1時期20～80年の長短があることがわかっている（小林2004）。おおざっぱにいえば，1～6期などの中期の前葉段階や9c期とした勝坂式土器と加曽利E式土器の変換期は，20年程度の短い時間で土器が変化するのに対し，8～9b期（勝坂最盛期）や12ab期（加曽利E3式の磨消縄紋土器の時期）は，一時期が70～80年と長期にわたって同一のタイプの土器が存続する時期となる。

住居の寿命は，同一型式細別時期内での重複が多数認められることから，土器型式よりも確実に短い。大橋遺跡の同一土器型式時期内の重複住居での炭素14年代測定による較正年代での平均的な年数で一つの床面の存続期間が平均13年以下という仮定（小林2004）が得られる。較正曲線に年代値を配すると，フェイズ3～6は30年間に5回改築となる（小林2007）。

フェイズとしてまとめ得る静態的な集落の一時的景観から連続・断続を含めた時間的重層を復元し動態的な集落構成の実態を集落例個別に明らかにすることが求められる。竪穴住居のフェイズ設定の整理から，廃棄・道など集落内での諸活動の復元，集落規模の復元なども仮設できるであろう。さらに，SFC内遺跡や三矢田遺跡のような短期的・小規模な集落の構成と大橋遺跡のような拠点的・継続的な集落の構成を比較することで，縄紋集落にみられる居住組織の規模・構成・継続性（移動の度合い）が再構成されよう。結果としてどのような（祭祀等を含めた）活動が重複されているか，計画的な環状構成をもつか，どのようなセツルメントシステムであるかが検討され，関東地方縄紋中期の社会が復元される手がかりが得られる。

以上のように，細かな時間的復元をしたうえで，住居の変遷に跡づけられる居住グループ（その内実がどのような集団かは棚上げする）の系譜的な跡付けを基軸に，環状化する集落の累積形状すなわち住居跡配置形状の形成過程について検討を加える手順をとる。

具体的には，大橋集落にみられるフェイズごとの住居について，柱穴配置・炉形態・床面積・出土土器にみられる住居の系譜関係とその時期的な変遷，とくに重複住居群において同一地点で同一の系譜の住居の構築が連続しているか断絶しているか，集落内の別の地点に同一の住居の系譜が構築されるか，または集落外に移転する・集落外から新しい住居の系譜が移入してくる様相が認められ得るかを，下記に検討する。それによって，大橋集落における居住者の動向として，集落・住居の継続・断絶が捉えられ，集落・個別の居住グループの定住・移動の度合いが検討できる。

手順としては，まず重複住居の検討をおこない，時期的に近接する重複関係（第7図）と考えられる事例（SJ97・43などの重複例）については，その間の炉形態[1)]や柱穴配置[2)]に類似性または関連性があるか，床面積に大幅な変化がないかを検討し，同一または血縁等による関連性をもった居住グループによる住居の作り替え・住み替えが想定できるか，または逆に全く新しいグループが居住を重ねているとみるべきか，両者のあり方がみられるとすればどのような度合いかを検討する。

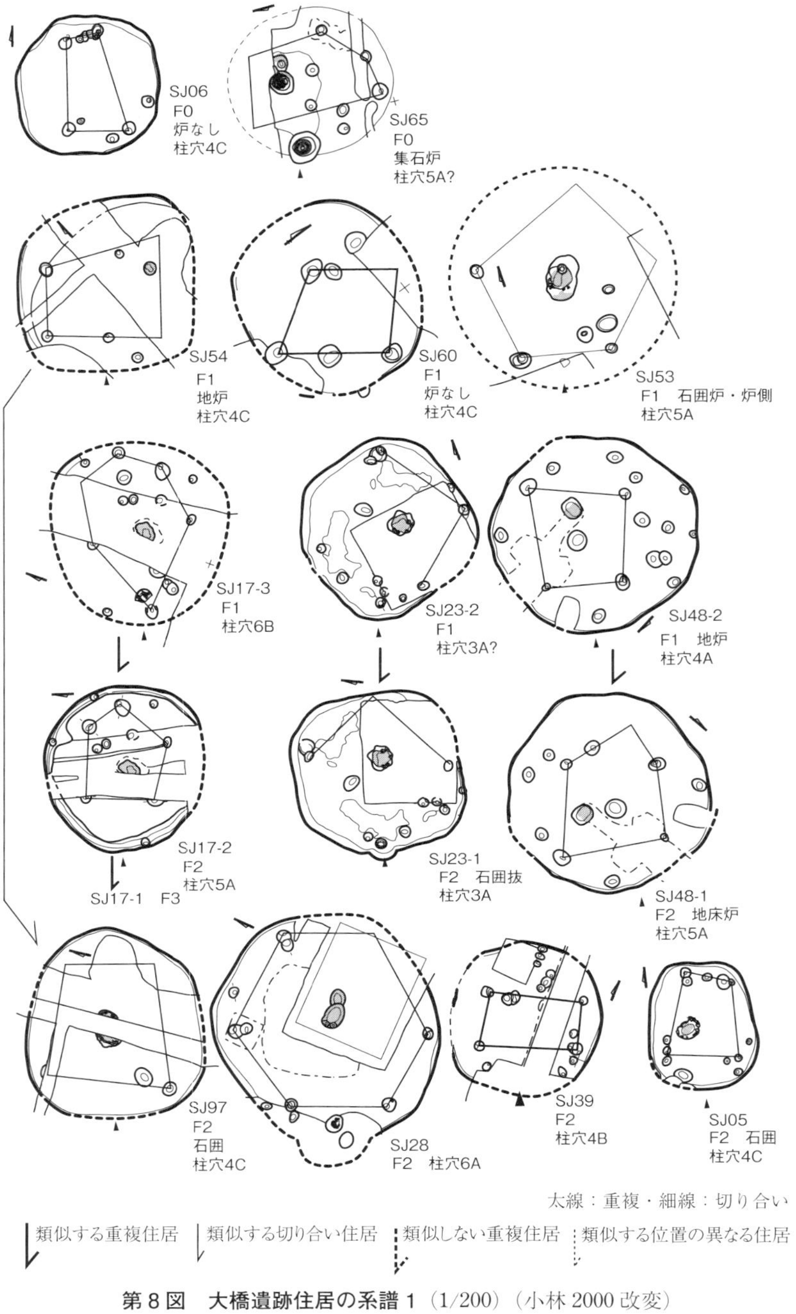

第 8 図　大橋遺跡住居の系譜 1（1/200）（小林 2000 改変）

大橋集落の住居系譜（第 8～13 図）　大橋集落のフェイズごとに住居の類似の関係を探っていく。第 8～12 図のフェイズ（F0～F10）ごとに並べた住居をつなぐ線は，太い線は重複関係を示す。太い実線は連続的な構築が想定される類似した重複住居，細線は位置が多少ずれる類似した切り合い住居，太い破線は重複するが柱穴配置などが大きく異なり非連続の関係の住居，細い点線は

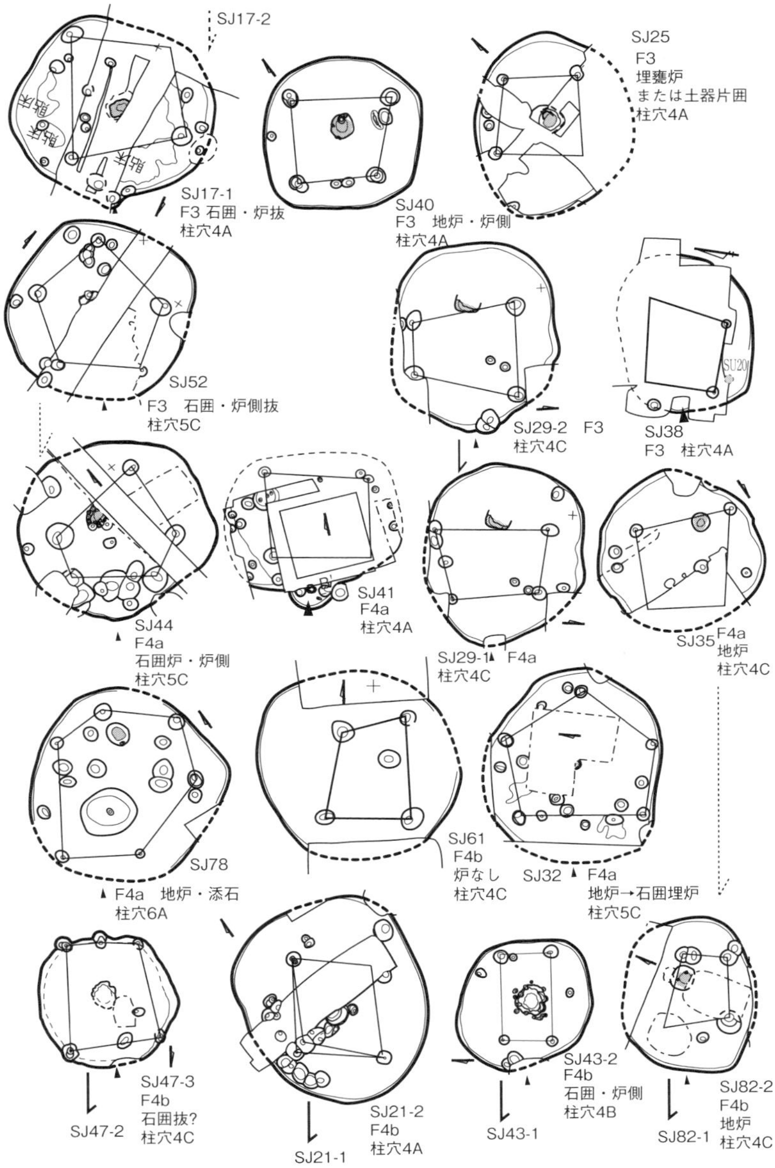

第9図　大橋遺跡住居の系譜2（1/200）（小林2000改変）

位置が異なり重複も切り合いもないが類似した形態で関係が推定される住居を表す。また，横方向からの矢印は，集落内に先行する同一特徴の住居がなく，集落外から移住してきた可能性を示す。フェイズ0とした2基の竪穴は加曽利E2式の土器を出土し，時期的に明らかに先行した住居でフェイズ1へのつながりはない。

フェイズ1からフェイズ2に連続性が想定できる住居は，SJ17，23，48の重複およびSJ54から97への切り合いの事例である。重複関係のあるSJ17-1〜3は，柱穴配置は異なるが住居規模

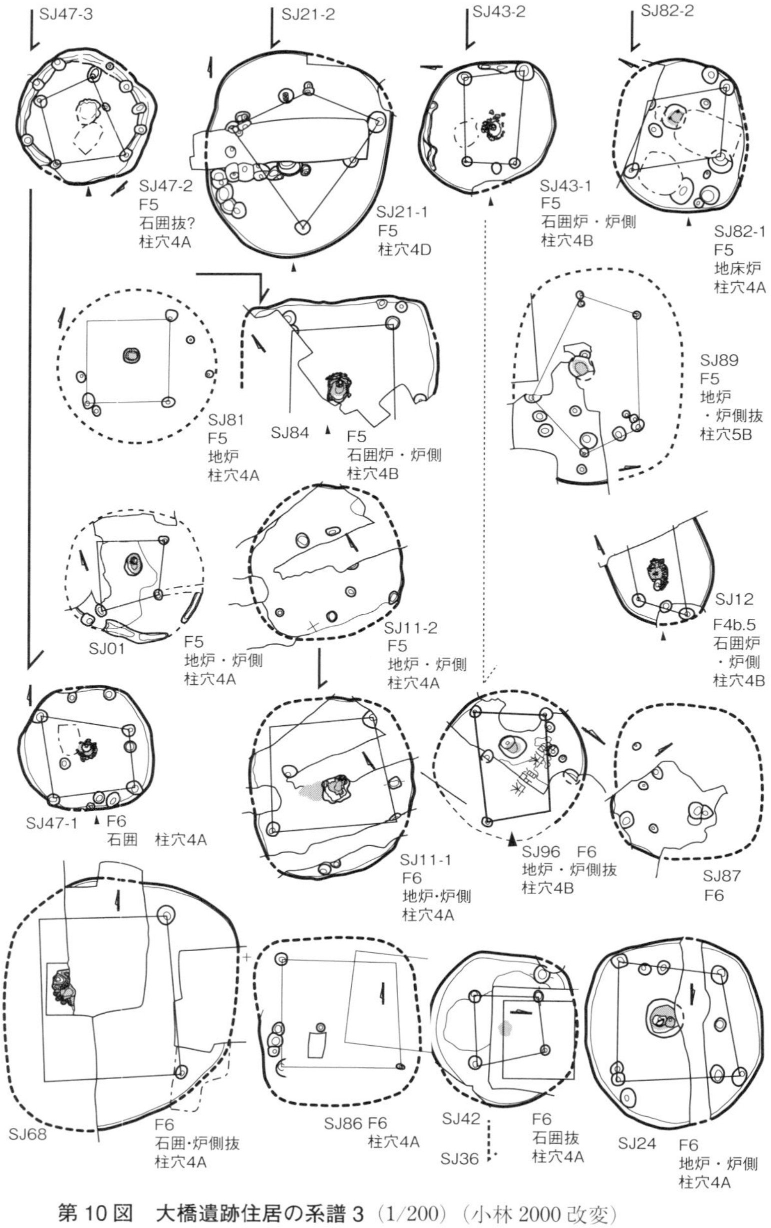

第 10 図　大橋遺跡住居の系譜 3（1/200）（小林 2000 改変）

は踏襲され連続的な建て替えと考える。近接する SJ54 から SJ97 の住居は住居形態が類似している。SJ17 のあと SJ43 が構築されるが，その際に SJ17 跡窪地へ埋甕の不要破片を廃棄している。SJ43 は改築をおこなっているが，近接する次フェイズの SJ96 が柱穴配置や規模が類似し，かつ SJ43 跡地は廃棄場に利用されており，同一居住グループの連続的な建て替えが考えられる。

SJ23 はフェイズ 1 から 2 にかけて埋甕が構築されるとともに柱穴も作り替えられ上屋が改築

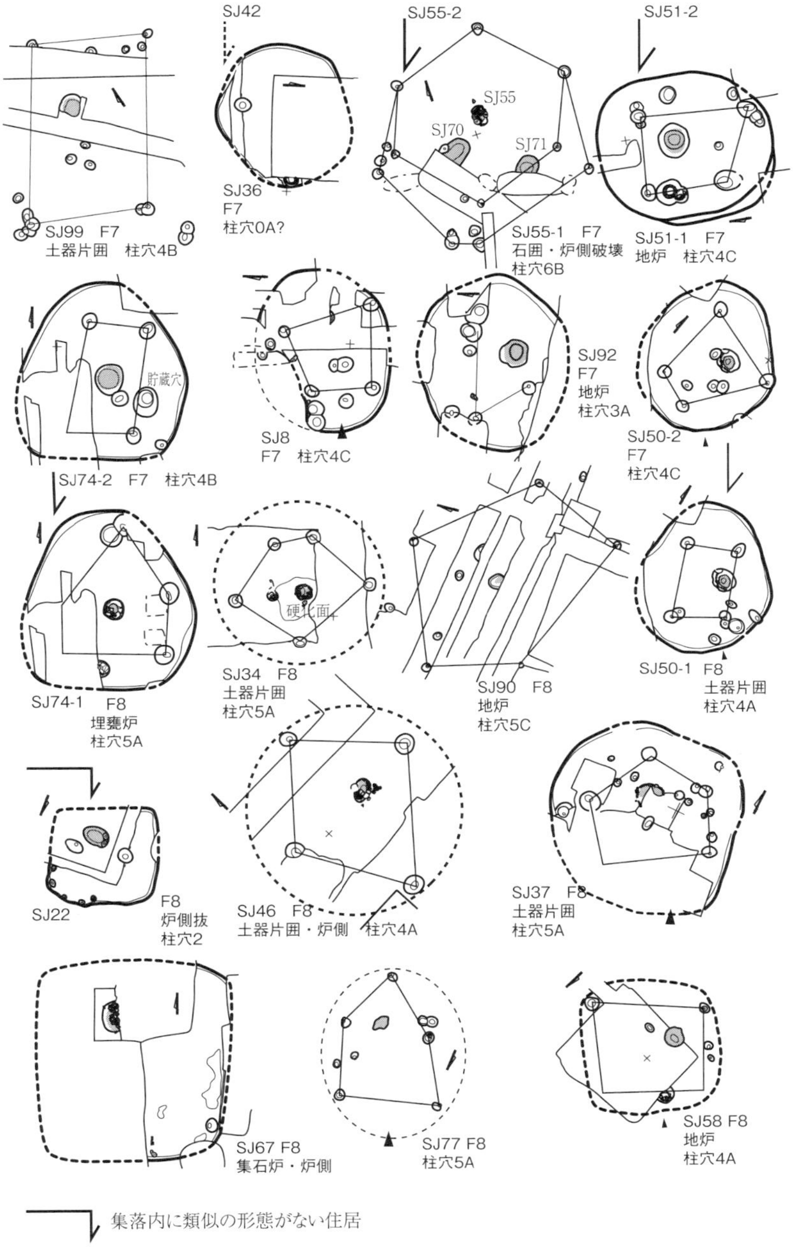

第 11 図　大橋遺跡住居の系譜 4（1/200）（小林 2000 改変）

されているが，3 本主柱穴の構造は変化せず，連続性が強い。SJ17 の改築も柱穴配置に類似点がみられ，SJ48 の改築は柱穴の位置は異なるが地床炉が用いられ続ける点で連続的な作り替えを想定できる。フェイズ 2 から 3 は SJ17 の改築，フェイズ 3 から 4 は SJ29 で同様な連続性が確認できる。SJ64 は炉については埋設土器抜き取りと思われる地床炉から埋設土器のある地床炉と

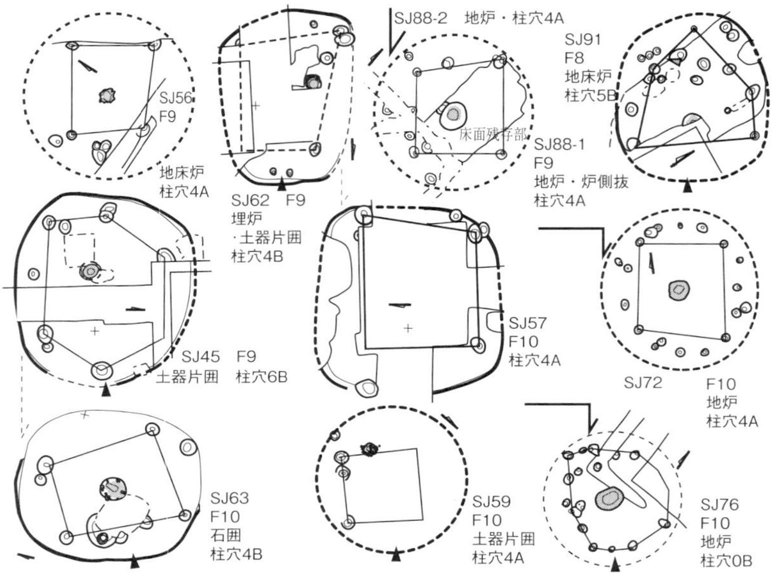

第 12 図　大橋遺跡住居の系譜 5（1/200）（小林 2000 改変）

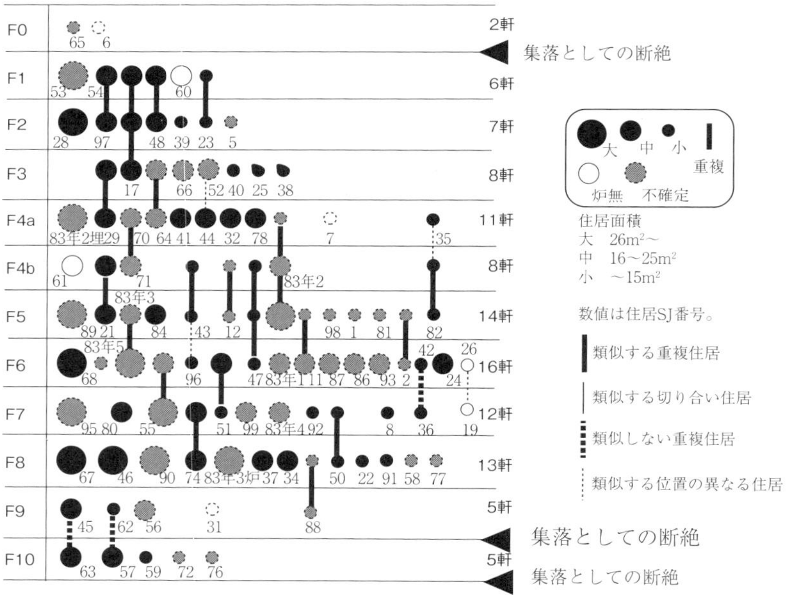

第 13 図　大橋遺跡住居のフェイズ別住居の大きさ（小林 2000 追記）

継続しており，炉形態のうえからは連続性も想定できるが柱穴配置が不明のため，検討できない。

フェイズ 4a・4b は遺構間接合などの考古学的な証拠から時期区分されたのではなく，前段階からの住居の改築である SJ29 と，フェイズ 5 に連続する SJ12，43，82 やフェイズ 6 まで連続する SJ47 の存在などから推定されたフェイズの区分であるが，その間にまたがっていると考えられる1次調査（83年度調査）の2号住居の改築も認められる。

SJ47の1〜3とした3面の改築は，フェイズ4b〜6に連続し，炉型式・柱穴配置・床面積とも相似しており，連続性が高いと評価できる。

同時期のフェイズ4bから5に改築されているSJ21・43・82についてみると，SJ21の柱穴配置は4Aから4Dに換わっているが，入口方向が若干変わったためと考えられ，大きな変化はないと捉えられよう。SJ43・82は炉・形態・規模とも前時期と同然で，連続性が感じられる。

フェイズ5から6では，前フェイズから続くSJ47と，SJ11の改築が認められる。SJ11では古いSJ11-2の柱穴配置が不明瞭であるが，SJ11-1と同じく4本主柱穴と考えられ，炉も同一の炉を用いていることから，連続的な作り替えを想定できる。

フェイズ6のSJ42はフェイズ7のSJ36に重複されるが，大きく攪乱を受け詳細に検討できないものの柱穴配置が大きく異なる様に認められ，相互の関連性は少ないと考えられる。一方，フェイズ6から7に改築されるSJ51は，床面積は中から小に変化するが，数値でみると16.0m^{2}から14.59m^{2}への変化であり，柱穴配置も相似しているので，連続性が強いと捉えられよう。同様に，SJ55は逆に床面積が中から大へ変化するが，柱穴配置6Bで一部の柱穴も共有しており，連続的な拡張と捉えて良いと思われる。SJ51も同様の状況がみて取れよう。

フェイズ7から8へはSJ74とSJ50が改築をおこなっている。両者とも柱穴配置は変更されているが，竪穴の掘込みに変化がなく床面自体が持続されていることから連続的な改築と考えられる。それ以外の住居をみると，フェイズ8には柱穴配置5や柱穴配置2というような特殊な住居，集石炉など，これまでにない特徴をもつ住居が認められ，集落外から比較的多くの居住者が移住してきた可能性も考えられる。

この後フェイズ8から9にかけてSJ88が同一の炉形態と柱穴配置をもち，連続している可能性があるが，それ以外には連続的な作り替えは認められない。フェイズ10にかけて壁柱穴を多く廻らすなど，特徴的な住居も現れるが，相似した柱穴配置の住居もとくには認められず，相互の関連性は低いと捉えられる。

以上のようにフェイズ1以降フェイズ8までは，いずれかの住居が次フェイズにまたがって居住され続けていると理解できる。すなわち，少なくとも集落としては（当初段階と終わり頃を除き）継続しているものと理解したい。

位置的には連続しないが，類似した住居形態や特徴を有する住居が，次フェイズに集落内において離れた位置に現れている例がある。フェイズ6から7に同様な規模で炉をもたない特徴が共通した住居が，SJ26とSJ19として認められる。フェイズ2〜6にかけては，柱穴配置4で炉側埋設（炉の脇に種火保存用などに小形土器を埋設）をもつなど，基本的に類似した住居が多くみられ，集落内で住居の位置を変えて建て替えている可能性も考えられるが，基本的に多くが類似した形態・規模のために，具体的に結びつけるのは難しいところがある。そのなかで，フェイズ3のSJ52とフェイズ4aのSJ44は柱穴配置5で石囲炉プラス炉側埋設をもち，住居規模も近似するので，同一の居住グループが，集落内で位置を変えて移動したのではないかと考えたい。また，

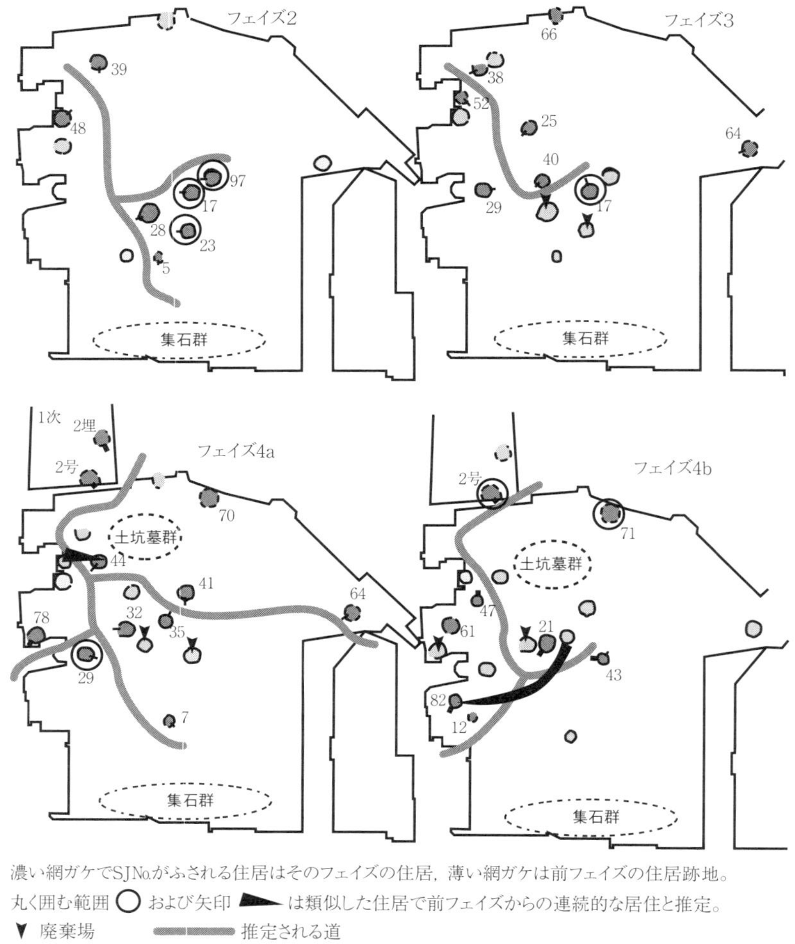

第 14 図　大橋集落のフェイズ別の景観（1）

フェイズ 4a の SJ35 とフェイズ 4b の SJ82 は柱穴配置 4C で地床炉をもつ住居形態が類似しており，集落内の移動と捉えたい。

こうしたあり方に対し，明らかに異質な住居が突然現れているようにみえる事例がある。フェイズ 5 の SJ84 は，柱穴配置に特異性はないが，風字形に一方が開いた大型の石囲炉のなかに炉側埋設と地床炉を有し，複式炉の系譜を引くと考えられる。また，フェイズ 8 の SJ22 は直線的に配置された 2 本主柱穴で，大橋集落にほかに事例はない。これらの住居居住者は，他地域または少なくとも他集落から移住してきたと考えられよう。ことさらに特異な特徴がなければ他集落から移住してきても考古学的に認識できないことになるが，少なくともこれらの事例から他集団からの移入があったことが指摘できる。

以上をフェイズごとの住居分布図として示すと第 14・15 図となる[3)]。フェイズ 3 までは，環状にはなっておらず，フェイズ 4 以降住居数が増えた段階で集落北方に住居分布が拡大し，その

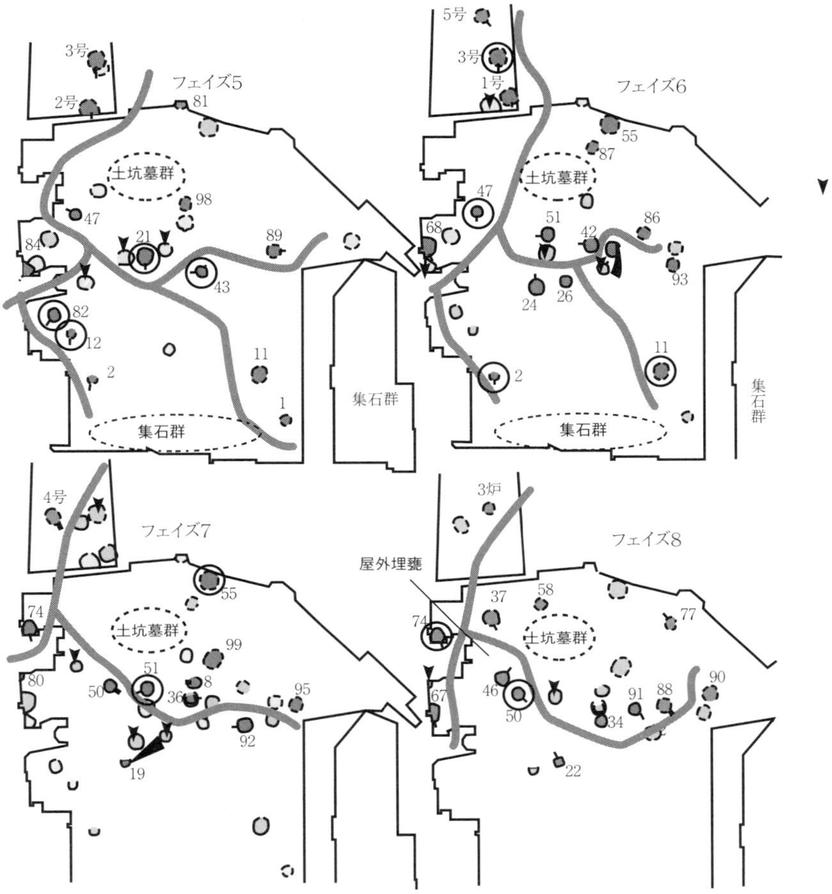

第 15 図　大橋集落のフェイズ別の景観（2）

ころに中央部に墓域ができ，環状に集落が構成されるようにみえる。基本的には前フェイズからの活動地域と通行路である道を継続し，異なる地域を活動域に加えていった結果と捉えられる。フェイズ 7 まで，次第に東方や南方に住居の構築域を拡大しつつ廃棄場や道を維持する形で前フェイズの活動域を避けるように新たな活動域を広げていった結果，集落が環状化していった様子が認められる。同時に，フェイズ 5（SJ84）・8（SJ22）など適宜新たな要素をもつ住居が集落外から移住してくるとともに，フェイズ 2 の 6 本柱穴の SJ28，3 本主柱穴の SJ23 など特徴的な住居形態が次フェイズに引き継がれず，集落外へ移住していった可能性が考えられる。

6　大橋集落における住居・集落の継続・断絶のまとめと今後の展望

上記のように，柱穴配置・床面積・出土土器にみられる住居の系譜関係とその時期的な変遷，とくに重複住居群において同一地点で同一の系譜の住居の構築が連続しているか断絶しているか，集落内の別の地点に同一の住居の系譜が構築されるか，または集落外に移転する・集落外から新しい住居の系譜が移入してくる様相が認められ得るかを論じた。それによって，大橋集落における居住者の動向として，集落・住居の継続・断絶が捉えられ，集落・個別の居住グループの定住・移動の度合いが検討できる。その結果，大橋集落においては，重複住居群のなかに，同一柱穴配置・同一または手を加えることで変化すると考えられる連続的な炉形態で大きな床面積の変化がない連続居住と考えられる住居群の存在が認められた。同時に，重複住居の最終段階（重複の最終段階かつ複合的または多量の単純廃棄が覆土中に認められる住居跡）に連続する可能性があるような同一と考えられる住居形態が集落内のほかの地点に移っている可能性がある例，および集落外へ移動している可能性がある例が認められた。同時に特殊な形態の住居が突然集落内に現れていることから，集落外から移住してきたと考えられる住居も存在することが認められた。

本稿では，具体的な事例を詳細に示す余裕がなく，概略を素描する記述となった。これまでも南西関東地域のセツルメントシステムにおいて論じてきたように，単独住居・短期的小規模集落・大規模集落に質的な差異が当初から存在するのではなく，大規模集落は，累積の結果であり，廃棄量は居住期間と居住回数に比例すると予想される。一部の集落が結果環状集落となり継続する。南西関東地方に集落が増加していく，勝坂・阿玉台式土器成立期から中期中葉にかけて，当初より計画される集落はない。また，拠点集落から分派される小規模集落は，東関東阿玉台系集団では想定したが，西関東勝坂系・加曽利E系集団では同質の集落が並列し，母集落と衛星的な中小集落が構造的なセツルメントシステムを維持しているような状況は考えにくい。五領ヶ台～勝坂1式期南西関東では遊動的な居住形態も認められる。環状化集落では，同時期でみると住居配置は直列する場合が多い。廃棄は住居窪地を中心に廃棄される。住居跡窪地も残り，集石や石器分布からアクティビティ・エリアは環状に配される。住居など機能空間の間を通ると想定される「道」の位置は，継続する場合と変化する場合がある。住居の連続性も連続改築する場合と断絶して重複される場合とがある。一定の地域に定着的で一定の集落空間は継続するが，個別の居住単位は必ずしも継続せず，個別に移動していると捉えられる。

大橋集落や早川天神森集落は，時期的に累積した結果であることは間違いなく，集落として営まれる当初段階や途中の一時点をみれば，単期的（土器細分型式での1時期程度）で結果的に小規模集落となるSFCⅠ区・Ⅱ区集落，三矢田集落と同一の景観を示している。その景観は，分散的または直線的に配置された住居配置と住居の周りに配される集石・屋外埋甕などの施設と，住居跡地や居住域外縁部を対象とした廃棄活動にみられる。結果的に継続される集落と，短期的に終わる集落との違いについては詳細な検討が必要とされるものの，少なくとも当初から環状集落が計画されると考える必要はなく，結果的に集落が連続的または断絶しながら利用されていくなかで，居住・廃棄・生産分配消費活動を合理的に展開していくために，多くの場合は集落が展開する台地上の空間的制約や縄紋人の活動のパスとなる集落内の道の位置によりながら，活動領域が環状の空間配置を採っていた結果であると考えられる。

註

1）炉形態の区分は，小林 2003・2004 に準じる。小薬 1997 を参照している。

地床炉・添石炉・埋甕炉・石囲炉・集石炉・石囲埋甕炉・土器片敷炉・土器片囲炉および炉側埋設を伴う場合に炉側埋設炉・石囲炉側埋設炉

2）柱穴配置の区分は，馬橋 1998 を援用した小林 2000 の区分による。

主柱穴 0（なし 0A，壁柱穴 0B，住居外柱穴 0C），2 本主柱穴（2），3 本主柱穴（三角配置 3A・直線配置 3B），4 本主柱穴（方形 4A，長方形 4B，台形 4C，菱形 4D），5 本主柱穴（方形基本 5A，長方形基本 5B，台形基本 5C），6 本柱穴（長方形 6A，6 角形 6B），7 本柱以上（7 本主柱穴 7A）

3）フェイズ 8 の住居配置図の元図である小林 2004 第 34 図は，図中の住居番号にフェイズ 7 の住居番号が残っている。フェイズ 8 の住居配置は本稿図 15 が正しいので訂正する。ほかに小林 2004（2012 普及版・2 刷）について，下記のように 2 点訂正したい。

29 頁 20 行　五領ヶ台直後の第 I 期→五領ヶ台 2b 式の第 I 期

198 頁 26 行　フェイズ 1 の人口 27 人→フェイズ 1 の推定人口 37 人から当初は－10 人として 27 人

参考文献

石井　寛ほか　2012「考古学研究会第 58 回総会研究集会報告コメント・全体討議」『考古学研究』第 59 巻第 3 号　考古学研究会　32–46 頁

泉　拓良　2006「縄文時代集落研究の課題」『史林』89 巻 1 号　22–45 頁

宇佐美哲也　2006「狛江市弁財天池遺跡における集落景観」『セツルメント研究』5 号　セツルメント研究会　1–33 頁

馬橋利行　1998「縄文時代中期前半の住居柱穴配置類型と規格性の抽出による集落分析法の一試案」『シンポジウム縄文集落研究の新地平 2　発表要旨』縄文集落研究グループ　24–35 頁

大野尚子　1999「集石遺構出土土器使用痕について」『セツルメント研究』1　セツルメント研究会　103–115 頁

櫛原功一　2004「竪穴住居からの視点　井戸尻期・曽利期の住居形態」『シンポジウム縄文集落研究の新地平 3―勝坂から曽利へ―　発表要旨』縄文集落研究グループ・セツルメント研究会　146–155 頁

黒尾和久・小林謙一・中山真治　1995「多摩丘陵・武蔵野台地を中心とした縄文時代中期の時期設定」『シンポジウム縄文中期集落研究の新地平』（発表要旨・資料）　縄文中期集落研究グループ　1–21 頁

黒尾和久・小林謙一　1996「住居埋設土器の接合関係からみた廃棄行為の復元―南関東縄文時代中期の事例から―」『日本考古学協会第 62 回総会研究発表要旨』日本考古学協会　88–89 頁

小薬一夫　1997「「住居型式」設定のための基礎的作業―多摩丘陵・武蔵野台地の縄文中期炉跡の分析から―」『東京考古』15　東京考古談話会　74–80 頁

小薬一夫　2003『目黒区大橋遺跡―第 3 次調査―』東京都埋蔵文化財センター

小林謙一　1983「土器の出土状況」『早川天神森遺跡』神奈川県埋蔵文化財センター　163–235 頁

小林謙一　1994「竪穴住居の廃絶時の姿―SFC 遺跡・大橋遺跡の縄文中期の事例から―」『日本考古学協会第 60 回総会研究発表要旨』日本考古学協会　12–17 頁

小林謙一　1995「住居跡のライフサイクルと一時的集落景観の復元」『シンポジウム縄文中期集落研究の新地平』（発表要旨・資料目次）　縄文中期集落研究グループ　123–164 頁

小林謙一　1996a「竪穴住居跡のライフサイクルの理解のために」『異貌』15　共同体研究会　29–42 頁

小林謙一　1996b「竪穴住居跡のライフサイクルからみた住居廃絶時の状況—南関東の縄文中期集落での遺物出土状態を中心に—」『すまいの考古学—住居の廃絶をめぐって』山梨県考古学協会　1-16頁
小林謙一　1997a「竪穴住居跡調査における一視点—集落論の前に住居調査論を—」『山梨県考古学協会誌』9　13-23頁
小林謙一　1997b「遺構覆土堆積過程復元のための調査方法—遺跡調査における経験的な層位所見と思いこみ—」『民族考古』別冊特集号ポストプロセス考古学の射程　慶応義塾大学民族学考古学研究室　43-56頁
小林謙一　1998「縄紋集落の実態を復元していくための問題意識と調査方法」『シンポジウム縄文集落研究の新地平』2　発表要旨　縄文集落研究グループ　1-17頁
小林謙一　1999「縄紋時代中期集落における一時的集落景観の復元」『国立歴史民俗博物館研究報告』第82集　国立歴史民俗博物館　95-121頁
小林謙一・大野尚子　1999「目黒区大橋遺跡における一時的集落景観の復元」『セツルメント研究』1　セツルメント研究会　1-71頁
小林謙一　2000「大橋集落の一時的集落景観復元の検討」『セツルメント研究』2　セツルメント研究会　1-74頁
小林謙一　2001「同時存在住居群の把握から廃棄活動を復元する—関東地方縄紋中期大橋集落の事例より—」『日本考古学協会第67回総会研究発表要旨』日本考古学協会　34-37頁
小林謙一　2002「一時的集落景観と廃棄活動—関東地方縄紋中期大橋集落の事例より—」『セツルメント研究』3　セツルメント研究会　61-100頁
小林謙一・今村峯雄　2002「3章　分析　1向郷遺跡出土試料の炭素年代測定」『向郷遺跡』Ⅵ　立川市埋蔵文化財調査報告12　立川市教育委員会　88-92頁
小林謙一・今村峯雄・西本豊弘・坂本　稔　2002「AMS^{14}C年代による縄紋中期土器・集落研究」『日本考古学協会第68回総会研究発表要旨』日本考古学協会　49-52頁
小林謙一・大野尚子　2002「土器と遺構のライフサイクル—縄紋中期集落遺跡を読み解くために—」『民族考古』第6号　慶応義塾大学民族学考古学研究室　1-37頁
小林謙一・津村宏臣・坂口　隆・建石　徹・西本豊弘　2002「武蔵野台地東部における縄文中期集落の分布—縄文集落の生態論のための基礎的検討—」『セツルメント研究』3　セツルメント研究会　1-60頁
小林謙一　2003「縄紋集落のテクノロジー（予察）」『メタ・アーケオロジー』第4号　メタ・アーケオロジー研究会　10-25頁
小林謙一・今村峯雄・坂本　稔・大野尚子　2003「南関東地方縄文集落の暦年較正年代—SFC・大橋・向郷遺跡出土試料の炭素年代測定」『セツルメント研究』4　セツルメント研究会　29-65頁
小林謙一　2004『縄紋社会研究の新視点—炭素十四年代測定の利用—』六一書房（2008年新装増補版, 2012年普及版）
小林謙一　2006「関東地方縄紋集落の暦年較正年代（2）—SFC・大橋遺跡の年代測定補遺—」『セツルメント研究』5号　セツルメント研究会　55-71頁
小林謙一　2007「AMS^{14}C年代測定試料の検討と縄紋住居居住期間の推定」『考古学研究』第54巻第2号　考古学研究会　50-69頁
小林謙一・セツルメント研究会編　2008『縄文研究の新地平（続）—竪穴住居・集落のリサーチデザイン—』六一書房

小林謙一　2009「^{14}C 年代測定を利用した縄紋中期竪穴住居の実態の把握」『国立歴史民俗博物館研究報告』第 149 集　国立歴史民俗博物館　113-133 頁

小林謙一　2012「縄紋時代竪穴住居跡埋没過程の研究」『国立歴史民俗博物館研究報告』172

小林謙一・黒尾和久・セツルメント研究会編　2012『縄文研究の新地平（続々）―縄文集落調査の現在・過去・未来―』六一書房

小林達雄　1974「縄文世界における土器の廃棄について」『国史学』93　國學院大学　1-14 頁

合田恵美子　1997「竪穴住居の覆土形成に関する一考察（Ⅳ）―覆土と周辺包含層の土器出土状況の比較から―」『東京考古』15　東京考古談話会　81-95 頁

合田恵美子　1998「竪穴住居跡覆土遺物出土状況からみた土器廃棄―目黒区大橋遺跡 SJ40・SJ43・SJ24 号竪穴住居跡の事例を中心に―」『シンポジウム縄文集落研究の新地平』2 発表要旨　縄文集落研究グループ　97-107 頁

佐々木藤雄　1993「和島集落論と考古学の新しい流れ―漂流する縄文時代集落論―」『異貌』13　共同体研究会　46-123 頁

建石　徹　1995「竪穴住居の覆土形成に関する一考察（Ⅱ）―目黒区大橋 SJ6 号遺構の覆土上層を中心に―」『東京考古』13　東京考古談話会　157-167 頁

建石　徹　2000「竪穴住居跡覆土形成論―縄文時代の事例を中心に―」『Archaeo-Clio』第 1 号　東京学芸大学考古学研究室　30-47 頁

谷口康浩　1998a「環状集落形成論―縄文時代中期集落の分析を中心として―」『古代文化』第 50 巻第 4 号　古代学協会　1-18 頁

谷口康浩　1998b「縄文時代集落論の争点」『國學院大學考古学資料館紀要』第 14 号　國學院大學考古学資料館　43-88 頁

西本豊弘・津村宏臣・小林謙一・坂口　隆・建石　徹　2001「縄文集落の生態論（1）」『動物考古学』Vol.17　動物考古学研究会　73-82 頁

村本周三・高田和徳・中村明央　2006「岩手県御所野遺跡における竪穴住居火災実験」『考古学と自然科学』第 53 号

山本暉久　1993「縄文時代における竪穴住居の廃絶と出土遺物の評価」『21 世紀への考古学桜井清彦先生古稀記念論文集』早稲田大学　39-53 頁

Deetz, J. 1967 *Invitation to Archaeology*, The Natural Historal Press, New York, pp.1-150.

Flannery,K.V.ed. 1976 *The Eary Mesoamerican Village*, Academic Press, New York, pp.1-377.

Hill, J.N. 1966 A *Prehistoric community in eastern Arizona*, Southwestern Journal of Anthropology 22, pp.9-30.

Schiffer, M.B. 1987 *Formation Processes of the Archaeological Record*, Department of Anthropology University of Arizona, pp.1-364.

縄文集落と景観の考古学
—一時的集落景観論のアポリア—

山本 典幸

1 目 的

縄文時代に関する研究テーマは出つくしたのだろうか。各地の土器編年案と暦年較正，石材供給システムや石器製作技術，木・漆製品の製作技法，花粉や植物珪酸体などの分析を駆使した古環境系，動植物遺存体の定性・定量分析と生業活動，植物栽培の可能性，土器系統や抜歯型式などを通した出自と婚姻体系，集落論と領域研究，葬墓制，土偶や石棒を含む土・石製品の象徴的意味，大規模記念物と祭儀，縄文人の形質と食性，社会・文化システム論，文化変化と画期，世界史のなかの縄文文化論，考古事象を解釈するための様々な理論の構築，現代社会における考古学の役割など多岐にわたるテーマが現存するなかで，簡単に答えることは容易でない。しかしながら，古くから追跡されてきた研究テーマないし課題に関する接近方法や思考の枠組み自体は，新しい視点・視座が加わるとともに，すでに活字化された理論や方法論，分析方法などの評価と批判を通して再構築されている。

「社会」は「文化」と同様に難しい術語である。霊長類学の今西錦司（1975），動物行動学の日高敏隆（1977），社会学の富永健一（1995）らの業績をみてもわかるように，人文・自然系の学問領野に関係なく，数多くの定義とそれらの批判的な応答がみられる。英国の比較宗教学者メアリー・ダグラスは，社会を「それに内在する権利によって構成員を支配し，あるいは彼らを行動に走らせる能力（ちから）を有する」観念であると想定した（ダグラス 2009：268 頁）。これは，旧来から広まっていた英国流の社会観に近いため利用しやすい。その反面，物質文化要素が社会を創る過程や社会の能動的な役割にも関心を広げる近年の枠組みには適合しない。

最近，筆者はグレイアム・クラークの「文化システム」をよく引用する（山本 2010a：62 頁・2012a：資料 4）。彼の壮大な考古学研究を未だに総括できないものの，現在の自分の立ち位置や方向の道標を他者に示す役割をもつと同時に，エドワード・モースによる大森貝塚の調査以来 130 年以上に及ぶ縄文文化研究や弥生文化への移行問題に対して，その総合化ないし見直しに向けての研究の経緯と歴史をまとめる意味合いを有している。農耕文化の理解のためにクラークが提案した文化システムは，システムを構成する色々な側面の相互関係を示すと同時に，生息地（habitat）と生物群集（biome）の経済的な視点を強調した古典的な図式である（第 1 図）。一方で，この図式のどの位置に縄文研究者の指摘が相当するのかを振り返ってみることは，考古思想史の形

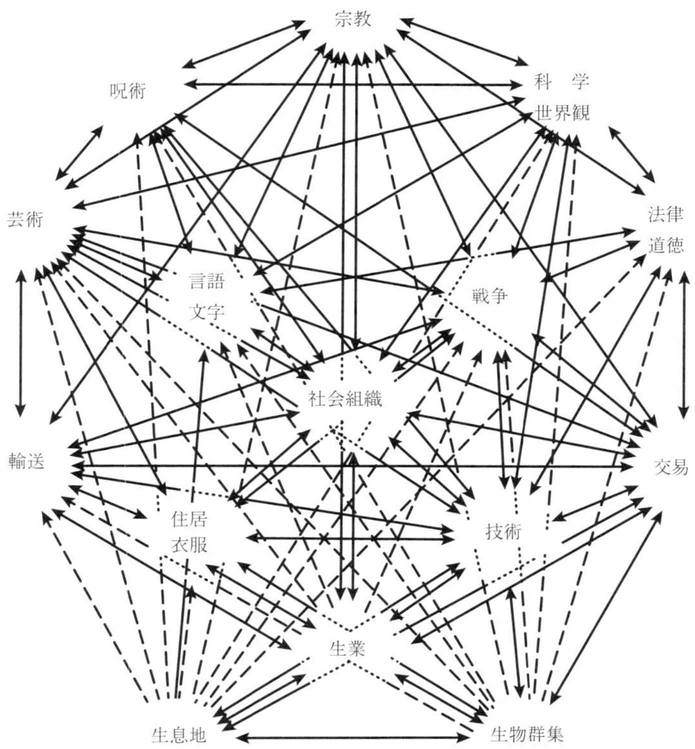

第１図　グレイアム・クラークの文化システム（Clark 1960 を基に筆者作成）

成とその批判ないし継承にとって必要ではないだろうか。

例えば，1970 年代以降に脚光をあびた抜歯型式と型式別にみた装身具の着装率や埋葬場所の差異，墓域における埋葬人骨の頭位や埋葬姿勢などに基づくグルーピング，集落遺跡内の空間構成や住居址を構成する属性間の類似と差異，遺跡内において在地土器と異系統土器を使った埋甕の出現頻度，異系列土器の文様施文技術と遺跡内における各土器系列の出土位置，人骨の歯の形態とミトコンドリア DNA の抽出などを手がかりに，母系や父系，双系といった出自形式，妻方や夫方のような婚姻後の居住形態，交叉イトコ婚の可能性を含めた婚姻体系，人骨個体間の血縁度などを読み取る研究は，文化全体を見据える視座においてほんの一部に過ぎない。各物質文化要素から社会を推測する方向性だけでなく，社会以外の側面との連関をみつけだすことやその連関を通した研究の広がりが希求される（山本 2010a：62–63 頁）。

同様に，集落遺跡に基づく研究を社会的側面に限定させず，いかに文化システムに組み込んでいくかが現在問われている。この過程に，集落遺跡の明晰な分析方法の提示と景観論的な視点との交差が含まれる。本稿の目的は，集落を抽象的に理解するのではなく時間に敏感になりながら個々の集落遺跡において形成過程を辿ることと，自然環境や生態的な特性，天文学，認知心理学といった狭い意味に限定されない景観の理論的見地を集落研究に持ち込むことである。前者では小林謙一が継続的に言及し続ける一時的集落景観論を取りあげ，後者については「景観考古学」

(landscape archaeology) ないし「景観の考古学」(archaeologies of landscapes) に関する論文集 (David and Thomas eds. 2008) の一部を主に紹介しながら展望する[1)]。

2　建築物のライフサイクルと一時的集落景観論の限界

(1) 集落形成と竪穴住居址のライフサイクル

縄文集落研究は，70年以上にわたって議論されてきた。和島誠一は，原始・古代の集落発掘例を基に通時的な社会構成史を展開する過程で，集落概念を人類が社会生活をおこなってきた場，社会関係を直接的に反映する対象と定義した (和島 1948・1955)。この抽象表現が日本の集落研究の理論的な出発点である。この一言に凝縮された意味内容は奥深いため，結果として後藤和民 (1982) に代表される集落概念の膨張化が起こってしまった。長崎元広 (1980) や佐々木藤雄 (1993・1994・1996) らが実践した集落研究史の渉猟と批判的な検討を経て，各研究者は縄文集落研究の針路を見極めなければならない (山本 1999・2006)。現在，筆者は構造としての環状や分節が集落構成のなかに存在していたのか，環状構造や分節構造が認められるならば，それはいつ，どの地域で出現し，どういう点滅経路を辿るのか，それらの諸現象を生態的・社会的・宗教的な視座から解釈できるのかに関心をもっている。

それはともかく，集落遺跡のなかに環状構造を探り出す研究者であろうと，環状構成を時間的累積の結果として結論付ける立場であろうと，集落論の基本は理論優先ではなく集落遺跡の形成過程を共時的・通時的に辿ることである。とくに情報量の多い竪穴住居址を対象に，その設営に際しての占地場所と決定要因との関係，柱や上屋の構造の復元，室内空間の利用方法，空間の社会的・象徴的区分，廃絶時の各付属施設の取り扱い方などのように，竪穴住居址という建築物の構築・使用・廃絶における各段階の様相が詳細に検討されている。このような研究成果の蓄積のなかで，ライフサイクルの多様性を意識しながら，発掘調査時に縄文時代の竪穴住居址の構造や埋没・堆積過程，住居址内部における遺物の出土・接合位置などを細かく観察することを通して，竪穴住居址の計画から考古記録化に至るまでの形成過程とその背景に言及した成果も散見される。小杉康による「住まいの一生」(小杉 1985・1990) はその代表である。

(2) 小林謙一が主張するライフサイクル論の読み解き

小林謙一も，主に自身が関与した神奈川県 SFC 遺跡 (小林ほか 1992) や東京都大橋遺跡 (小林ほか編 1998ab) などを対象に，1990年代から「住居の一生」と「竪穴住居のライフサイクル」の「分節」(「セギュメント」) に言及している (小林 1994)。これまでに想定されてきた竪穴住居址の「寿命」は，一つの土器型式ないし細分された段階に比べてまだ長い。重複した竪穴住居址の間で同じ土器型式の土器を炉体や埋甕に用いるからである。1軒の竪穴住居址の構築から廃絶までの期間は，土器型式に比べて本来的に短いといえる。それゆえ，「集落の細かな動態を復元する」

ために，床面出土や炉体などに使われた土器の型式学的特徴から竪穴住居址の帰属年代を決めるだけでなく，「遺構間接合の検討と竪穴住居・住居跡のライフサイクルの考え方を用いて，同時存在の遺構群を摘出し，それらの前後関係を組み上げ，一時的集落景観の上での変化を分岐点としたフェイズを設定」するといった研究の方向性を提起した（小林 2000b：65 頁）。ちなみに，初期の頃は，同時に存在した住居群を同時に機能していた住居の組み合わせと同じ意味に用いていたが，後に同時機能住居群を構築と使用の段階に狭めている（小林 1999：99–101 頁・2008：49–50 頁・2014b：269 頁）[2)]。以下，この抽象的に示された研究指針を，そのなかに散りばめられた一つ一つの用語や分析方法，論理展開などを追証しながら再検討してみたい。

小林は，場所の選地から構築，補修や改修，改築などを伴う居住，廃絶，廃絶後の窪地利用，埋没の完了までを「竪穴住居・住居跡のライフサイクル」として図式化した。さらに，住居址内の土層観察や出土遺物の分布・接合図，住居址掘り込みのコンター図などに加えて，構築や生活，廃絶，改修といった各々の分節に対応する出土位置からみつかった炭化材と土器付着炭化物の炭素 14 年代測定値を積極的に援用しながら，竪穴住居址のライフサイクルや各分節の「時間」を厳密に求めようと試みる（小林 2009a・2012a）。

結局のところ，小林が進める議論は，ライフサイクルのモデル化，竪穴住居址の調査研究史における研究者間の着目・分析視点の整理，集落遺跡でのライフサイクルモデルの適用ないし検証といった三つの柱によって構成されているといえよう。単著・共著を含めて 50 本以上の関連論攷・口答発表をもつ小林の業績に目を通した場合，論攷間における記述内容や挿図の重複のほかに，論攷中の誤字・脱字，引用・参考文献リストと文中の引用部分との間の発表年に関する齟齬などが多い。このように些細な問題点を含めると，これらの業績は時系列に沿って非常に整理しにくいが，筆者なりに小林ライフサイクル論の三つの柱を概観した後に，小林の個性的な視点とその課題を示してみたい。

ライフサイクルのモデル化は，日本考古学協会総会での発表（小林 1994）以降，少なくとも 4 回の改変ないし補足，誤字の訂正などを経ている。近年の論攷に「(小林 1994 改変)」，「[小林 2004 改変]」という語が図のキャプションとして付されているものの，2015 年時点の最新版は 2012 年に発表された図（小林 2012a：図 1・2012d：図 1）ではないだろうか（第 2 図）。小林による図式はあくまでもモデルであるため，竪穴住居址の各分節に対応する形で有効な観察・分析方法が開発されたならば，痕跡との対応関係を通して今後も改訂版の提示が続くだろう。遺構の調査によって，炉や埋甕などの付属施設が予想以上に改修ないし改築されていたこと，生活の過程で既存の炉の改修ないし改築ではなく炉を新しく設営していたこと，住居構築時に設けなかった周辺施設である周堤を新規に付帯していたことなどを痕跡としてリアルに突き止めた場合，他遺跡の発掘調査デザインの参照枠にも寄与できる。

竪穴住居址に縄文集落を加えた調査史では，発掘調査の履歴を漏らさないように心がけながら丁寧にまとめている。例えば明治時代から 1940 年代にかけて，覆土の堆積状況に関する限定的な注意と覆土形成を断面図として記録化しなかった時代背景を指摘した（小林 2014a）。また，戦

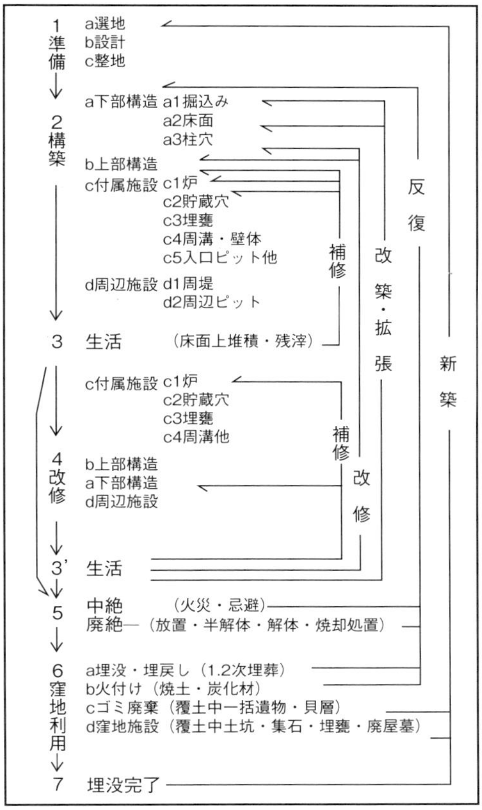

第2図　小林謙一による竪穴住居・住居跡のライフサイクルモデル
（小林 2012d 図 1 を基に筆者加・除筆して作成）

後から 1960 年代の竪穴住居址と集落の発掘調査において，住居址の覆土の堆積過程と遺物の出土位置の記録化が多摩・武蔵野地域で実践されていたこと（小林 2012c），主に 1960 年代以降の重複関係を含む竪穴住居址の発掘写真や図面に断面観察用十字ベルトの存在を読み取り，その設定の目的と歴史，課題などを整理している（小林 2003）。現在のところ，これらの成果は「縄文集落調査・研究史年表」（小林・中山・黒尾編 2012）として結実し，今後，調査報告書や論攷の補遺，それらの原典にあたったうえでのタイトルや所収書籍・雑誌名の訂正などを継続的におこなっていくことだろう。

ライフサイクルモデルの適用では，とくに東京都大橋遺跡を対象に，中期後半加曽利 E3・4 式の「竪穴住居跡及び竪穴状遺構」の「計画」から「埋没」までの過程を辿り，これらの遺構間の重複関係，遺物の出土・接合関係，炭素 14 年代測定結果などを駆使して，「集落の細かな時間的単位」としての「フェイズ」（小林・大野 1999：14 頁）ごとに「一時的集落景観」ないし「集落の一時的景観」（小林 1995：123 頁・2008：51 頁）を把握しようと試みる。この操作は，出土土器の型式学的特徴から同時存在ないし時間的前後関係をもつ遺構群を抽出した旧来の方法と異なっている。

小林は，一時的集落景観とその動態を探るうえで，床面出土土器や出入口部の埋甕，炉体土器などを細分された土器編年案に照らしながら竪穴住居址の帰属時期を推定し，竪穴住居址間の新旧関係や同時性を決めていく旧来の接近方法の不十分さを指摘したわけである。遺構年代を求める根拠としての土器編年に比べて「遺構間の重複の方が細かい時間差を示す」こと，「遺構によって土器細別時期より長いものも短いもの」もあること，「同種の遺構でもその存続期間は大きく異なり，後出のものが前出のものより早く廃棄される」場合を想定し得ること，遺構の重複や遺構間における接合個体の出土位置の把握によって遺構の時間差を鋭敏に捉えられる場合があることを示した（小林 1995：126 頁）。これらの発言に代表されるように，小林の集落観の基底には，出土土器と土器編年案との照合のみに基づいて各遺構の帰属時期を比定した場合，「時期比定できる遺構が非常に限られてしまう」ことや，既存の土器編年における各土器型式ないし各段階の「時間幅が長いため，集落変遷の復元のための時期区分として」，その時間的な単位は「十分でない」（小林・大野 1999：14 頁）といった集落遺跡の発掘調査および整理・分析を通した経験則が根付いているといえる。

(3) 東京都大橋遺跡におけるフェイズ設定と一時的集落景観の復元

大橋遺跡は 3 回にわたって発掘されてきた。このうち，大橋遺跡第 1・2 次調査によって検出された竪穴住居址は，「竪穴住居跡」および「竪穴状遺構」を炉の有無に関係なく仮に竪穴住居址で括った場合，91 軒を数える。中期加曽利 E3・4 式が主体である。また，軒数ではなく竪穴住居址の改築や新築といった建て替えに伴う床面数を基に集計すると，「生活面」は 135 面に達している（小林・大野 1999：11 頁）。

竪穴住居址を選地する段階から埋没完了までのライフサイクルにおいて，個々の竪穴住居址が生活面を 1 面のみ有していたとは限らず，例えば床面の完全な作り替えがあれば，生活面は 2 面を数え，二重の周溝が巡っていた場合も 2 面の生活面が推定されたわけである。ただし，同じ形態・規模の屋根構造を維持したままの地床炉から埋甕炉への作り替えの場合，そこに 2 面の生活面を考えていない。上部構造の変化に伴って炉の作り替えを確認できた場合に限り，複数の生活面を想定する。そして，集落内における竪穴住居址ごとの変化に富んだライフサイクルに注目した小林は，竪穴住居址の構築から廃絶直前までの時間帯における「同時機能住居」の組み合わせをフェイズと名付け，時間的に序列化した「フェイズ設定模式図」として集落の一時的景観とその変化を整理した（小林・大野 1999：2・8 頁）。

しかしながら，「遺構間接合」の 37 個体を取りあげ，これらにどのような接合関係が認められていたかを示す記述部分と，「集落の半分弱」の竪穴住居址をフェイズ区分した 2 枚の図（小林・大野 1999：図 17・18）を比べてみたところ，筆者にとって理解できない点も認められた。例えば埋甕に時間差をもつ SJ17 号住居跡第 1 段階（SJ17-1）と SJ43 号住居跡第 1 段階（SJ43-1）の間で，SJ43-1 からみつかった新しい時期の「埋甕」の胴部下半の小破片が同じ住居址の「炉内」[3] 土器片と接合するだけでなく，SJ17-1 の覆土「上層」から出土した土器片とも接合した（SJ43K202）

（小林ほか編 1998b：469 頁）。その一方で，SJ17–1 の覆土「上層」と SJ43–1 の覆土「上層」および「下層」，SJ32 号住居跡の覆土「上層」を加えた接合個体（SJ17K103）も示されていたからである（小林ほか編 1998b：409 頁）。

これらの「遺構間接合」例は，SJ17–1 の廃絶・埋没過程で SJ43–1 が構築・利用され，SJ43–1 の廃絶後の埋没時点でも SJ17–1 の埋没が完全に終了していなかったことを暗示している。本来ならば，SJ17K103 の存在から，覆土の堆積速度に関して両者の間に差異を有していたこと，両者の埋没完了はほぼ同じ頃であることを想定すべきではないだろうか。竪穴住居址の埋没完了の時点までを表現した小林・大野 1999 の図 17 は，SJ43–1 の埋没完了が SJ17–1 よりも遅れるといった時間差を示していた。

この後，フェイズごとの様相は訂正される（小林 2000c：39 頁）。結果的に，大橋遺跡の中期後半加曽利 E3・4 式期の集落は，異なる一時的集落景観をもつ 12 のフェイズで形成されることになった（同：71 頁）。ここに，土器型式や土器型式内の細分段階における同時存在住居址の抽出を単に求める傾向はなく，さらに細かい時間的単位とその時間の序列・経過を通して，特定の空間を対象にした居住形態のダイナミズムとでもよぶ遺跡形成論が描かれている4)。

このように，建築物から集落に至るまでの一生を対象にした幅広い考古学的な研究の蓄積のなかで，小林の研究の骨幹は，発掘調査による遺構覆土の堆積環境や出土遺物との関係，遺構間の遺物接合状況などの諸現象から立ちあげ，とくに竪穴住居址のライフサイクル研究を通したフェイズの仮設とそれに基づく一時的集落景観の復元を目指すところにある。一枚ごとの紙に少しずつずらした絵を描き，それらを素早くめくることによって動いているような絵を残像に残すパラパラ漫画や，デジタルカメラを用いて一定間隔の時間で連続撮影した静止画をパソコン上で動画編集したタイムラプスのように，竪穴住居址や集落の一生を動態的に再現したいのかもしれない。一つの集落に限った場合，動きの異なるパラパラ漫画の一枚ずつや微妙な時間差をもつ一コマの静止画が一時的集落景観に相当し，それらを繋ぎ合わせたものが特定の土地を利用した結果としての集落景観ないし「集落の一時的景観の連続」（小林 2009b：117 頁）なのであろう。

小林によると，フェイズとは，集落内の各施設の準備から埋没が完了した時点までのうち，準備段階と廃絶後を除いた構築時から廃絶前における「瞬間的な時間的まとまり」と，その時間的共時性のなかで同時に機能していた遺構群を意味する。それゆえ，同一の土器型式ないし同じ細分段階の内部に複数のフェイズを設けることができる。そして，最も古い段階からフェイズ 1，フェイズ 2 と呼称された各フェイズには，竪穴住居址だけでなく，墓，貯蔵穴，集石，廃棄場，道具製作場，儀礼施設などの遺構が含まれる。各フェイズの同時機能遺構群が一時的集落景観をあらわすとともに，一時的集落景観の集積が集落の実態なのである（小林 1999：102 頁・2008：51–52 頁）。

遺構の重複だけでなく出土遺物の接合状況，覆土の堆積要因の理化学的保証などによって，遺構間の時間的な前後関係や同時性を追認できる条件が整っていれば，集落の一時的景観の復元作業に墓や貯蔵穴などを理想的に取り込めるだろう。しかしながら，調査デザインに関して不十分

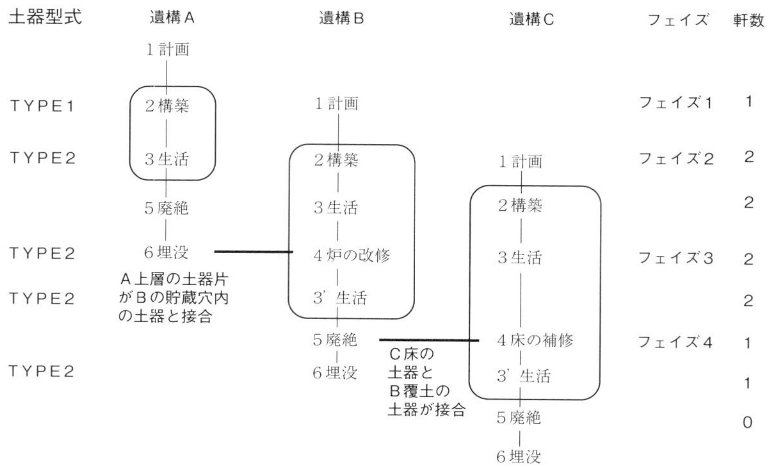

第3図　仮想集落におけるフェイズの設定模式図（小林 2009b 図2を基に筆者加・除筆して作成）

な条件が多いため，分析対象の基本は情報量の多い竪穴住居址に落ち着いてしまう。また，「炉の改修」や「床の補修」を施した時点の住居址の状態はその前後と居住の様相差を有し，フェイズ差として区別される可能性を示したものの（小林 1999：102 頁），この見方は「仮想集落」におけるフェイズの仮設と区分に活かされていない（第3図）。フェイズ3とフェイズ4は，竪穴住居址のライフサイクルの分節に着目すればさらに分けられる。つまり，フェイズ区分は，ライフサイクルにおける細かな分節状態の竪穴住居址がどういう分節状態の竪穴住居址と集落内で組み合わさっているかに基づくというよりも，地面を掘り下げ，床や炉を作り，屋根を葺いた居住施設としての竪穴住居址が新しく構築されたか否か，既存の竪穴住居址が居住の機能を失って廃絶状態に陥ったか否かに依拠していた。

(4) 小林フェイズ論の分析に関する問題

ライフサイクルの過程において，ある竪穴住居址が床面の補修時に別の竪穴住居址が廃絶された状態であった時間を，前者の竪穴住居址の床面補修後の利用時点に後者の竪穴住居址の埋没が完了した状態であった時間と区別することは考古学的に難しい。それゆえ，小林の説くフェイズは，既存の土器型式ないし細分段階では表現しきれない集落景観の細かな時間的まとまりである反面，集落内の遺構出土の遺物が各遺構のどの位置ないし層のものと接合したかがフェイズを分ける大きな論拠になっているため，接合関係の認められない限り，厳密に「摘出」した「同一時点」（小林 2009b：117 頁）と同一視されない。小林ライフサイクル論と密接に関係するフェイズは，各竪穴住居址のライフサイクルの分節間の共時性を厳密に示す集落の時間的単位ないし時間的まとまりというよりも，「集落内において建っている住居（同時機能している住居）の組み合わせ」を示す集落の一時的景観に対応した緩やかな「同一時点」（前掲）の時間といえる。ここに，一時的集落景観の復元に向けて小林が希求したい時間に対する考古学的な限界ないし研究上のアポリアが潜在している。

小林は，埋甕や炉体土器，床面出土土器などに依拠した竪穴住居址の同時性ではなく，住居址間の構築や廃絶の時間差に注視する。複数の竪穴住居址で埋甕に使われた土器の型式学的特徴が類似しているからそれらを同時存在として認識することを否定した。同じ土器型式の埋甕を残す竪穴住居址でも重複関係や覆土の特徴，床面および覆土の遺物分布・接合状況などの証拠を媒介に，同一土器型式を用いる竪穴住居址に機能中のものと廃絶後のものが含まれること，ある竪穴住居址が廃絶された時点で別の竪穴住居址はすでに埋没途中であったことなどを見極める。小林は，竪穴住居址のライフサイクルにおける異貌が組み合わさった時間の一断面をフェイズと仮称し，目黒区大橋遺跡の中期後半で検証しようと試みた。

小林によるフェイズ論は，遺跡形成過程を微視的に辿るとともに一時的集落景観を復元するうえで，床面や炉体などに用いた土器の型式学的特徴によって竪穴住居址間の同時性や時間的前後関係を見極める方法以外に，竪穴住居址の重複や異なる住居址間における遺物の接合関係を用いることによって同時機能住居を析出した刺激的な取り組みである。とくに，竪穴住居址のどの層・位置から出土した遺物が異なる竪穴住居址のどの場所から出土した遺物と接合したのかが，同じフェイズに含めるか，時間差をもつ別フェイズに含めるかの大きな決め手になっている。そして，新旧を示す相対的な時間に暦年代値を与えるため，埋甕や炉体土器のように竪穴住居址の構築ないし機能時を予測できる土器の付着物や，焼失住居の炭化材などの炭素14年代測定法を援用する。結果的に，各フェイズに10年前後から数十年の変異幅を措定している（小林2008・2009b：120頁）。

しかしながら，分析が竪穴住居址に限定されていること，分析方法の基本が遺構間の重複や遺物分布・接合状況であること，分析事例として廃絶ないし放棄時における上屋や壁体，柱の状況を示唆する焼失・火災住居に恵まれていないことなどから，あるフェイズでは，いくつかの竪穴住居址が使われている時に廃絶された竪穴住居址の上屋が片付けられていたのか，そのままの状態であったのかというリアルな時間的同時性ないし時間的前後関係の問題や，墓をはじめとした各種の施設は各フェイズでどのように時間的に位置づけられるのかという点などに言及できないことは，景観ないし集落景観といった枠組みから不十分である。

(5) 同一フェイズの住居址群を改めて検討する

ここでは，小林が複数の竪穴住居址を「同時機能住居」として同じフェイズに含めるか，別フェイズに位置づけるかの決め手になった「遺構間接合」（小林・大野1999：14頁）について，大橋遺跡第2次調査の成果報告の後，小林が常に持ち出す「SJ17・43・54・91・96・97号住居跡」を使って検討してみたい（第4図）。主に，接合個体の出土位置の追証と，接合個体が出土した層や位置から出土した接合していない土器片の型式学的な特徴やその割合などに焦点を当てる。

接合個体に注目するだけでなく，同一層ないし上下の層から接合個体に近い特徴の土器が出土しているのか，別型式の土器は出土していないのか，それらは出土量のどの程度を占めているの

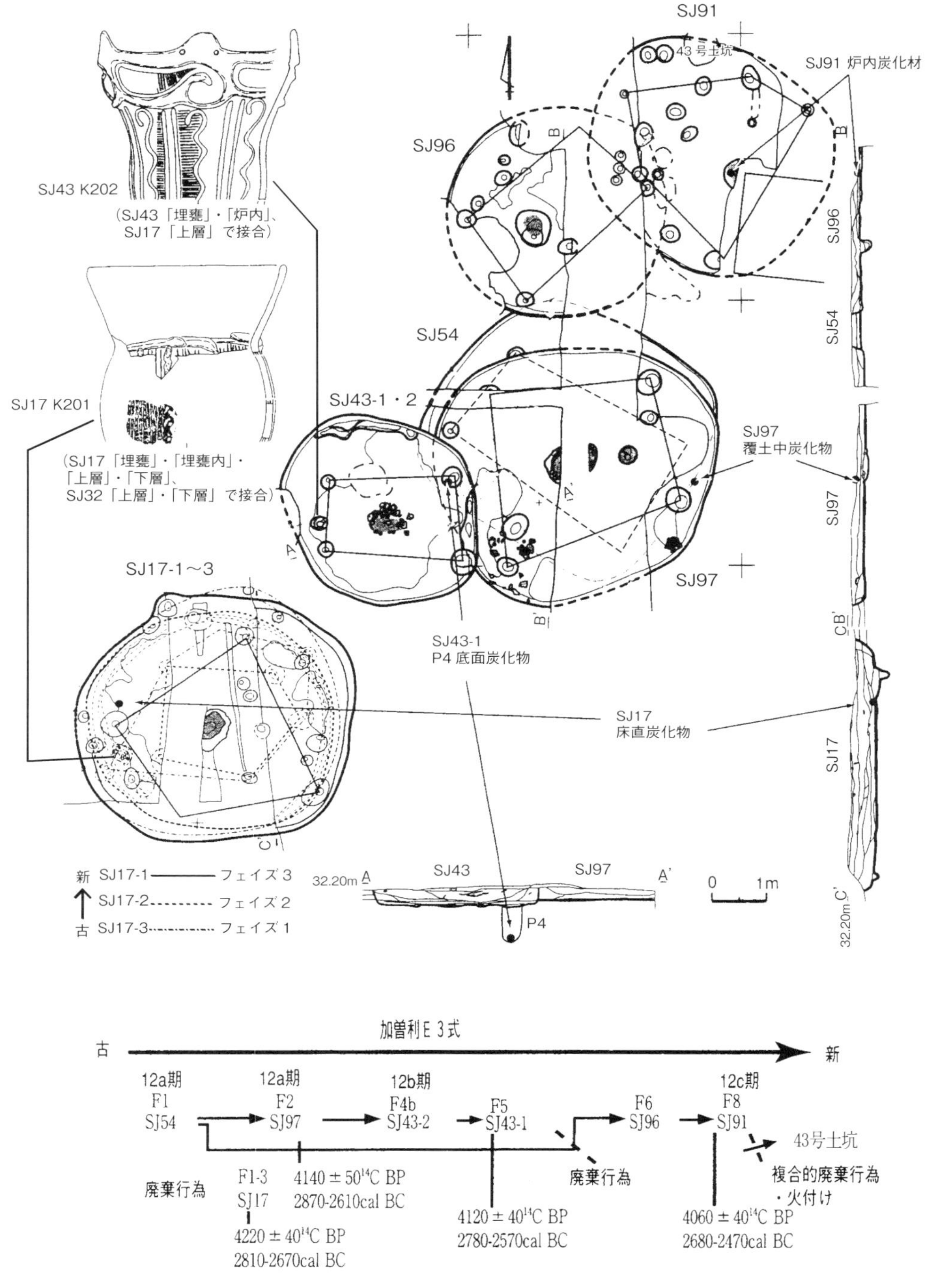

第４図　大橋遺跡の一時的集落に関する再検討（小林ほか編 1998a・b，小林 2000a 図 6，小林 2008 第 62 図を基に筆者加・除筆して作成　F：フェイズ，期：新地平編年，土器は縮尺不同）

かなどを示すことによって，接合個体が異なる竪穴住居址の出土位置を違えたところで出土するからといって，それらの竪穴住居址のライフサイクルの時点が異なっていること，その組み合わせを一つのフェイズとしてまとめることを首肯できないからである。小林は，竪穴住居址の覆土から複数の土器型式が含まれる事例や覆土の上下で土器の大きさ・遺存状態に多様なあり方を示す事例などを紹介し，それらを覆土形成の人為的・自然的要因や住居廃絶後の廃棄行為の多様性，自然の流入結果などとして解釈できないかと腐心するが（小林・大野 2002：22–29 頁），説得力に乏しいといえる。

SJ17・43・54・91・96・97 号住居跡は遺跡調査範囲のほぼ中央に位置する。これらの住居址は加曽利 E3 式古段階（新地平編年 12a 期）から同式新段階（新地平編年 12c 期）に属し，SJ54 住の次に古い SJ97 住の使用時から最も新しい SJ91 住の廃絶直後まで，炭素 14 年代の暦年較正値で 200 年近くの時間幅が見積もられる。そして，三つの細分段階をもつこの期間に，小林は住居址の重複と遺構間接合のあり方を基に七つのフェイズを設けている。しかしながら，同じ層ないしレベルで出土した土器全てが同じ細分時期に属さないこと，別の遺構間に加えて，同じ遺構の異なる出土層ないし出土位置の間でも土器が接合することを確認できた。細別時期を求められない加曽利 E3 式（新地平編年 12 期）の占有率が最も高いものの，その土器破片を除いて数量化した場合，加曽利 E3 式中段階（新地平編年 12b 期）をピークにその前後の時期が出土している。SJ97 住は，少ないながらも加曽利 E1 式古段階（新地平編年 10a 期）から加曽利 E4 式（新地平編年 13 期）までの七つの細分時期の出土傾向を示す（第 5 図）。また，報告書中のコード表に照らしながら接合個体の出土位置を調べてみると，SJ43K202 は SJ43「埋甕」・「炉内」[5)]，SJ17「上層」，SJ17K201 は SJ17「埋甕」・「埋甕内」・「上層」・「下層」，SJ32「上層」・「下層」でそれぞれ接合していた（小林ほか編 1998b：410・469 頁）。

この結果，複数の遺構を対象に異なる出土位置から出土した土器の遺構間接合を用いれば，同時存在ないし同時機能の遺構群を抽出し，それらの時間的な前後関係を復元できるといった前提（例えば小林 2009b：117 頁）は崩れてしまう。小林は仮説の積み重ねや集落動態に対する限界を意識しているが（同：130 頁），異なる状態の竪穴住居址が組み合わさる一時的集落景観としてのフェイズを識別し，その時間的序列化によって集落の形成を辿ろうとする分析方法を遺構間接合に決定的に求めることも一つのアポリアなのである。

3　集落における景観という視点 —景観の考古学とその多様な接近方法—

小林は「景観」を多用する。とくに一時的集落景観や集落の一時的景観を好んでいる。しかしながら，ここで用いられた景観は，そもそもどのような意味合いで使っているのだろうか。

景観は便利な用語である。自然環境全般を示す以外に，異なる生態系の集合を指す場合や心象風景と似た意味でも用いられている。また，建造物の集まりを景観と捉える研究者も存在する。その一方，1970 年代に専門書の表題として出現し（Aston and Rowley 1974），1990 年以降急激に増

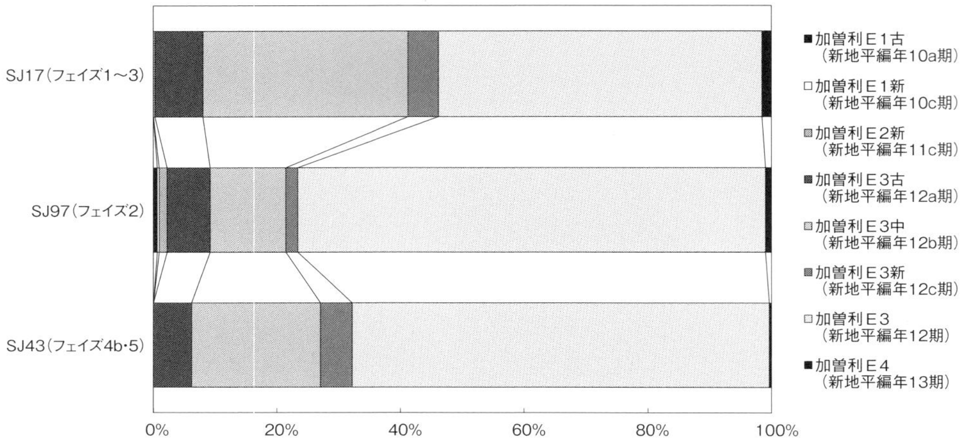

第５図　大橋遺跡竪穴住居址出土の土器型式別の数量比（小林ほか編 1998b を基に筆者作成）

加した海外の景観に関する考古学的な研究成果を一瞥してみると，景観は関心領域に応じて多義的な意味を内包していることを読み取れる。ここでは，きわめて奥深い景観の考古学的枠組みを「景観考古学」（landscape archaeology）という一つのラベルで括るのではなく，多様な内実をもつ「景観の考古学」（archaeologies of landscapes）として整理してみたい。

景観の考古学は，場所（place）の多様性に関する考古学のことである。場所は，人々と自然環境や超自然環境との関係，人々相互の結びつきを凝縮している。ただし，大気や風などと人々の関わりまでを含めた場合，場所というよりも空間（space）の意味合いが強くなる。人々の生態的・社会的・宗教的な営みを読み解くために，物質文化要素の分析を優先しながら，考古学的な実証が直接的に難しい大気の状況や風向きなどを加えたうえで，人類の諸活動と場所ないし空間との多層的な関係に関心を示す考古学の一分野を景観の考古学と言い換えることができるかもしれない。社会集団が地理的・地勢的な場所ないし空間とどのような関係を築き，いかに適応していったのか，人々は諸活動を通して地理的・地勢的要素をどのように変えていったのかについて議論するわけである。

このように，景観は集落研究のみに特化した用語ではなく，多様な研究テーマ・研究方法のなかで影響を受けてきた。そして，景観に関する考古学的な体系化は新しく，英語圏では1990年代以降に本格的な言説が提起されている（Ashmore and Knapp 1999）。以下，景観を巡る考古学の世界的な潮流とその学史を参照枠に，縄文考古学における景観の視点の導入を将来的に目指す意味から，南・北米大陸の景観考古学（landscape archaeology）の成り立ちを紹介する（Patterson 2008）。その際，縄文時代のいくつかの研究成果も示す。

トーマス・パターソンによると，1950年代以降，両大陸における景観考古学は古環境復元，セトルメントパターン，生業・集落システム，天文考古学，世界観の物象化，大規模労働を伴う環境の改変と構築物，形跡を残さない光や音の感知をも含んだ諸行為の舞台といった，少なくとも七つの異なる研究テーマに影響を受けながら生み出されてきた領野であるらしい。例えばセトルメント考古学のように，特定の研究方法のみから止揚されるといった短絡的なものではなく，多様なテーマとの連関・影響関係のなかで成立していることに注意しなければならない。

簡単にいえば，景観考古学とは過去の場所（place）に関する考古学である。その場所は，過去の人々が利用した経済的な生産の場や社会的・政治的交流の場に限定されない。森や河川，空のように彼らがリアルタイムで知覚していた動植物の生息場所のほかに，彼らの心に刻まれた遠征先の村や美しい星座群，観念や信仰を反映した可能性をもつ大規模構築物，往来を経験しつつ微かに彼らの記憶のなかに残る遠く離れた石材産出地，湧水地や象徴的な形状を呈する岩陰なども当然のように含まれる。人々の知覚や諸行為と結びついた各場所は互いに関係している。このように認識された複数の場所と人々との間の多様な関わりや場所への意味づけを時間と地域の中で解釈するわけである。人々と場所との関わり方の認識論的な多様性は，景観考古学を「景観の考古学」に昇華させていく。ただし，記憶や経験を伴わず，物質文化要素とも結びつかない仮想の場が含まれると，きわめて厄介になる。

現在，考古学，地理学，生態学，植物学，社会学，文化史，文学，美学，天文学，土木建築学などの専門家が，時代を問わず文化的な景観を理解しようと試みている。この過程において，過去の景観を考察することは刺激に満ちた学際的主題の一つであるといえる。一方で，多くの研究分野が議論に加わる景観研究は多様な状況を呈するため，つかみどころのない分野として敬遠されるかもしれない。ただし，景観の概念や目的，接近方法などを明示化すれば，一つの学問領域のなかで議論の軸を築くことができるだろう。

南・北米大陸では，景観に関する研究は1950年代の古環境復元に始まる。人々は自然環境との関係のなかで日常生活が決まり，制限され，形作られたという枠組みから，動植物の「生態的な生息場所」（ecological habitats）を景観として定義することになった。古環境と景観の変化が直結している。この着眼点は，多量のイルカ骨が出土した地点まで海岸線が近づいた後，徐々に後退していくとアカガシ亜属やクリが目立ちはじめ，突如トチノキ林に移行する石川県真脇遺跡の古環境復元データ（金原 2009：図7）とその遷移の仕方に近い。

同時期においては，先験的に景観研究と最も結びつけやすい「セトルメントパターン」（settlement pattern）研究も展開していた。特定地域内における諸施設とそれらの配置を景観とみなすわけである。しかも，その歴史的展開を景観の変化と連動させる。近年では，安孫子昭二の多摩ニュータウン内における集落分析例（安孫子 2011）がこの過程に抵触する。

1970年代半ばになると，景観は「生業・集落システム」（subsistence–settlement systems）のなかで詳細に練られていった。立地や自然環境の違いに適応しながら機能的に結びついた各遺跡に特有の景観をみつけだし，システム内に多様な景観を措定したわけである。当然，地域が異なれば景観の組み合わせに違いが生じるため，同時代的に複数の景観システムが併存することになる。生業・集落システムは，生業や道具資源の獲得・交換といった経済的要素の強い活動に特化し過ぎていた反面，それぞれの遺跡が位置する変異の大きい環境的状況へ関心と注意を向けさせた。その結果，共時的に地域特有の景観を想定した初期のセトルメントパターン研究との差異は際立っている。新潟県三面川流域や信濃川流域，千葉県おゆみ野地区遺跡群などの興味深い事例が該当する[6)]。

1970年代後半から80年代初めにかけて，考古学者，人類学者と天文学者の本格的な共同研究を契機に，景観の定義は陸上，水域，地底のほかに天空にまで広がっていった。太陽や月の運行，日の出と日の入り，特定の星座の位置関係などに代表される周期的な天文イベント・現象にまで景観概念を広げることは，日周期・年周期・生涯周期における様々な行為のタイミングやそれらの意味に新しい見方を与えた。後藤明は，「天文現象に関する人類学的研究の動向を紹介する」過程で，考古学において太陽や月の運行，星座の出現と没入などの天文現象が扱われてきた背景を1980年代以降の象徴考古学や認知考古学の台頭として捉える（後藤2014：164頁）。文化や地域が異なれば同じ星座の配置に別の物語を読み取り，重視すべき天文現象も違う。例えば陸奥湾岸において，マダラの骨が先史遺跡から顕著にみつかっている。この点は，先史時代のマダラ漁の成功に際して，山アテや日和見といった空間認識に関する知識とそれらの対象としての山や天候条件などが駆使されていたことを推測させるだろう（太田原（川口）2011）。

このように，認知的な要素が強調されはじめた1980年代は，居住地やその立地，特徴的な建物とそれらの配置，共同墓地などをそこに住む人々の世界観の反映とみなす研究方向を活発化させた。さらに，土地，森，山，岩陰，特定の季節に出現する昆虫類なども景観の特徴として含まれていく。山は神が横たわったもので，鳥は魂そのものになる。景観を広く人々の世界観の物象化として定義付け，例えば建築物の構成や配置，占地場所を生態的・社会的な側面で解釈するのではなく，世界観が反映された象徴景観として理解しようと試みた。この見方に対して，祖霊信仰を反映し，新しい信仰を創る縄文時代晩期の環状木柱列の分析成果（山本2009・2010b）が役立つかもしれない。つまり，眼前に海辺／湾が広がる真脇遺跡と谷筋に位置する富山県桜町遺跡の間には，環状木柱列の構築・使用年代や形態的な特徴のほかに，宗教的な景観の差異を期待させ得るからである。

そして，同じ頃，大規模労働を伴う環境の改変と構築物を景観として概念化する動きが展開した。パターソンは南・北米大陸を扱っているため，南米ペルーのナスカ地上絵やアマゾン平原の多くの河川に沿う人為的な盛土を参考例として列挙する。対象を縄文社会に移し，景観という視点や見方を，例えば居住痕跡なのか宗教的な構築物なのかといった対極的な解釈を克服するために議論してきた近年の環状盛土遺構（馬場小室山遺跡研究会編2007）に加えたならば，どのような展開が期待されるだろうか。縄文時代後・晩期社会への移行とそのシステム論的な変容過程について，遺跡形成や遺跡間関係を超えた見通しを景観論から導き出すことができる。

1990年代後半には，形跡を残さない光や音の感知をも含んだ諸行為の舞台として景観が理論的に定義された。概して，パターソンは，広い地域範囲を占める複数の都市や神殿における各種行為とそれらの持ち回りに際しての演出をイメージしている。例えばサウンドスケープが該当する。サウンドスケープは，個人ないし社会によって知覚された音が創り出す環境のことで，その範囲は言葉や音楽を含む人工的な音だけでなく，森や動物などが発する音や気配，場所の賑わいや静けさ，土地に刻まれた人々の記憶の音にまで及んでいる。

現在のところ，日本の先史考古学において景観考古学は未確立である。この状況のなかで，最近，安斎正人は世界的に新しい研究テーマとしての「景観考古学」を紹介した（安斎 2004：28-44 頁）。さらに，人類の歴史を「景観史」から読み解こうと思案し，景観考古学の視点のなかでも現象学的アプローチに着目したうえで，環境的要素や時代背景が異なるいくつかの先史・原史の遺跡と地域の事例を概観している（安斎 2007：195・248-288 頁）。その後，「デザイン」，「色彩」とともに「景観」を鍵語に，「縄紋」人の心と行動の進化を追跡しようと試みる（安斎 2010：143-192 頁）。3 冊の著作のなかで重複した遺跡例の取り扱いや記述がみられるものの，これらの研究視点は，北海道・東北地方の縄文時代後期の「猟漁民」研究や長野県神子柴遺跡の研究過程において，2000 年前後から少しずつ提起されていた。とくに「景観史」ないし「人文景観史」という見方は，古環境復元，セトルメント考古学，認知考古学などの理論と成果を包括しているため，例えばセトルメント考古学の延長に景観考古学を短絡的に措定する潮流を容認していないといえよう。また，『河川流域の縄紋景観』（2010）と題して公開シンポジウムを催し，『季刊東北学』第 26 号（2011）で「縄文の河川景観」の特集を組むことによって，時代や地域の調査成果へのフィードバックを我々に促している。

縄文考古学において「景観」は使われやすい用語でありながら，他者に説明する段階になるとなかなか難しい。景観考古学の多義的な意味や未確立な状況がそのコンテクストに拍車をかけている。今回，パターソンによる景観考古学の研究史を辿ってみると，小林のフェイズ論のなかで頻繁に用いられた「景観」は表層的な側面に限定されてしまっている。今後の景観研究に際して，一部の縄文研究において未だに漠然と使われている「祭祀」や「儀礼」，それらを取り巻く研究に代表される迷走（山本 2009・2010b）と同様の道筋だけは避けなければならない。

4　結　語

小林による一時的集落景観論には，分析面と理論面において現状で乗り越えられない限界ないしアポリアを想起できる。

まず分析面の限界は，フェイズの規定内容とフェイズ区分の方法に関する点である。前者について，小林は瞬間的な時間的まとまりだけでなく，その時間帯に構築・使用されている遺構群の組み合わせをフェイズと規定した。ここには廃絶時や廃絶後の分節・位相は含まれていない。しかも，情報量の多い竪穴住居址に焦点を当てているため，住居址の「補修」や「改修」などの行為とその分節・位相を同じ時間帯ないしフェイズとして捉えるか否かといった深刻な問題が潜んでいた。

大橋遺跡以外でいえば，SFC 遺跡 I 区のフェイズ 2（小林 1998：図 14・1999：図 4）について，1・2・4 住は異なる分節の組み合わせを示すにもかかわらず，3 軒を一つのフェイズにまとめている（第 6 図）。竪穴住居・住居跡のライフサイクルモデルに依拠し，瞬間的な時間において構

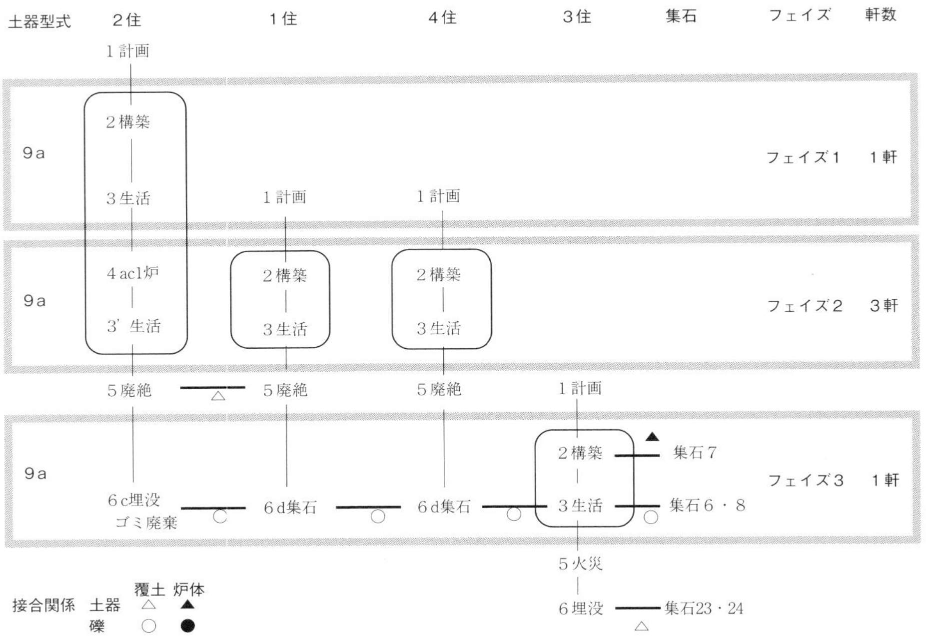

第6図　SFC遺跡Ⅰ区のフェイズ区分の問題（小林 1999 図4，小林 2014b 図2を基に筆者加・除筆して作成）

築・使用された遺構組成の差異性をフェイズ差と呼称するならば，フェイズ2は少なくとも二つに区別されなければならない。勝坂3式古段階（新地平編年の9a期）において，炉や柱穴が作り替えられた「改修」段階の2住と各種施設を備えて住居址を完成させた「構築」段階の1・4住の組み合わせは，これらの3軒がいずれも使われていた「生活」時と違って，瞬間的な時間的まとまりおよび遺構組成を異にした別フェイズに充当するだろう。筆者には，構築・使用の住居址の数が同じであるから，フェイズ2を一つのフェイズにまとめているようにみえてしまう。三矢田遺跡のフェイズ6（小林 1998：図14・1999：図10）も同様の疑問が浮かんでくる。ここには，どんなに細かくみようとしても見切れないアポリアが介在し，精緻に思える分析とその結果もかなりの資料操作を内包しているといえる。

後者については，時間的共時性と遺構組成といった異なる次元を含むフェイズの仮設に際して，炉体土器や埋甕の型式学的な異同といった既存の方法のほかに，遺構の重複関係と遺物の接合状況を重視した。しかしながら，遺構間で接合した遺物と同じ層や面から複数時期の土器型式が出土している現象は，住居址床面出土の土器片が少し離れた別住居址の覆土出土の土器片と接合したことを，遺構間の廃絶期の時間差に結び付ける解釈に対して疑問を挟むことになるだろう。同じ層ないし同一面から出土した異なる土器型式を無視する論理は無意味である。また，同じ遺構の異なる層ないし出土位置の間においても土器が接合している。つまり，遺構内／間において異なる層や面から出土した遺物の接合作業と事例は，遺構間の瞬間的な時間的まとまりの前後差を雄弁に物語る分析方法ではなく，竪穴住居址内の窪地を複数の土器型式期にわたって廃棄場に利用するといった単純な廃棄行為も意味しない。遺構内に加えて遺構間の接合関係は，接合個体が離れて出土した複雑な形成過程を暗示している。

次に，理論面の限界は，景観を集落内における同時機能の遺構群の組み合わせとその姿相に限定した点である。景観は考古学的に深遠な意味を内包し，研究テーマに則して多義性を帯びている。集落研究の先に景観論を見据えず，一時的集落景観といった狭い意味にも閉じ込めない。欧米の研究例を参考にした場合，景観考古学ないし景観の考古学の体系化に関する議論は比較的新しい。B.デイヴィッドとJ.トーマスが編集した論文集（David and Thomas eds. 2008）を一瞥する限り，景観は，自然環境の復元，セトルメントパターンなどの多様なテーマに関係するため，考古学者に文化システムやその変化を解釈させる可能性を秘めている。

主張したい点を簡単にまとめると，文化システムに組み込まれるべき集落研究の模索，「環状」・「分節」集落出現期の想定や地域的な点滅現象を考えるための集落遺跡の基礎分析の徹底化，着目すべき属性群に対して恣意性を避けること，南・北米大陸の景観の考古学的研究を参考にすると，景観を巡る研究視座は集落研究ないしセトルメント考古学の先に措定されるのではなく，古環境復元，セトルメントパターン，生業・集落システム，天文考古学，世界観の物象化，大規模労働を伴う環境の改変と構築物，形跡を残さない光や音の感知をも含んだ諸行為の舞台などの多様なテーマから常に影響を受け続けている点を理解しておくことである。

このように，多様なテーマに関与する景観といった視座は，集落の一時的景観の復元を目指す小林のフェイズ論に利用されていない。一時的集落景観論は，竪穴住居址に固執し過ぎる分析視座や，遺物の分布・接合作業をおこなわないと頓挫してしまう方法論的な危うさをもつだけでなく，景観の理論的見地からも限界が多いといえる。筆者は，「瞬間的な時間的まとまり」（小林2008：52頁）に依拠した集落の一時的景観を求めるというよりも，遺構間のライフサイクルを相互に比較することによって，その形跡がもつ景観論的な役割の可能性を議論した（山本2016）。ただし，小林は，竪穴住居址の窪地化に対して，「集落の環状配置に景観上の影響を与える」可能性を想定するように（小林1996：2頁），景観自体に多義的な意味も含ませている。

集落構造や遺跡形成を考えるうえで，常に時間的区分は求められる。しかし，時間の同時性は，遺構の重複関係と炉体や埋甕などに用いられる土器の型式学的な細分で十分である。小林とは，集落および遺構の形成過程とそれらの時間認識を分析の出発点として共有するものの，同時性の捉え方や目指すところが大きく異なっている。筆者は，景観概念を基軸にした枠組みを集落研究の先に求めず，一時的な集落の姿に景観を矮小化する姿勢もとらない。環境，生業，社会組織，儀礼，心性などの多様なテーマと関係しながら，場所がもつ「物質性」（materiality）に着目するための理論的な視座として景観論を捉えたい。この見方を木や石を用いた構築物／記念物の形成過程に適用するならば（山本2009・2010b・2016），集落／社会研究を孤立させないだけでなく，個別の研究テーマに特化し，物質文化要素や文化現象の記述をメインにしたこれまでの縄文文化史とは異なる縄文文化像を描けるのではないだろうか。本稿は，そのささやかな第一歩である。

註

1）本稿の一部は,「縄文研究の地平」研究集会2012から2014までの3回の配付資料のなかで活字化されている（山本2012a・2013・2014）。本稿は一時的集落景観の分析事例を追加したうえで，それらを構成し直したものである。

2）小林は，別論攷のなかで「集落の一時的景観」を「いわゆる同時存在住居の組み合わせ」と考えている（小林2009c：129頁）。また，同じ論攷の別箇所では，遺構の重複関係や炉の作り替え，土器の遺構間接合などを通して,「ある瞬間の集落の構成住居」である「集落の同時機能住居群」の抽出を試みた成果を回顧する（同：142・148頁）。ここでは，同時に存在した住居群と同時に機能していた住居群が同じ意味をもつとも読み取れる。しかしながら，集落内で同時に「存在」した住居址の組み合わせを一時的景観として時間的に広く捉えようとするならば，未だ住居址として存在していた廃絶直後の姿相を含むことになる。そのため，この認識は，同時機能住居の組み合わせを住居址の重複関係や出土遺物の接合状況から帰納的に導き出し，その瞬間的な時間的まとまりの違いをフェイズ差と呼称したうえで，特定集落の一時的景観の復元およびその姿相の時間的な変化を求めようとした小林の研究姿勢の同一論攷内における揺らぎを示唆している。

3）ほとんどの著書・論攷で,「埋甕掘方」と記述し直されている。報告書（小林ほか編1998b）では，出土位置が「炉内」に対応する「106」としてコード化されていた。

4）小林の研究姿勢は，青森県三内丸山遺跡を対象に住居址の数と規模，石器組成によって，前期円筒下層a式の居住開始期から中期終末大木10式の終焉期に至るまでの「ライフ・ヒストリー」を,「通年定住」の「大集落の漸移的な発展と衰退」ではなく,「機能の異なった複数段階の遺跡の居住・使用が長期間にわたって重なり合った結果」と推測する羽生淳子の遺跡居住形態論（羽生2002：173・178頁）と表面的に近い。時間軸の捉え方や遺跡ないし竪穴住居址への接近方法に大きな違いを有する一方で，一つの遺跡を静態的な機能や社会編成で捉えないからである。ただし，小林と羽生が平板的な遺跡形成を批判しても，課題は多様な「住居・住居跡のライフサイクル」，集落遺跡の「ライフ・ヒストリー」を希求した先に，両者がどのような社会・文化観を描くかということであろう。遺跡を解析する微視的な見方と，社会史ないし文化史のなかに構築物やセトルメントのライフサイクルの固有性と普遍性を位置づける巨視的な視座の併置が求められている。小林は,「南西関東地方」における縄文時代中期の勝坂式前半期から加曽利E式終末期にかけて,「竪穴基数」に対する「生活面数」の割合の時間的変化を人口の増減や「同一セツルメント」の利用頻度差と結び付けた（小林2009b：113頁）。この中期社会観が後者の巨視的な視座に相当するかもしれない。

小林は，将来的に「縄文集落研究の実像を探る」ために，全ての遺物の出土位置を三次元で記録する「全点ドット」方式の採用のほかに，出土遺物の「遺構間接合」の徹底的な実施，各種遺構の堆積土壌の水洗による微細遺物の抽出，床面出土や炉体に用いられた土器および炭化材の炭素14年代測定の実践などの「研究ツール」の獲得や改良を,「新地平グループ」の目標に掲げる（小林2012b：7頁）。この言い古された目標は，筆者自身の遺跡の発掘・整理方法そのものに自省を求める刺激的なものであった。その反面，遺跡解析に際しての微視的な分析視座の獲得に片寄る「新地平グループ」の回顧に過ぎず（山本2012b），筆者にとって,「縄文集落研究の実像を探る」展望としての積極的な意味をみつけだせない。

5）3）と同じ。

6）紙数の関係から，遺跡群研究の成果の紹介に際して発掘調査報告書類の引用を省略した。関係諸氏にお詫びする次第である。

引用文献

安孫子昭二　2011『縄文中期集落の景観』アム・プロモーション

安斎正人　2004『理論考古学入門』柏書房

安斎正人　2007『人と社会の生態考古学』柏書房

安斎正人　2010『日本人とは何か』柏書房

今西錦司　1975『人間以前の社会／人間社会の形成』講談社

太田原（川口）潤　2011「捨て場から探る縄文時代の漁撈活動」『季刊東北学』第29号　東北芸術工科大学東北文化研究センター　83-99頁

金原正明　2009「花粉化石と古生態」『縄文時代の考古学3　大地と森の中で―縄文時代の古生態系―』同成社　78-90頁

小杉　康　1985「住居址に関する問題―住まいの一生―」『古河市史資料第9集　原町西貝塚発掘調査報告書』古河市　122-135頁

小杉　康　1990「藪塚遺跡諸磯a期の竪穴住居址」『藪塚遺跡台山地点発掘調査報告書』藪塚本町教育委員会　19-36頁

後藤　明　2014「天文と人類学」『文化人類学』第79巻第2号　日本文化人類学会　164-178頁

後藤和民　1982「縄文集落の概念」『縄文文化の研究』第8巻　雄山閣　20-48頁

小林謙一　1994「竪穴住居の廃絶時の姿―SFC遺跡・大橋遺跡の縄文中期の事例から―」『日本考古学協会第60回総会研究発表要旨』日本考古学協会　12-17頁

小林謙一　1995「住居跡のライフサイクルと一時的集落景観の復元」『シンポジウム縄文中期集落研究の新地平［発表要旨・資料］』縄文中期集落研究グループ　宇津木台地区考古学研究会　123-164頁

小林謙一　1996「竪穴住居跡のライフサイクルからみた住居廃絶時の状況―南関東の縄文中期集落での遺物出土状態を中心に―」『山梨県考古学協会1996年度研究集会　すまいの考古学―住居の廃絶をめぐって　資料集』山梨県考古学協会　1-16頁

小林謙一　1998「縄紋集落の実態を復元していくための問題意識と調査方法」『シンポジウム縄文集落研究の新地平2　発表要旨』縄文集落研究グループ　1-17頁

小林謙一　1999「縄紋時代中期集落における一時的集落景観の復元」『国立歴史民俗博物館研究報告』第82集　国立歴史民俗博物館　95-121頁

小林謙一　2000a「竪穴住居重複関係の研究」『異貌』第18号　共同体研究会　28-63頁

小林謙一　2000b「縄紋中期集落の一時的集落景観の復元―目黒区大橋遺跡の事例より―」『日本考古学協会第66回総会研究発表要旨』日本考古学協会　65-68頁

小林謙一　2000c「大橋集落の一時的景観復元の検討」『セツルメント研究』2号　セツルメント研究会　1-74頁

小林謙一　2003「縄紋竪穴住居調査史の一断面」『下総考古学』17　1-24頁　下総考古学研究会

小林謙一　2008『縄紋社会研究の新視点―炭素14年代測定の利用―』新装増補版　六一書房

小林謙一　2009a「竪穴住居のライフサイクル」『縄文時代の考古学8　生活空間―集落と遺跡群―』同成社　99-109頁

小林謙一　2009b「^{14}C年代測定を利用した縄紋中期竪穴住居の実態の把握」『国立歴史民俗博物館研究報

告』第 149 集　国立歴史民俗博物館　113-133 頁
小林謙一　2009c「日本縄紋集落遺跡における竪穴住居跡調査研究史と課題」『聚落研究』1　聚落研究会　129-164 頁
小林謙一　2012a「縄紋時代竪穴住居跡埋没過程の研究」『国立歴史民俗博物館研究報告』第 172 集　国立歴史民俗博物館　317-355 頁
小林謙一　2012b「序―縄文集落研究の新地平の 15 年を巡って―」『縄文研究の新地平（続々）―縄文集落調査の現在・過去・未来―』六一書房　1-8 頁
小林謙一　2012c「戦後集落調査の系譜」『縄文研究の新地平（続々）―縄文集落調査の現在・過去・未来―』六一書房　210-222 頁
小林謙一　2012d「日本先史・古代竪穴住居の構築材の年代測定による住居構築年の検討」『国立歴史民俗博物館研究報告』第 176 集　国立歴史民俗博物館　5-55 頁
小林謙一　2014a「昭和前半期までの竪穴住居跡覆土の調査方法―「酒詰仲男調査・日録」を読み解く―」『中央史学』第 37 号　中央史学会　1-19 頁
小林謙一　2014b「集落の時間と変遷」『講座日本の考古学 4　縄文時代（下）』青木書店　251-271 頁
小林謙一ほか　1992『湘南藤沢キャンパス内遺跡　第 3 巻縄文時代Ⅱ部』慶應義塾藤沢校地埋蔵文化財調査室　慶應義塾総合企画室
小林謙一ほか編　1998a『大橋遺跡』上巻　目黒区大橋遺跡調査会
小林謙一ほか編　1998b『大橋遺跡』下巻　目黒区大橋遺跡調査会
小林謙一・大野尚子　1999「目黒区大橋遺跡における一時的集落景観の復元」『セツルメント研究』1 号　セツルメント研究会　1-71 頁
小林謙一・大野尚子　2002「土器と遺構のライフサイクル―縄紋中期集落遺跡を読み解くために―」『民族考古』第 6 号　『民族考古』編集委員会　1-37 頁
小林謙一・中山真治・黒尾和久編　2012「調査史年表」『縄文研究の新地平（続々）―縄文集落調査の現在・過去・未来―』六一書房　9-25 頁
佐々木藤雄　1993「和島集落論と考古学の新しい流れ―漂流する縄文時代集落論―」『異貌』第 13 号　共同体研究会　46-123 頁
佐々木藤雄　1994「水野集落論と弥生時代集落論（上）―侵蝕される縄文時代集落論―」『異貌』第 14 号　共同体研究会　52-99 頁
佐々木藤雄　1996「水野集落論と弥生時代集落論（下）―侵蝕される縄文時代集落論―」『異貌』第 15 号　共同体研究会　52-133 頁
ダグラス M. 著，塚本利明訳　2009『汚穢と禁忌』筑摩書房
富永健一　1995『社会学講義―人と社会の学―』中央公論社
長崎元広　1980「縄文集落研究の系譜と展望」『駿台史学』第 50 号　駿台史学会　51-95 頁
羽生淳子　2002「三内丸山遺跡の「ライフ・ヒストリー」遺跡の機能・定住度・文化景観の変遷」『国立民族学博物館調査報告』No.33　国立民族学博物館　161-183 頁
馬場小室山遺跡研究会編　2007『「環状盛土遺構」研究の現段階―馬場小室山遺跡から展望する縄文時代後晩期の集落と地域―』「馬場小室山遺跡に学ぶ市民フォーラム」実行委員会
日高敏隆　1977『動物にとって社会とはなにか』講談社
山本典幸　1999「居住形態」『現代考古学の方法と理論Ⅰ』同成社　15-24 頁

山本典幸　2006「遺跡の季節的利用に関する再検討」『2006年度研究集会資料集　縄文集落を分析する』山梨県考古学協会　47-63頁
山本典幸　2009「環状木柱列と祖霊（上）—祭祀論の再構築を目指して—」『史観』第161冊　早稲田大学史学会　93-115頁
山本典幸　2010a「縄文土器研究の現状と魅力」『季刊東北学』第22号　東北芸術工科大学東北文化研究センター　40-65頁
山本典幸　2010b「環状木柱列と祖霊（下）—分析と解釈—」『史観』第163冊　早稲田大学史学会　86-117頁
山本典幸　2012a「縄文集落と景観考古学」『研究集会　縄文研究の地平2012—武蔵野・多摩地域の集落調査が問いかけたもの—』縄文研究の地平グループ　資料1-4
山本典幸　2012b「「縄文集落研究の新地平の15年」公開研究会参加記—いわゆる新地平グループのこだわり—」『縄文研究の新地平（続々）—縄文集落調査の現在・過去・未来—』六一書房　203-209頁
山本典幸　2013「環状構造の集落の生態的・社会的・宗教的な評価に向けて—物質文化要素間の分析から立ちあげる—」『研究集会　縄文研究の地平2013—環状集落を見直す—』縄文研究の地平グループ　資料1-5
山本典幸　2014「敷石住居址の構築から廃絶までのプロセスと景観の変化」『研究集会　縄文研究の地平2014—縄文時代中期末葉から後期初頭の文化変化—』縄文研究の地平グループ　資料1-5
山本典幸　2016「縄文時代中期終末から後期初頭の柄鏡形敷石住居址のライフサイクル」『古代』第138号　早稲田大学考古学会　207-228頁
和島誠一　1948「原始聚落の構成」『日本歴史学講座』学生書房（和島誠一1973『日本考古学の発達と科学的精神』和島誠一著作集刊行会　481-504頁から引用）
和島誠一　1955「集落址」『日本考古学講座』第1巻　河出書房　46-74頁
Ashmore, W. and A.B. Knapp 1999 *Archaeologies of Landscape*, Blackwell.
Aston, M. and T. Rowley 1974 *Landscape Archaeology : An Introduction to Fieldwork Techniques on Post-Roman Landscapes*, David & Charles.
Clark, G. 1960 *Archaeology and Society*, Methuen.
David, B. and J. Thomas eds. 2008 *Handbook of Landscape Archaeology*, Left Coast Press.
Patterson, T.C. 2008 A brief history of landscape archaeology in the Americas. In *Handbook of Landscape Archaeology*, edited by David, B. and J. Thomas, pp.77-84, Left Coast Press.

〈場〉と〈もの〉の考古時間
—第2考古学的集落論—

五 十 嵐　彰

はじめに

2012年考古学研究会では「〈日本考古学〉の研究方法と理論」という主題を掲げて，4本の研究報告がなされた。その一つは「集落址研究と時間尺度」（石井 2012）と題する南関東地方の縄紋時代中期集落遺跡を題材とした報告であった。この研究報告については活字として発表された後に簡単な感想を記したことがあったが（五十嵐 2012b），ここではもう少しその内容について吟味することで関連する議論を深めることとしたい。

研究報告では，「集落址研究における時間の扱いを概観し，さらに，現在の集落址研究における時間に関わる議論を検討する」（石井 2012：29頁）ことが課題とされた。結論としては，「集落址研究における「時間」の問題は，広く認識されてきたと思われるが，しかして，議論の積み重ねの行き先が見えないという現実が，我々の視野を遮っている」（前掲：41頁）というやや悲観的なものであった。そして将来の展望としては「縄文中期集落址の構成や，中期社会の枠組みに関する，その時々における見通しは提出されることが望まれている」（前掲）とされた。こうした発表を受けてコメントや全体討議において「集落の領域の問題や資源の供給システムの問題，セトルメントシステムの問題などにフィードバックしていこう」（黒尾 2012a：32頁）あるいは「集団規模や集団の中の構造が検討できる」「集団間，集落同士の関係ですね，相互関係といった形でセツルメントシステムとして整理される必要があります」（小林 2012：39頁）といった意見が述べられた。要するに集落址（集落遺跡）における個々の遺構（住居跡）間の関係から，より広範な「領域」や「集落間」の問題へと視点を上昇させる指針が示されたわけである。これが一般的に志向されている「第1考古学的」な方向性である。本稿では，同じ素材を出発点としつつ「第1考古学」とは逆の方向性，すなわち視点を下降させる「第2考古学的」な経路を辿ってみたい。その際には，遺構時間と遺物時間，製作時間と廃棄時間の識別[1]（五十嵐 2011）に留意して歩みを進めることになる。そこには，第1考古学的な研究が目指すのとは異なる世界がみえてくるだろう。

1　集落論と時間論の接点 —吉祥山と宇津木台—

「集落址研究と時間尺度」（石井 2012）という研究発表で「住居址群分析における新視点」の最初に挙げられているのが「住居址間における土器の接合」であり，そこで言及されているのは「住居址間土器接合資料の捉え方」（桐生 1989）という論考である。ここでは，両者において代表的な事例として挙げられた東京都武蔵村山市吉祥山の接合事例（橋口・高橋 1980）について検討する（第1図）。吉祥山の接合事例については，当初用いられた挿図（桐生 1989：第3図，8頁）が23年後にもそのまま転載されて（石井 2012：図1，33頁），以下のように述べられている。

「…東京都吉祥山遺跡の場合，図右下の土器が7号住居址の炉体として埋設される一方で，その口縁部破片が4号住居址の覆土中で出土した（3及び4とされた破片）。この口縁部破片は，炉体土器埋設の際，床面からの突出の度合いが大きかったためであろうか，打ち欠かれ，既に廃絶されて半埋没状態にある4号住居址に廃棄されたと理解された。つまり，同一土器型式期として扱われる住居址間にあっても，こうした手法を組み入れることで，時間的な前後関係が介在する可能性が示される。

しかし，この吉祥山遺跡例では，留意すべき点も示された。7号住居址が4号住居址よりも新しいとの示唆は，細別が進んだ現在の土器細分論の立場からも追認することができる。しかし，問題は7号住居址よりも新しい5号住居址の覆土中にも，同一個体の口縁部破片が含まれていた点にある（5とされる3片）。4号住居址と5号住居址の覆土中に遺存した破片群には，火熱を受けた痕跡が認められず，炉に埋設する際に打ち欠かれていた可能性が高い。しかし，7号住居址よりも新しい5号住居址覆土中に，そうした土器片が含まれたということは，この程度の大きさの破片は，打ち欠き後，どのような経過を踏んだにせよ，新しい住居址の覆土中にも混入する可能性があり得ることを示している。

つまり，こうした土器片接合，それも埋設土器と，その埋設時に打ち欠かれた破片という関係にあっても，100パーセントの信頼性をもっての評価は行えないということである。従って，単なる破片同士の接合の場合，破片の出土レベルの高低をもって，住居址の新旧を決定するには，十分に慎重を期する必要があることになる。」（石井 2012：32頁，下線は引用者）

ここで述べられている「100パーセントの信頼性をもっての評価は行えない」とは，接合資料の存在をもって同時に廃棄されたとは言い得ないという意味であるが，そのことについては後ほど改めて考えよう。

まず「7号住居址が4号住居址よりも新しい」（4→7）との意味は，7号住居址の炉体土器（部材）が遺構に組み込まれた時間（7号住居製作時間）と4号住居址廃絶後の覆土に炉体土器破片が包含された時間（4号住居廃棄時間）が等しい，すなわち「7号住居製作時間が4号住居廃棄時間と等しいので，7号住居製作時間は4号住居製作時間よりも新しい」という意味である。そしてそのことが「土器細分論の立場からも追認することができる」とは，「7号住居炉体土器の製作

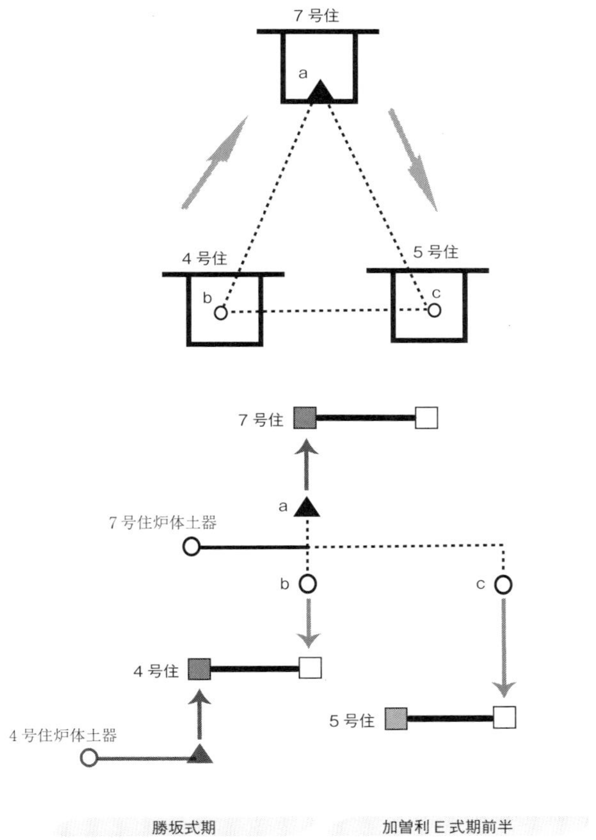

第1図　吉祥山4・5・7号住間の接合関係

時間が4号住居炉体土器の製作時間よりも新しい」という意味である。以上から「7号住居址が4号住居址よりも新しいとの示唆は，細別が進んだ現在の土器細分論の立場からも追認することができる」とは，「接合資料の遺存状況の違い（7号住の面中と4号住の層中）が，遺構に部材として組み込まれた土器型式の違い（同じ面中という遺存状況における異なる遺物製作時間）と対応している」ということである。

それでは，次の「7号住居址よりも新しい5号住居址」（7→5）という言葉の意味は，どうだろうか。原報告を，確認してみよう。

「5号住居址の時期は，覆土下面，床面よりやや浮いた状態で一個体分の加曽利E式土器が出土している（第2次調査詳報第26·33図参照）ところから，その土器以前でかつ，その土器に近い時期のものである。だとすれば，5号住居址は7号住居址よりも新しくなる。接合する土器片は5号住居址が埋まる時点で土砂に混って流れ込んだのであろう。」（橋口・高橋1980：48頁）

5号住居跡の覆土下層から出土した「一個体分の加曽利E式土器」を根拠として「5号住居址は7号住居址よりも新しくなる」とし，7号住居跡の炉体土器と接合する5号住居跡覆土出土の土器片は4号住居跡覆土出土の土器片のように意図的な「廃棄」ではなく，「土砂に混って流れ込んだ」と解釈された。こうした解釈は，（桐生 1989）および（石井 2012）においても踏襲されている。

5 号住居跡の覆土からは，7 号住居跡炉体土器と接合する勝坂式土器片以外にも多数の勝坂式土器片（43 片が図示されており，型式同定された土器片中最多）が出土している。するとこれらも全て「流入」ということになるのだろうか。しかしこのことについては，原報告をはじめとして当該接合事例に言及している前出の論考においても触れられていない。5 号住居跡が構築された時期の根拠は，床面近くから出土した土器が「住居廃棄後流れ込んだ土器であることがわかる」が「胴部下半を打ち欠いていること，火の影響を受けていることから本住居に埋甕炉として埋められていた土器の可能性があるかも知れない」（加藤 1979：59 頁）ので，こ「の土器を一応推定資料として，加曽利ＥⅠ期の古い時期ではないかと予想」（前掲：50 頁）された。すなわち 5 号住居跡という特定単位内における層中異型式関係において，より下層にあるより新しい時期の遺物製作時間（土器型式）を根拠として，遺構製作時間を「予想している」（第 2 図下）。これは，〈もの〉の製作時間と廃棄時間の新旧順序が整合しない「異型式逆順関係」（五十嵐 2011：44 頁）だが，逆にもし覆土下面から出土した土器が勝坂式土器で，覆土上面から出土した土器が加曽利ＥⅠ式土器であれば（正順関係），この住居跡の製作時間は躊躇なく勝坂式期とされよう（第 2 図上）。

吉祥山 5 号住居跡の場合には，「古い〈もの〉が上層に，新しい〈もの〉が下層に」という「逆順関係」にあったが，覆土下層から出土した「一個体分の加曽利Ｅ式土器」が「埋甕炉として埋められていた土器の可能性がある」という特殊個別な事情を考慮して遺構の製作時期の根拠とされた。これは実際に「埋甕炉として埋められていた土器」を根拠とする場合に比べて，その信頼性が一段低下することは否めない。

吉祥山における 7 号あるいは 4 号住居跡と 5 号住居跡の遺構製作時間を導き出す根拠の違い，すなわち遺構の一部として遺構製作時に組み込まれた面中遺物（部材）の製作時間に基づく遺構（7・4 号住）製作時間の推定と遺構の廃棄時に組み込まれた層中遺物（包含層出土遺物）の製作時間に基づく遺構（5 号住）製作時間の推定という出土状況の異なる資料を根拠とした解釈確度の違いを認識して何らかの方法で表現する工夫が求められる。

① 住居跡時間（遺構製作時間）を推定する信頼度は，部材に用いられた土器型式と覆土出土の土器型式で異なる。

4 号住居跡と 5 号住居跡における 7 号住居跡炉体土器接合資料の出土状況については，「4 号住居址覆土内より口縁部片 5 点，5 号住居址覆土より口縁部片が 3 点出土していて接合できた」（橋口・高橋 1980：47 頁）とされ，両者に大きな違いがない。それにも関わらず 4 号住居跡製作時間は 7 号住居跡製作時間より古く，5 号住居跡製作時間は 7 号住居跡製作時間より新しい，すなわち 4 号住居跡は 5 号住居跡より古いとの解釈がなされるに至った根拠は，ひとえに 5 号住居跡覆土下面から出土した「一個体分の加曽利Ｅ式土器」が示す型式的（遺物製作）情報に基づく。このことが根拠となって同じ接合資料の同じような〈場〉へ包含された経緯を解釈する際にも，4 号住居跡出土土器片は「廃棄」（桐生 1989：7 頁，石井 2012：32 頁），5 号住居跡出土土器片は「混

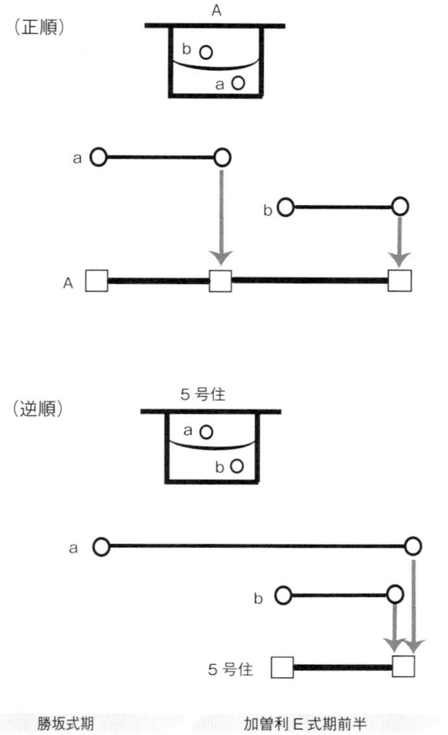

第2図　吉祥山5号住における異型式累重関係

入」（前掲）と全く異なる解釈がなされたわけである。そこから導かれる教訓として「こうした土器片接合（中略）という関係にあっても，100パーセントの信頼性をもっての評価は行えない」（石井2012：32頁）とされたわけである[2)]。

② 同じ出土状況を示す接合資料についても，含まれた〈場〉の条件によって埋没に至る経緯や経過時間に関する解釈が変容する。

吉祥山5号住居跡では，覆土中の異型式逆順関係から下層に位置するより新しい土器型式時間が遺構製作時間として採用された。こうした「土器型式期と住居期」の相互関係については，（桐生1989）で言及されていたように「時期差のある土器を埋設した住居2例」（金子1988）と題した報告において先駆的に問題提起がなされていた。これは，八王子市宇津木台D地区の縄紋時代中期集落における「時期差のある土器を埋設した住居」に関する事例報告である。ここでは，その一つである「SI43（43号住居跡）」を事例として考えよう（第3図）。43号住居跡に埋設された土器1は曽利Ⅰ式とされる埋甕，土器2は曽利Ⅲ式とされる炉体土器である。遺構（43号住居跡）の製作時間を曽利Ⅰ式期として曽利Ⅲ式期に至る継続的な居住や曽利Ⅰ式期の住居に偶然曽利Ⅲ式期の住居が重複して構築されたといった遺構時間を引き延ばす可能性（第3図上）は，他遺構との重複関係や住居のあり方，埋設土器のあり方，遺物の出土状況など複数の諸状況から「まずあり得ない」「ほとんどない」として棄却されて，「廃棄されていた土器」の再利用など遺

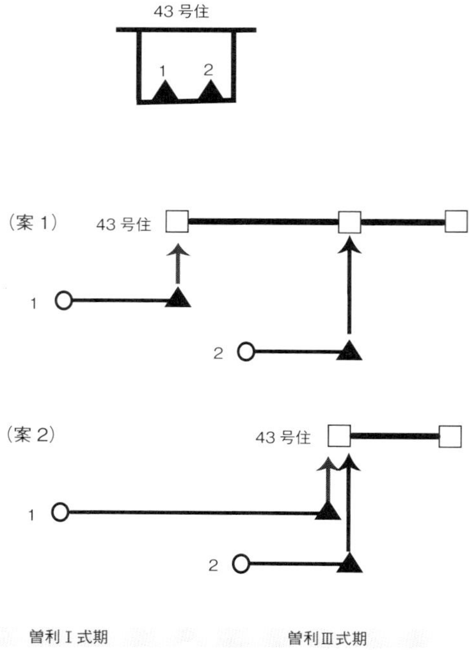

第 3 図　宇津木台 43 号住における異型式面上関係

物時間を引き延ばす解釈（第 3 図下）が採用された。こうした検討作業から「…このように住居の機能時期と時間の隔たりがある土器が，埋設土器として使用されるということがあるならば，住居の「時期」を判断する際，埋設土器の「時」と住居構築の「時」を直接結びつけて考えることができない場合があるという」（前掲：94 頁）遺構時間と遺物時間の相互関係に関する重要な見解が示された。

③ 同一遺構において異なる遺物型式が共存した場合の解釈は，遺物時間を優先して遺構時間を引き延ばすか，遺構時間を優先して古い遺物時間を引き延ばすかのどちらかになる。

異型式累重関係（例：吉祥山 5 号住，第 2 図下）と異型式面中関係（例：宇津木台 43 号住，第 3 図下）では，遺物時間と遺構時間の相互関係はどこがどのように異なるのだろうか。

もちろん層中関係遺物は遺構廃棄の〈場〉に，面中関係遺物（部材）は遺構製作の〈場〉に組み込まれるという根本的な違いがある。さらに同じ異型式累重関係でも正順関係（第 2 図上）では異型式面中関係の案 1（第 3 図上）と同様に遺物製作時間と遺物廃棄時間が近接し，遺構製作時間と遺構廃棄時間が引き延ばされるのに対して，異型式累重関係の逆順関係（吉祥山 5 号住）と異型式面中関係（宇津木台 43 号住）の場合は含まれる古い遺物の製作時間と廃棄時間が引き延ばされて遺構の製作時間と廃棄時間は近接するという相互関係にある。ただし異型式層中関係（第 2 図）の場合には層位的に下層にある遺物の製作時間をそのまま遺構の製作時間に置き換えられるのに対して，異型式面中関係（第 3 図）では双方の掘り込みの切り合い関係が確認できなければ〈場〉の情報を用いることができないので，〈もの〉情報のみで構築の新旧関係を判別せざるを得ない点が異なる。

④ **累重関係は遺物廃棄時間が相対的に確定できるのに対して，面中関係は部材の相互関係のみでは遺構に組み込まれた相互関係を確定できない。**

2 〈場〉と〈もの〉の考古時間原理

廃棄された遺構に含まれる遺物の製作時に付与された型式情報から遺物を含む遺構の製作時間を導き出す。こうした考古学的な推論過程には，考慮すべき多くの課題が残されている。

例えば以下のような一般概説書の記述を，どのように理解したらよいだろうか。

「たとえば物持ちのいい家では，何十年も昔の品物を現代のゴミと一緒に捨てることがあるだろう。それと同じような状況を想像してほしい。もちろん，その物の製作年代が明らかであれば問題はない。しかし，そうでないときは，こう考えればよい。そんなに物持ちのいい家がたくさんあるはずはないから，製作年代の古い物が一緒に捨てられる頻度は，同時期のものに比べてかなり低いはずである，と。つまり同様な共伴関係をもつ一括遺物を比較して，組み合わせの頻度が多ければ多いほど，それらの製作から廃棄までの時間幅は小さいといえるわけだ。」（黒沢 1999：39 頁）

前項で検討した「古い遺物の製作時間と廃棄時間の引き延ばし」について，「物持ちのいい」というわかりやすい言葉で表現されている。「一括遺物における新旧型式の共存関係」あるいは「単独単位内における異型式の共存関係」（第 4 図 a）については，以前にも記したが（五十嵐 2012a：228 頁），新しい時期の遺物（b）が多ければ新しい時期の遺構として，古い時期の遺物（a）が多ければ古い時期の遺構と考える「頻度重視」あるいはセリエーション的な考え方である。

この一般概説書では，以下のような記述もなされている。

「普通，地層というのは，より下に堆積している層ほど古く，上にいくにしたがって新しい地層となる。この法則を応用すると，下の地層に含まれている遺物ほど古く，上の地層から出る遺物ほど新しいということになる。これが「層位学的方法」とか，単に「層位論」といわれる方法の原理である。（中略）ところで，層位的に上層から出土した「もの」は，つねに下層から出土した「もの」よりも新しいのであろうか。もちろん，層位的な関係からいえば正しいのであるが，例を挙げて考えてみよう。厚さ 1 メートルほどの堆積の地層があって，その地層の上層と下層からそれぞれ土器が出土したとしよう。そのとき，上層出土の土器と下層出土の土器に特徴に区別がなければ，その堆積は，そこから出土した土器の特徴が変化する前に堆積した層だといえる。つまり土の堆積する速度と，物が変化する速度が一致するとは限らないということである。これが陥りやすい盲点といえるだろう。

層位学を信じるあまり，層を違えて出土した資料をすべて年代差としてしまう誤りを，考古学者は，これまで数多く犯してきた。層位学的方法によって比較されるのは，「型式」であって個々の物ではない。先の問いに答えるならば，この堆積は一型式内での堆積であり，層位的

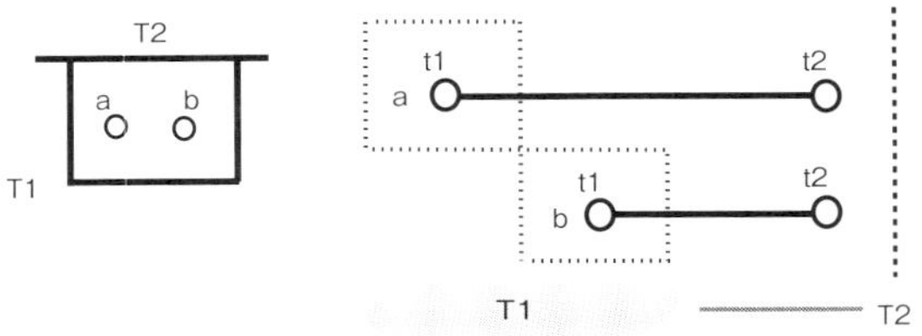

a. 単独単位内異型式共存関係

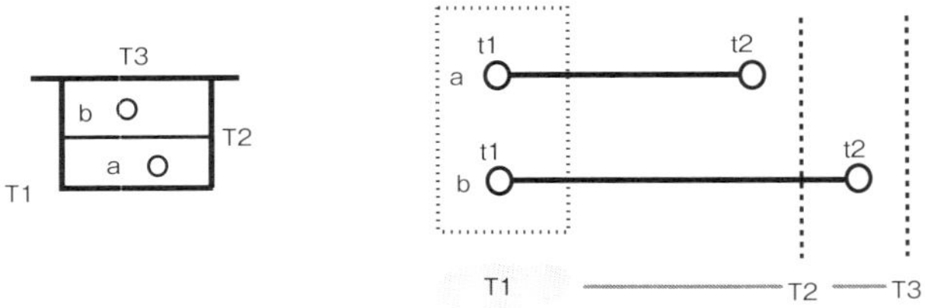

b. 累重単位間同型式関係

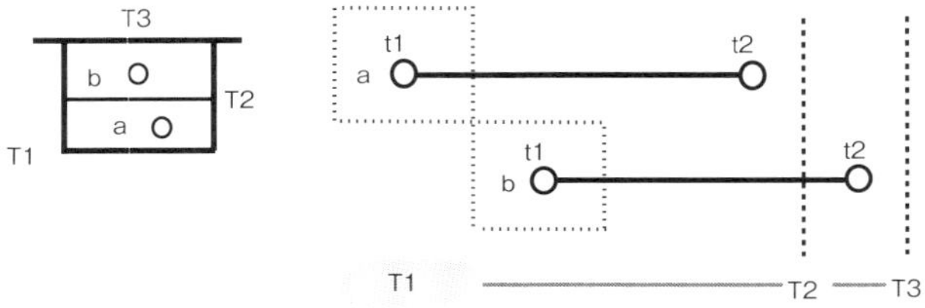

c. 累重単位間異型式正順関係

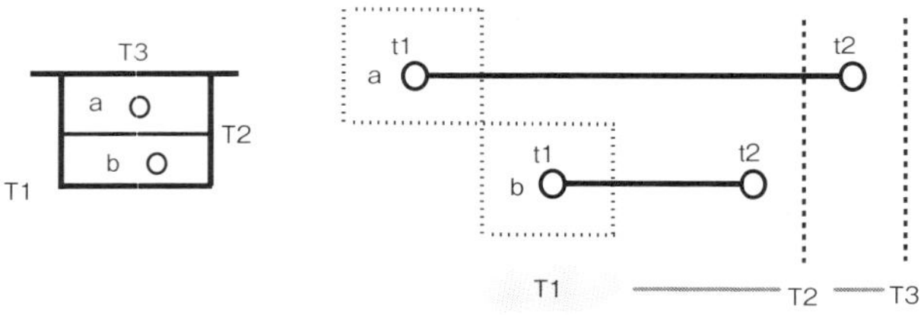

d. 累重単位間異型式逆順関係

第 4 図 〈場〉と〈もの〉の時間性

な違いは，それが捨てられた時期（もちろん，その型式のなかで）の違いであると考えられるのである。」（黒沢 1999：30–31 頁，下線は引用者）

「層位的に上層から出土した「もの」は，つねに下層から出土した「もの」よりも新しいのであろうか」という適切な問いに引き続いて示される例は，上層と下層から出土したそれぞれの土器の型式的特徴が区別できないというものである（第 4 図 b）。しかしこの問いに答える際に，こうした例を示すことで果たして十分といえるだろうか。私たちが「陥りやすい盲点」とは，こうした事柄だけなのだろうか。

古い時期の遺物（a）と新しい時期の遺物（b）が単独単位内において共存した場合（第4図a）と異なり，層位的に検出されるならばその〈場〉における考古時間的な様相は大きく様変わりする。正順関係，すなわち古い遺物が下層に，新しい遺物が上層に存在すれば（第4図c），遺構の製作時間（T1）は下層の古い遺物の製作時間（a：t1）に依拠して考えられる（第2図上）。そして逆順関係，すなわち古い遺物が上層に，新しい遺物が下層に存在すれば（第4図d），遺構の製作時間（T1）は下層の新しい遺物の製作時間（b：t1）に依拠して考えられることは，吉祥山5号住における事例で確認したとおりである（第2図下）。

遺構内における遺物の存在状況によって遺構製作時間を類推する過程については，遺物の出土位置がマイナス遺構を形成しているマイナス面（T1時に形成された面）に接近すればするほど，極端な場合には間層を介在せずに遺構面に接すれば（床直），その確度は高まり部材として遺構面を壊して構築されれば遺構の製作時間としてさらに異なる取り扱いがなされる[3)]。ただしその場合でも原理的には部材，例えば炉体土器の型式として示される遺物時間は，部材として用いられた住居の製作時間そのものを示している訳ではないことに留意しなければならない（五十嵐2008）。

重要なのは同じ遺構内の異型式関係でも累重関係を示さなければ（第4図a），頻度重視すなわちより多数を占める遺物型式を基に遺構製作時間を推定するが，累重関係を示せば（第4図c・d）一転して下層に位置する遺物型式が遺構製作時間の根拠となることである。そして導かれる両者の解釈の信頼性については，明確な差異が存在することも明らかであろう。

おわりに

地質学で確立された「地層累重の法則」を考古資料に適用できるのは〈場〉や〈もの〉の廃棄時間についてのみであり，製作時間については無条件に適用できないというのが「鈴木－林テーゼ」（五十嵐2006：71-72頁）である。しかしこうした基本的な認識についてすら，広く議論が喚起されて問題が共有されているとは言い難いのが現状である。

「では，改めて層位とは何かというと，地質学の年代判定が地層の層序をもとにして，上層のものは下層のものよりも，より堆積が新しいとする，地質学上の原則である「地層累重の法則」を考古学に応用したものである。つまり遺跡では，後世の撹乱を受けていない層においては，上層のものは下層のものよりも新しいという時間的な関係を層位が示しているということである。」（勅使河原2013：62頁）

「後の時代にかき乱されていない限り，当然下層は古く，上層は新しい土のはずですから，下の土の中から出てきた遺物は，上の土から出てきた遺物より古いということになりますね。どの土の層から出土したかということが，遺物の古さを示す重要な証拠になるのです。」（菊池

2013：42頁）

遺構時間と遺物時間は異なるということ，「古い」とか「新しい」という場合に何を念頭に置いて述べているのか，作られた時間（製作時間）なのか埋まった時間（廃棄時間）なのかを，常に問い返し，自らが語る時にはいつも意識して語らなければならない，という非常に厄介な事態に私たちは置かれている。しかしいくら厄介で面倒であっても，それが考古学という学問の本質なのであるから，致し方ないとしか言いようがない。

古典とも言うべきゴードン・チャイルド著『考古学の方法』を紐解いてみよう。

「一括発見物の相対年代つまりその地方の文化系列に占める内容品の位置は，含まれる標準化石のうちもっとも新しいものを基準に決められなければならない。（中略）
一括発見物の内容品全体がその中の最新の品と同時期でなければならないということなど意味していない。」（チャイルド 1981：105-106頁）

「内容品の位置」と曖昧に表現されている意味は，言うまでもなく「埋置年代」（106頁："the date of the burial or the deposition" Childe 1956：82）であり，「同時期でなければならないということなど意味していない」とは「一括発見物が同時期に製作されたことを示すのではなく，同時期に埋置されたことのみを示している」という意味である。

そしてこうした「ホードの埋置年代」と対比して示される「数時期にわたって使用ないし占拠された建物の創建に相対年代を与えるのは，それに関連した最古の型式の品である」（106頁）という遺構の製作時間に関する事例については，前者である「ホードの埋置年代」という埋設遺構の製作時間（一括発見物の廃棄時間）とは同等の確度をもって言い得ない，すなわちより信頼度が低下した「推定」でしかないということも今や明らかであろう。

「私たちは，そこに土器型式における時間と集落や住居における時間は異なるものであるという最も基本的な認識が，ベテランともいえる調査者・研究者にも形成されていない弱点をみる。集落研究のあゆみを繙けば明らかだが，当然行われるべき「〈もの〉の廃棄時間に関わる〈場〉組列の関係」について吟味されている仕事は驚くべきことだが，ほとんど認められない。」（黒尾 2012b：239頁）

本論で指摘した事柄（①～④）は，いずれも基本的なことばかりである。こうした「最も基本的な認識」は，考古学という学問全体に関わる本質的なことであるにも関わらず，そのことが「吟味されている仕事はほとんど認められない」というのは由々しき事柄といえよう。

最後に，40年近く前に語られた吟味すべき言葉を書き留めておこう。

「ものとものをどう結びつけるかというとき考古学者がよく陥りやすい一つの反応というのは，それが何かものの中に本質的にすでにあるのであって，ある関係というものがね，そしてそれは考古学者が虚心にものを見つめていけば，その関係というものをつかまえうるんだという，ある意味でオプティミスティックな傾向というものがあると思うんですよ。それを決っして否定するわけではないけれども，やはり複数ある関係の中から一つを見極めるとか，一つを取り出すということは必ずそこに選択が働くわけだし，一つのものを取るということは同時に他のものを落とすということなんで，落とした方が実は問題だと思うんです。あることを言いたいためには，そのこと以外のことが成り立たないと言う，つまりある複数の中から一つだけを取り出すよりも消去法でやる方が確実なのではないでしょうか。」(鈴木 1976：93 頁)

「消去法でやる」ためには，まずは全体の構図（五十嵐 2010）を把握しなければならない。〈もの〉と〈もの〉の結び付け方，〈場〉における〈もの〉相互の関係の取り出し方を深く考えなければ，いくら議論を積み重ねても，その「行き先」はみえてこないだろう。

汲むべき事柄は，まだまだ残されている。

成稿に際しては，資料収集や議論を通じて中西 充・内野 正・山本典幸の各氏にお世話になった。記して感謝する次第である。

註

1）五十嵐 2011「遺構時間と遺物時間の相互関係」50 頁に基本的な誤植があった。謝して訂正する次第である。

誤：遺構時間が優先する場合（単独・離散）と遺物時間が優先する場合（重複）があり，両者の違いを明確に認識する必要がある。

正：遺物時間が優先する場合（単独・離散）と遺構時間が優先する場合（重複）があり，両者の違いを明確に認識する必要がある。

2）土器資料の接合関係については，異なる場面での砕片化の過程を想定することから，「諸現象の同時期性，または時差（新旧関係）などを証明する時間情報として利用することはできない」(阿部 2012：209 頁）との意見が表明されている。同じようなことは，礫資料の接合関係についても言いうる（五十嵐 2013)。ただし「ひびの原理」(阿部 2000：96 頁）と称される「砕片化の順位」,「切り合い関係」(阿部 1998：130 頁）の解釈については，土器資料の破損実験に基づく検証データの蓄積が必要であろう。

3）こうした事柄に関連して，「一括遺物」と称される遺物の出土状態を複数のランクを設けて評価する試みがある（千葉 2013：78–79 頁)。同じように「層位事例の等級化」すなわち廃棄の前後関係の信頼性を区別する試みもなされている（大村ほか 2004：83 頁)。

引用参考文献

阿部芳郎　1998「遺物のライフサイクルと廃棄ブロックの形成過程」『上土棚南遺跡第 3 次調査』綾瀬市埋蔵文化財調査報告 5　綾瀬市教育委員会　127–141 頁

阿部芳郎　2000「縄文時代における土器の集中保有化と遺跡形成—千葉県下総台地中央部における後期の遺跡群と土器塚の形成—」『考古学研究』第 47 巻　第 2 号　考古学研究会　85–104 頁

阿部芳郎　2012「縄文時代遺跡における活動痕跡の復元と時間情報—土器型式の制定にみる層位認識と遺跡形成に関わる問題—」『人類史と時間情報—「過去」の形成過程と先史考古学—』明治大学人文科学研究所叢書　187–212 頁

五十嵐彰　2006「遺構論，そして考古時間論」『縄文集落を分析する』2006 年度研究集会資料集　山梨県考古学協会　64–83 頁

五十嵐彰　2008「考古時間論—縄紋住居跡応用編—」『縄文研究の新地平（続）—竪穴住居・集落調査の

リサーチデザイン―』考古学リーダー15　六一書房　180-189頁
五十嵐彰　2010「統一〈場－もの〉論序説」『季刊 東北学』第22号　東北芸術工科大学東北文化研究センター　146-159頁
五十嵐彰　2011「遺構時間と遺物時間の相互関係」『日本考古学』第31号　日本考古学協会　39-53頁
五十嵐彰　2012a「型式組列原理再考」『縄文研究の新地平（続々）―縄文集落調査の現在・過去・未来―』考古学リーダー21　六一書房　223-234頁
五十嵐彰　2012b「論文時評　石井2012「集落址研究と時間尺度」」（ブログ第2考古学 http://2nd-archaeology.blog.so-net.ne.jp/2012-10-24）
五十嵐彰　2013「異状態接合研究―集石構成礫を端緒として―」『貝塚』第68号　物質文化研究会　1-8頁
石井　寛　2012「集落址研究と時間尺度」『考古学研究』第59巻　第2号　考古学研究会　29-42頁
大村　裕・建石　徹・大熊佐智子・植月　学・大内千年・小林謙一・高橋大地・小林園子　2004「房総半島における勝坂式土器関係資料の層位的検討」『下総考古学』第18号　下総考古学研究会　83-94頁（大村裕　2011『縄紋土器の層位と型式―その批判的検討―』六一書房　196-209頁に収録）
加藤恭朗　1979「5・6号住居址とその出土遺物」『武蔵村山市吉祥山遺跡　第2次調査詳報』武蔵村山市教育委員会　44-62頁
金子直世　1988「時期差のある土器を埋設した住居2例」『東京考古』第6号　東京考古談話会　92-94頁
菊池徹夫　2013『はじめての考古学』あさがく選書4　朝日学生新聞社
桐生直彦　1989「住居址間土器接合資料の捉え方―現状認識のためのノート―」『土曜考古』第13号　1-19頁
黒尾和久　2012a「石井寛「集落（ママ）研究と時間尺度」へのコメント」『考古学研究』第59巻　第3号　考古学研究会　32-33頁
黒尾和久　2012b「結～縄文集落研究の足場」『縄文研究の新地平（続々）―縄文集落調査の現在・過去・未来―』考古学リーダー21　六一書房　225-241頁
黒沢　浩　1999「考古学のABC」『埋もれた歴史を掘る』勅使河原彰編　白鳥舎　20-39頁
小林謙一　2012「コメント・全体討議」『考古学研究』第59巻　第3号　考古学研究会　38-39頁
鈴木公雄　1976「縄文人の社会」（パネルディスカッション中の発言）『季刊 どるめん』第8号　JICC出版局　90-116頁
千葉　豊　2013「広域編年構築のために―「一括遺物」に基づく東西比較―」『日本先史学考古学論集―市原壽文先生傘壽記念―』六一書房　77-99頁
チャイルド, V.G.（近藤義郎訳）　1981『考古学の方法〈改訂新版〉』河出書房新社
（V. Gordon Childe 1956 *PIECING TOGETHER THE PAST The Interpretation of Archaeological Data*. Frederick A. Praeger）
勅使河原彰　2013『考古学研究法―遺跡・遺構・遺物の見方から歴史叙述まで―』新泉社
橋口尚武・高橋健樹　1980「4・5・7号住居址出土土器の接合について」『武蔵村山市　吉祥山遺跡　第3次調査詳報』武蔵村山市教育委員会　47-48頁

住居型式と集落形成

櫛原　功一

はじめに

本稿では，縄文時代中期の竪穴住居跡（以下，竪穴，住居とも）の柱穴配置に集落内でのいくつかの系譜性があり，その把握が集落変遷と集落構造を理解する一助となりうることを指摘する。

これまで集落の変遷過程，その動態については，竪穴内出土土器を居住期間中埋設とされる埋甕，炉体土器などの床面への埋設土器，居住期間の最終段階の姿を留めるように床面上に遺棄された土器，住居廃絶後に覆土中に廃棄・流入した土器に区別し，さらに遺構間の重複関係を考慮することで，住居の建築・改築から廃絶，廃絶後の窪地利用を含めた時間（竪穴住居のライフサイクル）を土器型式で段階設定した時間軸上に位置づけ，検討するのが一般的であった。こうした手法，方法論は集落を論じるうえでの基礎的作業として今後も揺るぎないものと思われる。

ただし，土器型式を時間軸とする際にいくつかの課題がある。まず，竪穴住居内から土器が出土していないと住居の時期を決めかねることとなり，そうした竪穴は集落変遷の検討対象から除外されることとなる。また埋設土器や床直出土土器がなく，土器が覆土中出土のみの場合，竪穴の使用から廃棄時期は明確にできない。さらに竪穴住居のライフサイクルを考えるうえで難しいのは，竪穴住居の建築時期（居住開始時期）を出土土器から明らかにすることができない，という点である。竪穴の床面，覆土出土土器から推定できるのは竪穴の廃絶時期であり，床面への埋設土器がない場合は，竪穴住居の建築時期はわからない。埋設土器が竪穴建築当初の時期を示すかといえばそうでもなく，居住期間内のある時点での設置の可能性が高いほか，明らかに住居の時期を遡る古い土器を転用例があることから，必ずしも建築当初の時期を示すものではないとされている。さらに周溝が幾重にも重複した複数回の建替えを伴う住居では，個々の建替えの時期解明はいっそう困難といえる。

また，竪穴内に土器が良好に遺存したとしても，個々の竪穴の変遷過程を明らかにするのは難しい。それは細分化された土器型式の時間幅を時間軸として竪穴住居の時間を考えるとき，1軒の竪穴住居の建築から廃棄までの時間幅は土器型式の時間幅よりも短い可能性が高いとされるため，土器型式上，同一段階とされた複数の住居が同時存在を示す保障はないという点である。これについて，小林謙一らは住居跡出土の遺物の接合関係における様々な現象を捉えて竪穴の同時性，時間差を追及することで，同一型式段階における瞬時的な集落景観復元を目指してきたが，しかし依然として1軒の継続時間，竪穴住居群の同時性の解明は困難な課題といわざるをえない。

一方で，竪穴住居の平面プラン，柱穴配置，炉の形態などを手がかりとした住居型式（類型あるいは形式）の検討をもとに，土器に頼らない遺構の時期判定法が模索されてきた。住居の諸要素のなかでも最も有効なのは炉形態で，時期変遷による形態変化が顕著なことから，炉形態にのみ着目し集落内での変遷や地域性に言及した成果がみられる。また平面プランや柱穴配置も竪穴の時期推定の材料とされてはいるが，しかし現状では遺構の特徴をもとに土器型式以上に細分化した段階設定を構築することは不可能であり，炉形態を含めた住居型式の時間幅は土器のそれよりも相当粗い時間軸設定とならざるをえない。また住居型式は土器型式ほど明確な型式的区別ができないことから，土器型式と違って明確な地域性を捉えることが難しい。したがって土器型式編年が全国的に整備されてきたのに対し，広域的な住居型式編年構築の動きはほとんど認められないのが現状である。

住居型式を積極的に評価する筆者は，柱穴配置の違いが集落内における何らかの集団差を意味すると推定し，柱穴配置で類型化した住居型式が分節的に環状構造を呈す長野県辻沢南遺跡の事例の存在から，環状集落が意図的，人為的な集落構造であった可能性を追求してきた。その際，必ずしも瞬時的な集落景観でなくとも，ある程度の時間幅を有したほうが景観復元，集落構造に際してはわかりやすいと考えているが，分節構造を示す典型的な集落例が依然として少ないこともあって十分な理解は得られていない。

こうしたなか，多摩ニュータウン No.939 の分析で松井和浩（2002）は，集落を構成する複数の小群はそれぞれ1軒の竪穴の軌跡ではないか，という見解を土器の接合関係などから検討した。この遺跡では小群内の住居型式は必ずしも単一ではなく，建替えによる柱穴本数の増減が認められるが，小群の意味について論じた重要な考察といえる。また石井寛（2004）は，横浜市原出口遺跡（石井 1995）で柱穴配置，平面プランが酷似した2軒の住居に関し，建築材の移動を想定した住居の建替え例とする視点を提示したことで，柱穴配置，規模を同じくする住居は同時存在的と解するよりも時間的な前後関係，連続性を伴う住居変遷を想定すべきとした。

これらの論考を契機として，同じ規格で柱穴配置をもつ竪穴住居を一つの集落内で探すと，酷似した竪穴住居を複数例見出すことができる。それらは同一小群内にあることもあれば，小群域あるいは大群域を越えた事例もある。酷似した住居群を建替えに伴う1軒の住居の軌跡として理解し，住居型式の系譜として捉えることにより，集落構造，集落変遷を明らかにすることで，新たな集落分析方法として提示したい。

1　研究史

住まいの動きにいち早く着目した水野正好（1969）は，住居の建替えのパターンを示すなかで，曽利遺跡19号住居跡の床面を埋めて18号住居跡の面積の半分が重複する「重複例」と，18号から17号への建替えのように「別の隣接地への移りかえの現象」を示す「隣接例」の二者のあり方を指摘し，偶発的な現象の可能性とともに住居の建替え時期（季節性）を示唆した（第1図）。つまり後者は冬季または雨期に建替えられた可能性を想定するのであるが[1]，その是非はともかく，ここで水野が重複，隣接する住居群が系譜性をもつ根拠としたのは長大な石囲炉の類似性とともに柱穴配置が類似する点で，「19・18号住居跡の場合は柱穴の位置もほとんど相似た配置をとっており，建替えにあたって上屋材を一部再利用した可能性さえ考えられるのである」と，重複関係の分析によって複数の住居群が「一つの住まいの流れ」を示したものである可能性を指摘した。

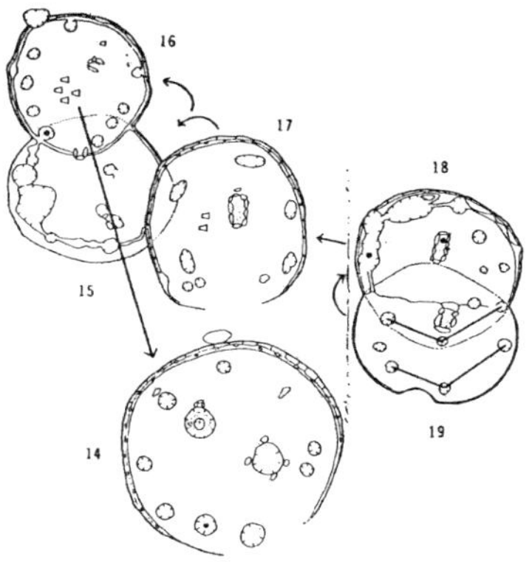

第1図　曽利遺跡における住まいの流れ（水野 1969）

小林達雄（1997）は，竪穴住居の重複の仕方に同じ場所でほぼ重複するAパターンと，一部が重複するBパターンの二者があることを指摘し，何らかの要因で移村したのち再び回帰し，住居を新築する際に土地への権利や社会的規制がはたらいたのではないかと考え，北アメリカ北西海岸のアメリカインディアンが廃屋の痕跡に対し「その場所の権利を自らも主張し，他人からの承認が得られる」とする民族事例を紹介した。

竪穴住居のライフサイクルという視点で住居の重複関係を類型化した小林謙一（2000）は，竪穴住居の重複を類型化し，建替えが連続的であったのか，断続的であったのかを東京都大橋遺跡例で検討した。そのなかで大小が容れ子状でする重複（住居関係A1），わずかに位置がずれる重複（住居関係A3）で住居形態やプランが類似する場合は時間差が小さく連続的とし（フェイズ差1を想定），住居形態が大きく異なる場合は時間差が大きいとした（フェイズ差1〜2を想定）。また同一プランで主柱穴の全部または一部を建替え，旧前とほぼ同一の上屋構造とする改修住居（住居関係C1）では床面が異なる場合では時間差が小さく（フェイズ差1），炉や一部柱穴の作り替えでは同時期（同一フェイズ）と想定した。また同一プラン内で主軸方向の変更，主柱穴の建替えが認められる改築住居（住居関係C2），上屋構造は相似形で大きさのみ拡張した拡張住居（住居関係C3・C4）では連続的（フェイズ差1）としている。このなかで小林は上屋構造や柱穴配置の類似性，相似性が認められる重複例には連続性を認めうるケースがあることを述べている。

また谷口康浩（2005）は竪穴住居の重複について，「平面形・柱穴配置・周溝・炉などの住居型式や主軸が，新旧の住居で同一であるか否かを検討することが重要」で，「型式的一致や面積と柱穴の比例増加が捉えられれば，連続性の根拠になるかも知れない。とくに主柱穴の数や配置が一致するケースは，上屋建材の再利用という観点からも連続的な建替えの可能性を考慮すべき」であり，「異なる住居型式の重複は，一見連続的な拡張にみえても，不連続な反復の可能性が強い」と，住居型式の視点で上屋建材の再利用を想定した建替えの連続性，集落の継続性について言及した。

こうした竪穴住居間での重複状況，住居型式の類似性から居住の連続性，断続性や人の動きを明らかにしようとする見方がある一方で，重複関係がない離れた住居間での居住の連続性につい

第2図　原出口遺跡の酷似プラン（石井 1995・2004 より作成）

ての石井寛（2004）の指摘は重要である。石井は横浜市原出口遺跡の 4a 号住（勝坂2式期）と 7 号住（曽利Ⅱ式期）の5本柱穴の配置が酷似する点について，建替えに伴う上屋材の再利用を想定した（第2図）。すなわち7号住の「梁・桁などの上屋材を 4a 号住居址で再利用したと想定した場合，梁・桁材の長さによって主柱穴の配置位置が決定される事態が予想」されることから，「柱穴構成の酷似性は住居址の同時存在を保証せず，むしろ時間差を示す材料になってしまう」（石井 2004）と述べた[2)]。つまり柱穴配置が酷似した住居は，従来同時存在例としてみなされる傾向にあったが，建替えによる建築材の移設を想定することで，同時存在ではなく連続的な時間差，系譜性を想定すべきとする指摘であり，かつて水野正好が近接する住居間で「住まいの流れ」として想定した現象を具体的に提示したものとして評価できる。

重複，建替えに関する先学の見解を整理すると次のようになる。

1：竪穴住居を構築する場所には社会的規制があったと考えられ，重複した竪穴住居からは集団の回帰性，場所への社会的規制の存在，時間差の長短を推測できる。

2：拡張・容れ子状の竪穴住居の重複例は，連続的で時間差は小さく，同一プラン内での修築は同一時期（連続的）であった可能性が高いと考えられる。

3：上屋構造（柱穴配置）が同じ重複は連続的で時間差が小さく，異なる上屋構造（柱穴配置）との重複は不連続で時間差が大きい場合がある。ただし床面積の拡張に伴う重複の場合，柱穴数を比例的に増した柱穴配置の場合は時間的に連続的で，時間差は小さい。

4：柱穴配置が酷似した2軒の竪穴住居跡は，新築に伴う上屋材の移動，再利用を想定でき，時間的には連続的と考えられ，両者の同時存在を保証するものではない。

2　分析の目的，方法と前提

ここでは多摩ニュータウン遺跡No.446遺跡B地点（TN No.446B遺跡と仮称）と同No.939遺跡（TN No.939遺跡と仮称）を取り上げ，柱穴配置が酷似した竪穴住居の存在から住まいの流れを検討する。両遺跡は集落のほぼ全貌が明らかな縄文中期後半の加曽利E2式期（曽利Ⅱ式期並行期，連弧文土器段階）を主とした集落跡で，土器の接合関係等を根拠として時期変遷および各竪穴住居の修築・改築に伴う変遷過程が推測されている。ここではとくに各住居跡の修築・改築に伴い柱穴配置の変化に注目するとともに，各支群（小群）内の住居形態がどう受け継がれていくかという住居の系譜を検討したい。

柱穴配置の類似性の検討にあたっては，報告書の主柱穴および竪穴プランを写し取り，他の住居跡の平面図に重ね合わせ，とくに主柱穴配置が重なるかどうかを検討し，同一配置または類似性がきわめて高い「酷似プラン」を見出すことで，住居間の影響関係を考える。

集落内で重複しない住居跡どうしの柱穴配置が一致する場合，同じ設計仕様で建築された可能性がある一方，石井が推定するように旧住居の廃絶に伴う新住居への上屋材の移設と解することができる。同じ設計仕様で建てられたとすると，酷似プランの2軒の竪穴住居は何らかの社会的関係性をもつと想定できる一方，集落内の居住者間に設計仕様が共通認識されていたとすれば，誰でも同じ上屋構造の共有可能な状況を想定でき，建築時は同時期あるは異時期の両者の場合がありうる。

建築材の移設を想定する後者では，旧から新へという連続的，順次的な前後関係が明確に存在し，同一居住者が新築に伴い部材を移築する場合のほか，他者が旧部材を得て建築する場合が考えられるが，上屋移築の際に元の柱，梁・桁材の位置関係に熟知し，組み合せを再現しなければならない。したがって同一居住者もしくは親族等の血縁による移築行為と推測するのが妥当ではあるものの，他者が旧部材の譲渡を受け利用する場合も考慮しておく。住居を建替える場合，居住者が同じであれば住居の場所を変える必要性がなく，同一地点に再建するのが自然と考えられるが，あえて違う場所に住居を移設するのは，移動しなければならない何らかの強い理由があったと考えるべきである。あるいは居住者の変更を伴い，集落内での人間関係に変化が生じたためと考えることができ，世帯主の交代などを想定する。また，あえて旧部材を利用するのは，資源の有効利用という点が大きいが，旧部材自体に再利用する何らかの意味合い，付加価値があった可能性や，あるいは柱・梁の構造そのものに継承すべき意義があったことが推測できる[3)]。

竪穴住居の構築材における古材の再利用については民族誌が参考になるほか[4)]，炉石の抜き取りに伴う再利用については早くから指摘されてきた。また近世以前の民家建築のあり方を参考にするのは適当ではないものの，古来我が国では古材の再利用が頻繁におこなわれてきたという事実がある。さらに縄文時代，とくに中期では竪穴住居跡出土の柱材等の炭化物の樹種同定の結果，建築材はほとんどがクリに限定されるという点を再評価しなければならない。クリの木材の特徴として，伐採後直ちに石斧で加工することは容易であるが，加工材がいったん乾燥すると再加工，切断は非常に難しいという特徴がある。また柱穴中に埋設しても腐朽は遅く，再利用が可能で，住居廃棄，住居新築に伴い，建築材の移設・再利用にはクリ材はきわめて適当といえる[5)]。したがってクリ材で製作された部材は，一集落内で住居の修築・改築，廃棄・新築が繰り返されるなかで使い回しされたことが十分に考えられ，仮に一部の材が交換されたとしてもそれが1軒の竪穴住居を組み上げるセットとして柱や梁・桁の使用位置を変えずに移設されたのではないか。さらにいえば縄文人が建築材としてクリ材を利用したのは，再利用を念頭に置いた意図的な選択だったとも考えられる。したがって縄文中期では，住居の廃棄および新築時に梁・柱等の旧部材をそのままの配置で別地点に再現する建替えが普遍的であった可能性がある。すなわち酷似プランの竪穴住居の存在から，集落内における「住まいの流れ」を把握することが可能となり，集落構造にも言及できると考えられる。こうした想定が本稿の前提となる。

3　多摩ニュータウン No.446B 遺跡の分析

多摩ニュータウン No.446B 遺跡[6)]（東京都八王子市）は，樹枝状の丘陵斜面に形成された中期後半の竪穴住居跡 18 軒からなる環状的な配置の集落跡である。竪穴住居は比較的重複が少なく，時期的にも短期的といえ，住居形態や集落分析をおこなうには適している。報告者の山本孝司

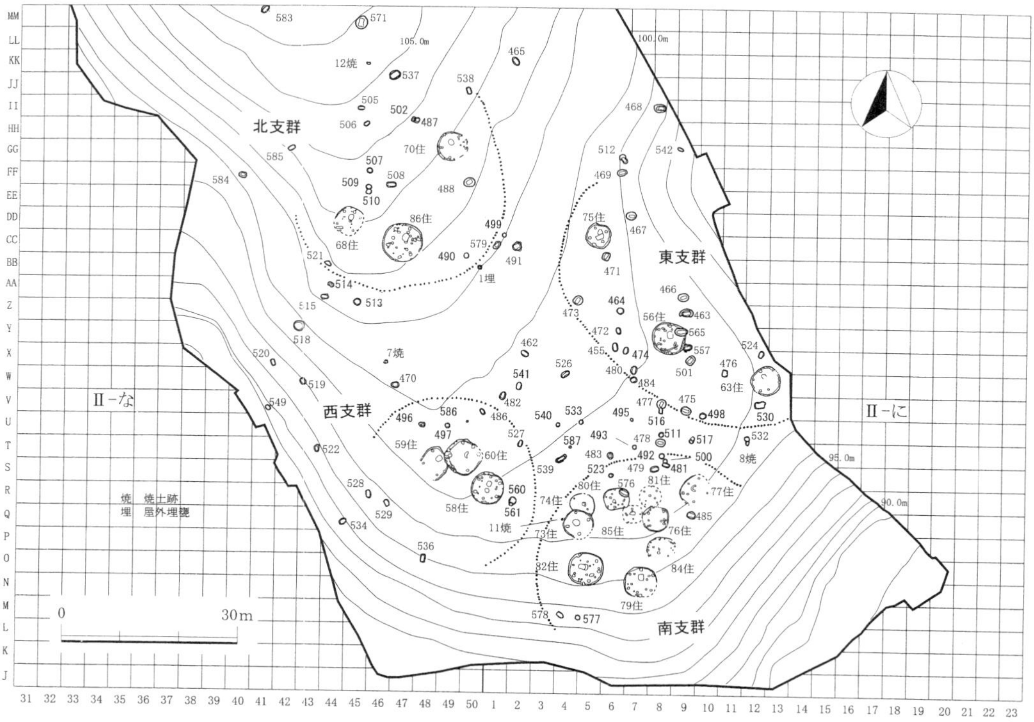

第3図　TN No.446B 遺跡の4支群（山本 2008 を改変）

(2008) は加曽利E2式古段階（新地平編年11a期）～加曽利E2式新段階（新地平編年11c期）の6段階の時期設定とし，集落を東・南・北の3支群（小群）に分けるが，安孫子昭二（2011）は東・西・南・北4支群からなる集落構造を推定する（第3図）。ここでは安孫子の4支群案，山本の6段階の住居変遷案をもとに住居形態を検討する。なお各竪穴住居の建替えに伴う柱穴配置に変遷過程が想定される場合，a（創建）・b（1回目の建替え）・c（2回目の建替え）…として表現する。

各支群は以下の竪穴住居で構成される（括弧内は住居番号）。

西支群（58・59・60）

南支群（73・74・76・77・79・80・82・85）

東支群（56・63・75）

北支群（68・70・86）

竪穴住居は全体的には台地の地形に合わせるように楕円形に分布するが，南・西・東支群が近いのに対し，北支群は間延びしたように他の3支群とは若干の距離を置いている。また軒数的には北・東・西支群が3軒程度と均衡するが，南支群はそれらの3倍程度の軒数と多い。各段階の竪穴住居の変遷は以下のように整理されている。

1段階（加曽利E2式古段階，新地平編年11a期）では，台地南縁側の西支群（58住），南支群（85住）に1軒ずつ出現する。58号住は主軸線上に2本の柱穴を配置する円形6本柱穴，石囲炉である。

2段階（加曽利E2式古段階，新地平編年11a期後半）は，前段階の居住域を踏襲し，西支群（58住），南支群（76・77住）に存在する。76号住は丸味の強い隅丸方形4本柱穴，77号住は隅丸（長）方形の5本柱穴で，ともに方形石囲炉をもつ。

3段階（加曽利E2式中段階，新地平編年11b期）には，西支群（58住），南支群（76・77・79・80住）に加え，東支群（56住）が出現し，東，南，西の3支群となる。79号住は丸味の強い隅丸方形，石囲炉で，4本から主軸線上2本柱穴をもつ6本柱穴に拡張する。56号住は隅丸（長）方形で，柱穴は4本→5本→6本へと拡張に伴い増している。

4段階（加曽利E2式中段階，新地平編年11b期）は，西支群（59住），南支群（79・80・82住），東支群（56・75住）に加え，北支群（68・70住）が出現し，集落の全盛期を迎える。59・75号住は隅丸方形4本柱穴，68号住は隅丸方形5本柱穴，70号住は円形5本柱穴，82号住は丸味のある隅丸方形5本から6本柱穴に拡張する。いずれも炉は石囲炉である。

5段階（加曽利E2式新段階，新地平編年11c期）は，西支群（60住），南支群（74・82住），東支群（63住），北支群（68・86住）の4群構成であるが，西・南支群はほかの支群に比べると同一支群としても差し支えない状況にあり，3群構成に近いあり方といえる。60号住は隅丸方形5本柱穴，74号住は円形4本柱穴，63号住は円形5本ないし6本柱穴，86号住は円形で4本から6本へと拡張に伴い柱穴を増加している。

6段階（加曽利E2式新段階，新地平編年11c期後半）は，南支群（73住），北支群（86住）の南北2群構成となり，集落の衰退期といえる。73号住は隅丸方形4本柱穴で，石囲埋甕炉となる。

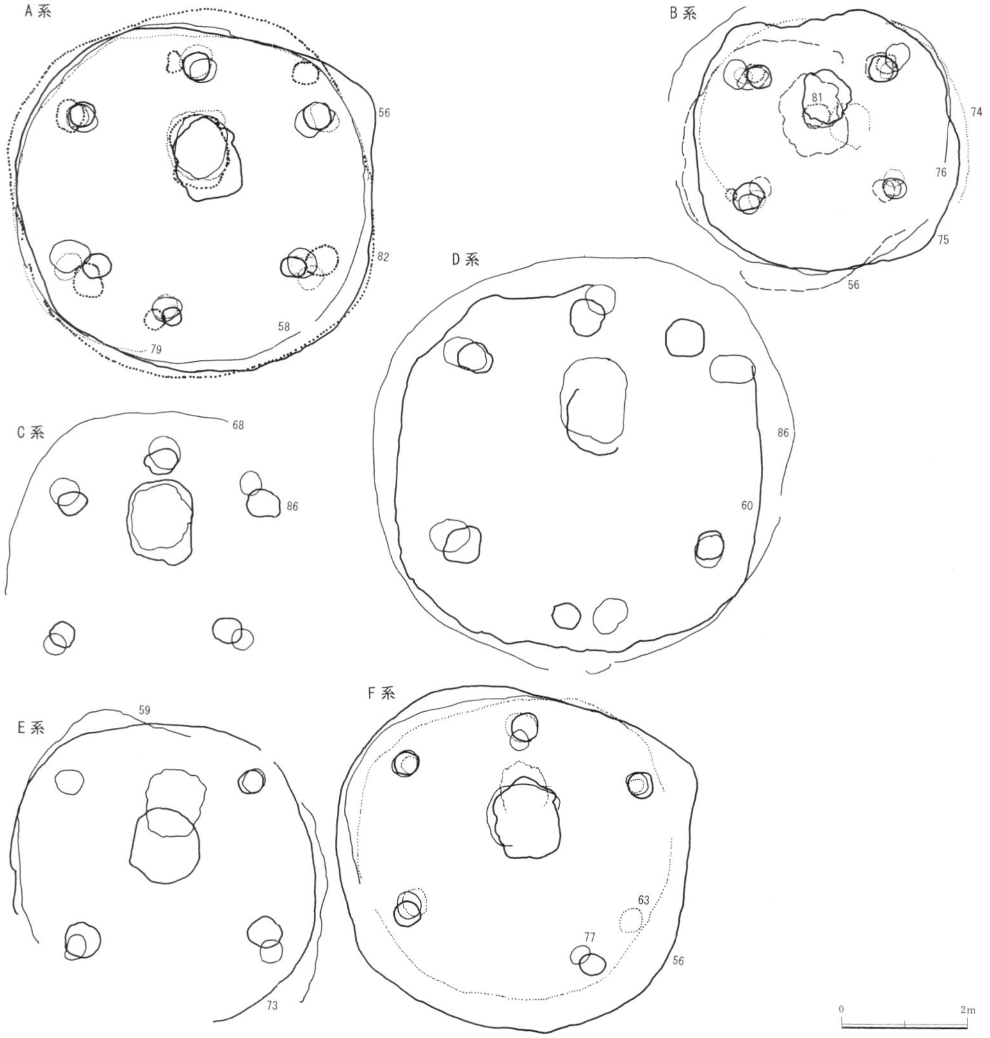

第４図　TN No.446B 遺跡の酷似プラン

これらのなかで類似性の高い柱穴配置（酷似プラン）を示す住居群として，以下A～Fの６系統（第４図）を見出すことができた（同時期の住居は＝，前後関係は旧→新，括弧内は支群，時期，主柱穴本数を示す）。

A系　58号住（西，３段階，６本）→79号住（南，３・４段階，６本）→56号住（東，４段階，６本）→82号住（西，５段階，６本）

B系　76号住（南，２・３段階，４本）→56号住（東，３段階，４本）→75号住（東，４段階，４本）→74号住（南，５段階，４本）＝81号住（南，５段階，４本）

C系　68号住（北，４段階，５本）→86号住（北，５段階，５本）

D系　86号住（北，５段階，６本）＝60号住（西，５段階，６本）

E系　59号住（西，4段階，4本）→73号住（南，6段階，4本）

F系　77号住（西，3段階，5本）→56号住（東，4段階，5本）→63号住（東，5段階，5本）

A系・B系・C系・F系は各段階1軒を基本に，順次受け継ぐようにして連続的に推移した例で，A系では4段階，B系では5段階，C系では2段階，F系では3段階にわたって変遷するなど長短がある。D系は同時併存的なあり方，E系では4段階と6段階というように連続的ではなく，不連続，断続的なあり方である。これらからうかがえるのは，類似した柱穴配置は連続的に受け継がれる傾向があること，同時存在的な事例は少ないことである。それらが分布する位置については，C系のように同一小群内で同じ住居型式が連続する事例のほか，A系のように西から南，東，西と支群を越えて変遷する事例が意外にも多く存在する。そうしたなかで，B系やF系のようにおおむね支群を限定する傾向性は認めてよいだろう。

これらのなかで，住居の廃棄・新築に伴う住居間の移設行為が柱穴配置以外の現象として確かめられた例がある。すなわち，A系の58号住と79号住は，住居間の炉石の接合関係が明らかになったことで，炉石の抜き取りおよび再利用が判明した（第5図）。両者はともに主軸線上前後に主柱穴を配する6本柱穴配置で，柱穴間隔は右2本がわずかに柱1本分ずれているがほぼ同一柱

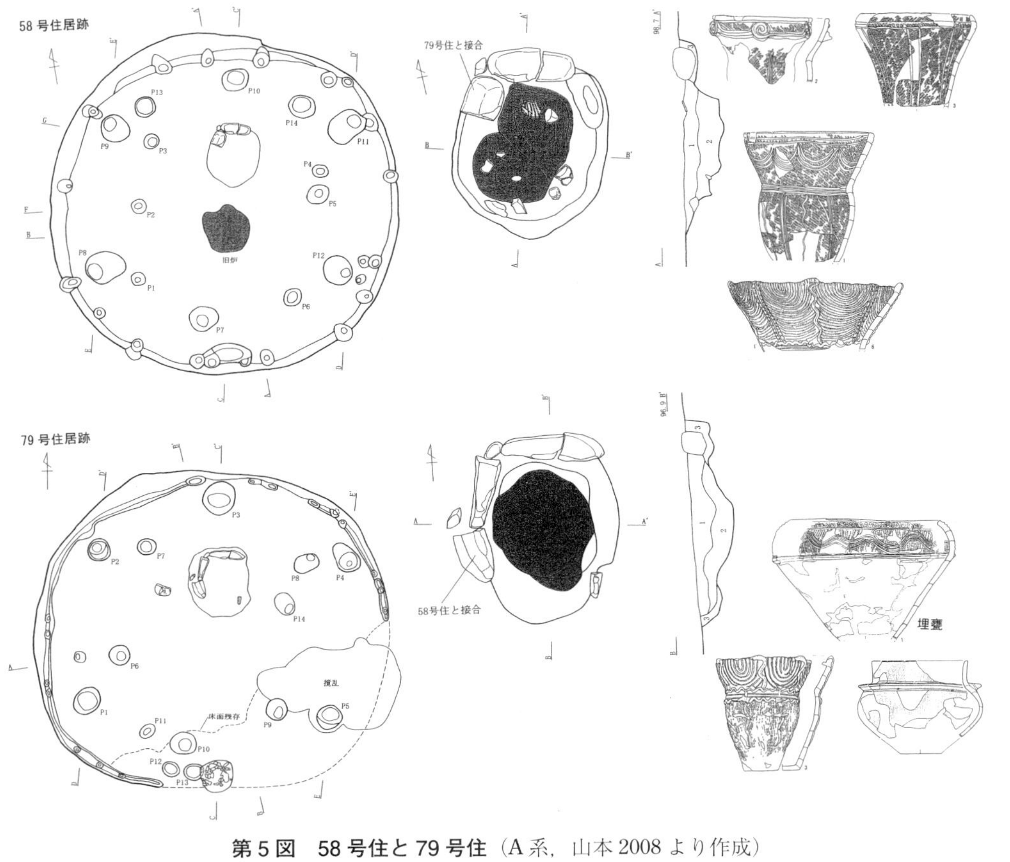

第5図　58号住と79号住（A系，山本2008より作成）

穴配置で，竪穴の上端プランもほぼ同じとなる。炉石はともに奥壁と左側の一部を残すのみで全体像は不明だが，横長の礫を用いた方形石囲炉で，角に礫を配する特徴は同じであり，炉の位置・規模も類似する。その 2 軒の炉左側の礫が接合したことから，報告では 58 号住から 79 号住への移設を推測し，「58 号住居跡の使用停止あるいは廃絶直後に 79 号住居跡の炉の構築あるいは使用開始の光景を想起することができる」と記している。すなわち 58 号住炉の接合礫は炉石としての石組の原位置を留めたまま，南半の礫を抜き取りによって失っているのに対し，79 号住の接合礫は礫接合面が隣の礫に接して組まれていることから，58 号住から 79 号住への炉石の移動の事実が判明する。また 79 号住での炉石の設置位置が 58 号住での用い方と同様に左側であり，しかも礫の位置まで同じ向きで用いているのは偶然とは思えない[7)]。

このように各系譜群では，各柱穴配置が順次受け継がれる系譜性がうかがえるが，受け入れ側の住居では，規模の小さな旧柱穴配置からの建替えに伴い「酷似プラン」を受容するケースが目立つ。例えば A 系の 79 号住は 4 本柱穴から 6 本柱穴に拡張したものであり，次の 56 号住もまた 4 本柱穴から 6 本柱穴へと拡張している（報告書では 4 本から 5 本，6 本への 2 回の拡張を想定する）。こうしたケースの存在から，酷似プランは住居の拡張に伴い建築材の転用，移築が行われたといえるが，旧住居と受容側の住居の居住者の間には何らかの血縁的な関係性を考慮しておきたい。

4　多摩ニュータウン No.939 遺跡の分析

多摩ニュータウン No.939 遺跡（東京都町田市）は，多摩丘陵南西端の境川流域に樹枝状に開析された一支丘上に所在する縄文中期後半の集落跡で，勝坂 3 式期～加曽利 E3 式前半の竪穴住居跡 40 軒が検出された。集落が立地する地形は TN No.446B 遺跡に傾斜方向，広さともに似るが，TN No.446B 遺跡よりも竪穴住居軒数が多く，集落の継続時期は前後にやや長く，集落規模はやや大きく，重複した住居が多い。報告書では集落の変遷をⅠ期～Ⅵ期で整理し，複数回の拡張・重複痕跡をもつ竪穴住居を 1 時期に当てはめているため，各時期の時間的な扱いは TN No.446B 遺跡よりもやや長く，両遺跡の時期区分が若干異なることから単純な比較はできないが，ここでは報告書の時期細分を用いる。報告書では重複した住居平面図をそれぞれの住居に分解し，建替えに伴うプランや柱穴配置の変遷を推定しており，ここではその想定に基本的に倣うこととする。集落の構造的把握について，報告書では松井和浩がⅠ～Ⅲ群として捉えるが，ここでは安孫子(2011）に従いつつ和名表記とし，2 大群（西・東），5 支群（西 1・2，東 1～3）として竪穴住居間の柱穴配置の類似性を検討する（第 6 図）。

北西から南東方向に伸びる舌状台地面の尾根中央を集落の軸線とすると，軸線の北東側，北東～南東傾斜面に立地する東大群の 3 支群（東 1～3 支群）と，軸線の南西側，南～北西傾斜面に立地する西大群の 2 支群（西 1・2 支群）の東西 2 大群が軸線を挟んで対立するような位置関係にある[8)]。各支群の構成住居は次のとおりである。

西 1 支群（20～23・37・49 号住）

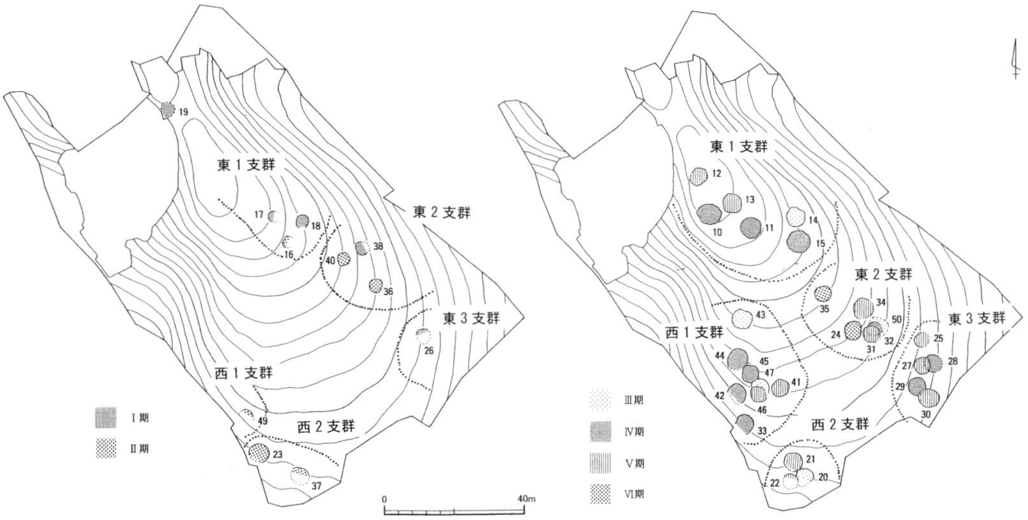

第6図　TN No.939 遺跡の5支群と変遷（松井 2002 を改変）

西2支群（33・41〜47号住）

東1支群（10〜19号住）

東2支群（24・31・32・34〜36・38・40・50号住）

東3支群（25〜30・39号住）

また各段階は，報告書に従うと次のとおりである。

Ⅰ期　勝坂3式期（17〜19・26・38・39？号住）

Ⅱ期　勝坂式最終末〜加曽利E1式前半期（16・23・36・37・39？・40・49？号住）

Ⅲ期　加曽利E1式期（14・20・43・47・49？・50号住）

Ⅳ期　加曽利E1式後半〜E2式前半期（10・11・15・28・29・32・33・42・44・45号住）

Ⅴ期　加曽利E2式期（12・13・21・22・25・27・30・31・34・41・46号住）

Ⅵ期　加曽利E2式後半〜E3式前半期（24・35号住）

Ⅰ期の竪穴は長軸長3〜4mの小形楕円形プラン，4本柱穴を基本形とし，炉は埋甕炉，添石炉である。東大群にのみ列状に分布し，北から南へ向かって19号住，17・18号住，38号住，26号住の4支群区分が可能かと思われるが，東大群を3支群とする見方では，東1支群3軒，東2支群1軒，東3支群1軒としておく。19号住がやや大形，17号住は小形で，18・26・38号住はほぼ同じ柱穴間距離で柱穴配置が類似した類似性の高い柱穴配置の住居であるが，とくに26・38号住は4本柱穴のうち奥壁側2本がやや広い特徴をもち，ともに添石炉を採用することから，同時期にあって住居プランの類似度は高い。設計仕様を同じくするほぼ同時期の建築か，あるいは両者間には上屋の移設を推定し，時間的に前後関係をもつと考えることができる。さらに東1支群の隣り合う17・18号住はともに埋甕炉で，東2・3支群の26・38号住の添石炉との炉形態上の対比を見出すことができる。

Ⅱ期ではⅠ期からの小形4本柱穴の系譜に加え，5・6本柱穴の加曽利E式期の特徴をもつ住居が出現し，炉は石囲埋甕炉で統一されている。東大群とともに西大群が出現し，尾根を挟んで2大群の対立的構造が成立する。東大群では東1支群の16号住，東2支群の36・40号住があり，いずれも1期の柱穴配置の系譜を踏襲する4本柱穴である。それらのうち36号住の柱穴配置には1期の18号住との類似性が認められる。また炉は16号住が埋甕炉で，1期の17・18号住からの系譜性がうかがえるほか，36・40号住は石囲埋甕炉で，16号住との対立性が認められる。一方，西大群では23・49号住が5本柱穴，37号住が6本柱穴である。それらのうち23a号住柱穴配置と49号住は，柱穴配置の向きが上下逆転しているが，柱穴配置には類似性がある。

Ⅲ期はⅠ期からの小形住居の系譜が消滅し，5本柱穴が特徴的となる。炉は石囲埋甕炉，石囲炉があり，Ⅱ期からⅣ期への過渡的な様相を呈す。東1支群に14号住，東2支群に50号住，西1支群に43・47号住，西2支群に20号住があり，2支群ずつからなる2大群4支群構造が成立する。14・50号住は5本柱穴で，14a号住の柱穴と50号住の柱穴配置が類似する。43号住は4本柱穴，47号住は5本柱穴で，柱穴配置では東・西大群の対立的な様相は薄れる。

Ⅳ期は3支群構成となる。5本柱穴が特徴的で，拡張に伴い6本柱穴とする事例が目立ち，炉は埋甕炉から石囲炉への変化がみられる。東1支群にやや大形の10・11・15号住があり，5本柱穴の10号住に対し，11・15号住は類似した6本柱穴で，奥壁側の2本柱穴間が狭いなどの特徴が一致する。東2支群の32号住は4本柱穴で，Ⅱ期36号住からの系譜性がうかがえる。東3支群の28・29号住は28号住で4回建替え，29号住で1回建替えの痕跡をもち，ともに4本から5本柱穴へと改築しているが，それらのうちの5本柱穴段階の柱穴配置がともに間口側の幅が広く，類似性が高い5本柱穴となる。東1支群がやや大形プランなのに対し，東2・3支群がともに4本柱穴の中形プランであり，支群別に竪穴サイズの類似が認められる。西大群の4軒はいずれも西1支群で，柱穴配置が類似した5本柱穴となる。それらのうち44号住と45号住は壁が接することから時間差があるのは確実で，同時存在ではなく，同一住居の軌跡とみられる。

Ⅴ期は2大群5支群となり，集落の最盛期といえる。4・5本柱穴を主とし，主軸方向よりも交軸方向の柱穴間隔が広い隅丸方形プランの住居が現れるなど，多様性が認められる。炉はほとんど石囲炉となる。東1支群の12号住と13b号住の柱穴配置は4本柱穴で，柱穴配置は類似する。東2支群と東3支群は4本柱穴の27号住，31a号住を除き，5本柱穴で揃っているが，そのうち31b号住はⅣ期の24号住との類似性が高い。西1・2支群はそれぞれ距離を詰めた2軒からなり，ともに4本と5本柱穴の大小のサイズの2軒の住居からなる。柱穴配置が異なる住居が同時期に存在することから，2軒で1支群を構成する可能性もあるが，西2支群の21・22は同時存在とすると距離間が非常に近い。また41号住はⅣ期の44号住と類似性が高く，系譜性が認められる。5支群ではあるが，東1支群と東2・3支群，東1群と西1・2支群との距離は大きく，全体としては東1支群，東2・3支群，西1・2支群の3大群5支群構成とみることもできよう。

Ⅵ期は東2支群の24・35号住のみで，1支群のみとなる。住居形態はⅤ期と同様で，炉は石囲炉である。24号住はⅤ期の31号住に似た5本柱穴，35号住はⅤ期の46号住に似た4本柱穴

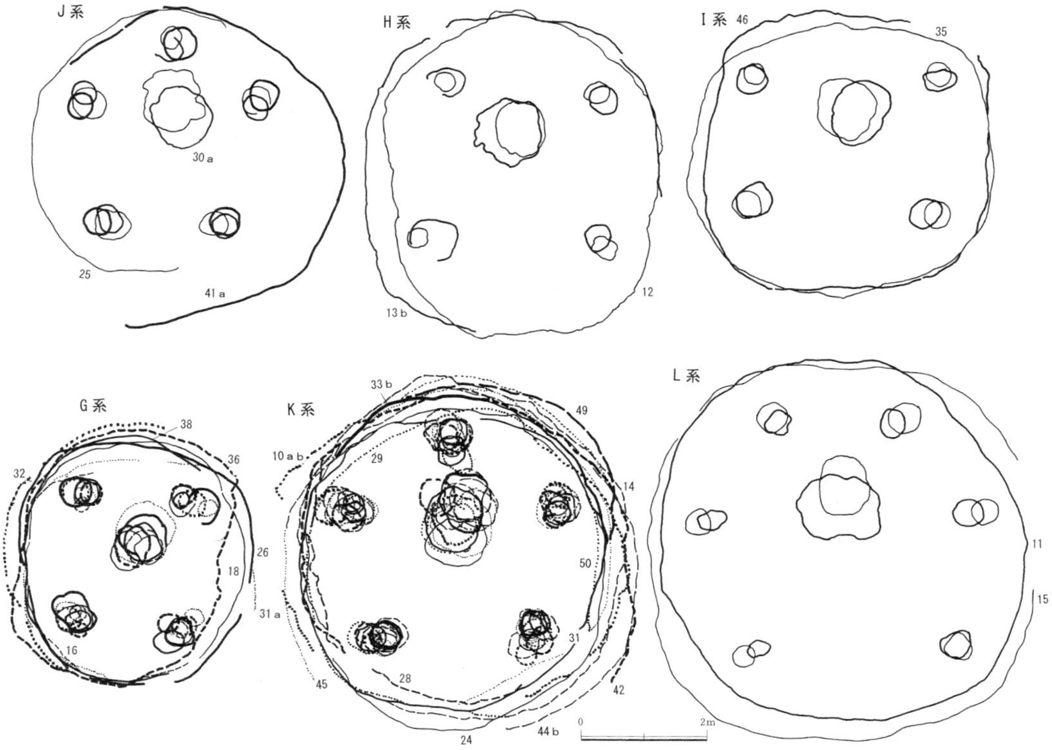

第７図　TN No.939 遺跡の酷似プラン

で，柱穴配置の異なる２軒が同じ支群に存在し，２軒１単位を呈する同時存在の可能性がある例といえる。

これらのうち柱穴配置に類似性のある竪穴住居群は以下の６系統が存在する（第７図）。

G系　18号住（東1，Ⅰ期，４本）＝38号住（東2，Ⅰ期，４本）＝26号住（東3，Ⅰ期，４本）→16号住（東1，Ⅱ期，４本）＝36号住（東2，Ⅱ期，４本）→32号住（東2，Ⅳ期，４本）→31a号住（東2，Ⅴ期，４本）

H系　12号住（東1，Ⅴ期，４本）＝13b号住（東1，Ⅴ期，４本）

I系　46号住（西1，Ⅴ期，４本）→35号住（西2，Ⅵ期，４本）

J系　25号住（東3，Ⅴ期，５本）＝30a号住（東3，Ⅴ期，５本）＝41a号住（西1，Ⅴ期，５本柱穴）

K系　49号住（西1，Ⅱ期，５本）→14号住（東1，Ⅲ期，５本）＝50号住（東2，Ⅲ期，５本）→10ab号住（東1，Ⅳ期，５本）＝28号住（東3，Ⅳ期，５本）＝29号住（東3，Ⅳ期，５本）＝42号住（西1，Ⅳ期，５本）＝45号住（西1，Ⅳ期，５本）＝44b号住（西1，Ⅳ期，５本）＝33b号住（西1，Ⅳ期，５本）→31号住（東2，Ⅴ期，５本）＝41a号住（西1，Ⅴ期，５本）→24号住（東2，Ⅵ期，５本）

L系　11号住（東1，Ⅳ期，６本）＝15号住（東1，Ⅳ期，６本）

同一支群内での系譜性が認められるものに，G系のⅠ～Ⅴ期の東2支群，H系のⅤ期の東1支群，J系のⅤ期の東3支群，K系のⅣ期の東3支群と西1支群，L系のⅣ期の東1支群があり，同一支群内で共有する割合が高いといえる。また東大群と西大群の2大群という大別的な見方をするならば，G系・H系・L系はすべて東大群のなかでの展開であり，大群内で類似した柱穴配置が継承されるという系譜性が認められる。また東と西の大群間を越える事例にはI系の西1から東2，J系の東3と西1，K系の西1から東1，東1・東3と西1，西1から東2がある。

順次受け継がれるように系譜をもつ事例にG系のⅠ～Ⅱ期，Ⅳ～Ⅴ期，I系のⅤ～Ⅵ期，K系のⅡ～Ⅵ期がある一方，一時期での共有的なあり方を示すものとしてⅠ期のG系，Ⅴ期のH系，J系，Ⅳ期のK系，L系があり，細分化された1時期にG・J系の3軒をはじめ，K系のように7軒もの類似住居が存在することについては，同一設計仕様に基づく建築と考えるべきではないだろうか（櫛原2015）。小形4本柱穴の勝坂式的な住居形態から，5本柱穴を典型とする加曽利E式的な住居形態に変化するのが加曽利EⅠ式期で，とくにG系のⅠ～Ⅱ期の消長は前者の消長を顕著に表したものであり[9)]，Ⅱ期から出現するH系の系譜は後者の流れを示している。また酷似プランが住居の拡張に伴う点については，本遺跡でも複数の事例を見出すことができる。

報告者の松井和浩は本集落を3群構成と考えるなかで，松井のいうⅠ群（本稿，安孫子案の東1支群を主とする）は竪穴の構築回数を17～19回とし，Ⅱ群（東2・3群を主とする）は構築回数14回，Ⅲ群（西1・2群を主とする）は構築回数20回と計算し，住居の構築回数1回あたりの墓壙数をⅠ群2基，Ⅱ群1基，Ⅲ群0.75基と算出した。また土器の接合関係を根拠として，加曽利E式期のⅠ群が14号住（Ⅲ期）→11号住（Ⅳ期）→15号住（Ⅳ期）→10号住（Ⅳ期）→13号住（Ⅴ期）→12号住（Ⅴ期）と，1軒の住居の軌跡として推測し，Ⅱ・Ⅲ群に対しても1軒の軌跡であった可能性があることから，本集落が3軒程度の同時存在数によって維持，形成されたことを推察した。本稿で指摘したG～Lの6系統とどのように関連づけることができるのか課題となるが，Ⅴ・Ⅵ期に限ってもG～Lが併存することから，5～6軒程度は同時存在した可能性が考えられ，おおむね安孫子案の支群に対応するようなかたちで各支群1軒程度が存在したとみておきたい。

5　まとめ

住居間での建築部材の移設の可能性に関して，石井寛の指摘を受けてTN No.466B遺跡，No.939遺跡で柱穴配置を検討したところ，複数の酷似プラン例を認めることができた。さらにTN No.446B遺跡の56号住と79号住では柱穴配置の酷似プラン間において，炉石の移設例が明らかとなったことで，従来より推定されてきた炉石の移設，転用が確かめられたことから，住居の新築，建替えに伴う炉石を含め建築材を含めた部材転用の蓋然性が確実性を増したといえる。それらの位置は集落内の同じ支群内（支群の同一性），または2大別したときに同じ群となる傾向（大群の同一性）があるほか，支群を越えたあり方（支群間移設），あるいは大群間を越えた存在例（大群間移設）が認められた。

酷似プランの竪穴住居の特徴を改めて整理すると以下のようになる。

1：集落内で複数の系統の酷似プランの竪穴を抽出することができる。

2：酷似プランの系統には段階を追って順次系譜性をもつ連続的なもの，断続的な系譜性をもつもの，同時期の時間幅で捉えられる同時併存的なものがある。

3：集落を2大群，複数の支群から構成された分節構造とみた場合，酷似プランは支群を同じくする支群の同一性，大群の同一性の傾向があるほか，支群間を越えた支群間移設，大群間を越えた大群間移設の事例がある。

4：酷似プランの竪穴住居は拡張住居に存在する傾向があり，住居の建替えに伴って導入された例が多い。

5：酷似プランの系譜性を追うことにより，住居型式の消長を土器型式の変化の中で理解できるとともに，集落内における住居の動態の把握，具体的な人の動きを見出すことができる可能性がある。

6：同一時期に3～7軒の類似した柱穴配置をもつ竪穴住居については，設計仕様が同じであった可能性が高く，同一時期に2軒間で類似する場合についてもその可能性を勘案しなければならない。

おわりに

これまでの住居型式研究のなかで，住居の柱穴配置の類型化は盛んにおこなわれてきたが，各集落遺跡ごとに住居プランを検討することにより，柱穴配置のコピーがおこなわれたのではないかと思わせるほどの類似性の高い酷似したプランの存在については，さほど注意が払われたことはなかった。集落変遷を語る際，炉石の有無から炉石の移設について推測されてきたが，柱穴配置の酷似性を合わせて考えると，炉石を含めた上屋の構架材をセットで移設したことが考えられる。石井寛の原出口遺跡での指摘をきっかけとして多摩ニュータウン遺跡群の2遺跡で検討したところ，いくつもの酷似プランが系譜性をもって展開する状況を見出したことから，これまでどちらかというと停滞気味であった住居型式研究，集落論に新たな視点を提起することができたかと考える。

筆者は縄文中期後半の竪穴住居において，人体尺，とくに肘長，尋をもとに柱穴配置を決定する設計仕様が存在したのではないかと推測したが（櫛原 2015），本稿では時間差を伴う柱穴配置類似の住居群については構築材移設の可能性を考えてみた。今後，さらに各地の遺跡例を検討したい。

註

1）「重複の仕方には（中略）新しい住まいが古い住居より床を上げた場合と，同一平面の場合，あるいは古い住居の床面より新しい住居の方が下がる場合があるが，（中略）いま一つの型としては（中略）別の隣接地への移りかえの現象があげられる。（中略）後者の場合，建替え中住まいがあり，またとりこわさずしばらくは新しい住まいとともに並行して使うこともできるわけで，こわしてからでないと建替えられない後者とは意義に若干の差が認められよう。（中略）建替えの時期が冬なり雨期の場合は後者の型をとったことも考えられよう。」と記し，建替えの季節性に言及する（水野 1969）。

2）第 2 図で示したように，7 号住の覆土中出土土器は中期後半と新しいことから石井の推測は一見誤認があるようにみえるが，7 号住の炉体土器が抜かれていることから，石井は 7 号住の時期を 4 号住よりも古い可能性を推測し，7 号住から 4 号住への上屋材の再利用を想定している（石井 2004）。

3）別地点での建替えという場合，二つの意味合いがある。すなわち旧住居から新住居に建築材を移設して葺き材を新たにする場合と，旧住居の部材を再利用することなく，すべて新しい部材で新築する場合である。同一地点での建替えでは，旧部材を新しい部材に交換する場合，旧部材を利用しつつ柱数を増やして拡張する場合などが想定できる。

4）渡辺仁（1984）の論考から事例を拾うと，土被覆型の竪穴住居を採用するモドック族では，竪穴住居は冬家で，3 月になると解体し，材木は清掃し，屋根の被覆材料は安全な場所に保管されて翌冬の再建に利用される。竪穴は陽にさらし，乾燥させて再利用する。竪穴住居の耐用年数は 3 年で，多くが一シーズン（一冬）で再建する。竪穴は再利用されたが，材木は腐朽のため一般に取り換えねばならなかったという。

5）クリ材の利用に関しては，磨製石斧で伐採，加工を実験的に実施している雨宮国広氏よりご教示を受けた。なお，住居の廃絶時に柱材を切断したうえで再利用するケースを想定した論考が散見されるが，乾燥したクリ材の切断は石斧ではきわめて困難なことからありえないことであり，柱の再利用にあたっては抜き取りが行われたものと推測される。

6）「多摩ニュータウン No.446-B 地区遺跡（以下 No.446-B 遺跡という）」（安孫子 2011）とした安孫子昭二による呼称であり，調査報告書では多摩ニュータウン No.446 遺跡として報告されている（山本 2008）。

7）さらに言えば，両者の炉石の遺存状況がほとんど同じ状況なのも，廃絶時の炉石抜き取りのさいのイエごとの流儀，作法を示すようにもみえる。さらに 79 号住の次にあたる 56 号住では，炉石はすべて抜き取られ，最終段階の 82 号住では炉石が完存することから，主柱以外にも炉石が A 群のなかで系譜をもって転用された可能性がある。ただし，この点についてほかの系譜群の炉石ではそうした傾向はうかがえない。なお，58 号住と 79 号住の炉石については，58 から 79 への流れを想定するのが妥当と考えるが，もともと搬入時点で割れた二つの礫であった可能性を想定すると，そうした流れを読み取ることはできない。

8）ただし，ここでいう支群は全時期を通した住居の位置関係を重ねた時にみえる住居群のまとまりであり，それらを各時期に分けると別の捉え方が可能なケースもある。

9）A 系はⅠ・Ⅱ期の前半の勝坂式期の系譜が，Ⅲ期の中断期間を経て後半のⅣ期に再登場するようにみえるのは，ともに同じ東大群内で生起していることから一連の流れと理解できる一方，偶然的な可能性があるほか，住居の時期誤認の可能性もあるかと思われる。

参考文献

安孫子昭二　2011「境川流域の準拠点集落―町田市多摩ニュータウン No.939 遺跡―」『縄文中期集落の景観』アム・プロモーション（2007「縄文中期集落の景観（4）―多摩ニュータウン No.929 遺跡―」『列島の考古学Ⅱ』に初出）

安孫子昭二　2011「拠点集落からの分村―八王子市多摩ニュータウン No.446 遺跡 B 地区―」『縄文中期集

落の景観』アム・プロモーション
石井　寛　1995「原出口遺跡」『川和向原遺跡　原出口遺跡』港北ニュータウン地域内埋蔵文化財調査報告ⅩⅨ　横浜市ふるさと歴史財団
石井　寛　2004「まとめと考察」『高山遺跡』港北ニュータウン地域内埋蔵文化財調査報告35　横浜市ふるさと歴史財団
櫛原功一　2015「竪穴住居における縄文尺の検討」『縄文時代』第26号　縄文時代文化研究会
小林謙一　2000「竪穴住居重複関係の研究」『異貌』第18号　共同体研究会
小林達雄　1996『縄文人の世界』朝日新聞社出版局
谷口康浩　2005「縄文時代集落論の争点―環状集落をめぐる論争の含蓄―」『環状集落と縄文社会構造』（原著は1998「縄文集落論の争点」『國學院大學考古学資料館紀要』第14輯）
松井和浩　2002「縄文時代」『多摩ニュータウン遺跡―No.939遺跡　Ⅲ（2）―』東京都埋蔵文化財センター調査報告　第104集
水野正好　1969「縄文時代集落復元への基礎的操作」『古代文化』第21巻第3・4号　古代学協会
山本孝司　2008「No.446遺跡縄文中期後半の集落跡について」『多摩ニュータウンNo.441・446遺跡』東京都埋蔵文化財センター調査報告　第227集
渡辺　仁　1984「竪穴住居の廃用と燃料経済」『北方文化研究』16　北方研究教育センター

貯蔵穴の増加と集落の形成
—縄文時代中期前葉の関東地方北東部の状況—

塚本　師也

1　研究の目的

関東地方北東部では，縄文時代中期中葉から後期前葉に大形の袋状土坑が一つの遺跡から多数発見される。大形の袋状土坑は，前期後半には渡島半島から北東北で普遍化し（坂口 2003），中期中葉には関東地方東部まで分布を広げる。関東地方北東部の栃木，茨城両県域で，大形の袋状土坑が出現するのは，すでに指摘されているように（堀越 1977）中期前葉の阿玉台式期である。

一方，関東地方北東部では阿玉台式後半から加曽利ＥⅠ式期に大規模集落[1]が顕著になる。

貯蔵穴と考えられている大形袋状土坑が多数存在することは，大量の食料の計画的に貯蔵した証拠とされた（今村 1988 ほか）。本稿では，貯蔵穴の受容，増加の過程と大規模集落，環状集落成立の過程を対比し，計画的な食料貯蔵と集落の大形化，環状集落の形成との相関関係の確認を目的とする[2]。

2　分析の手法

遺跡ごとの袋状土坑数の把握　関東地方北東部（栃木県および茨城県）の発掘調査が実施された阿玉台式期の遺跡を取り上げ，細別時期ごとの袋状土坑数を表に示し（第 1 表），袋状土坑の出現，定着の状況を把握する。

集落形成過程の把握　阿玉台式期の遺構配置がわかる集落を選定し，その遺構配置図をできるだけ短い年代幅ごとに示す。対象とする地域では，遺構間接合等を駆使して，一時的集落景観の把握を試みる調査例が少ないため，細別された土器型式を利用した遺構配置図を呈示することとなる。

3　研究上の問題

一時的集落景観の把握以外にも，本稿で取り組む課題には研究を制約する問題点がある。

袋状土坑の年代決定　袋状土坑は機能停止後，自然堆積もしくは埋め戻しによって埋没する。機能停止後に底面に土器を遺棄する場合や埋没の過程で大量の土器を廃棄する場合がある。または，機能停止直後もしくは埋没過程で墓壙として転用され，土器が副葬されることもある。こうした事例は，袋状土坑の年代を決定しやすい。しかし，土器が意図的に廃棄，遺棄されない場合が大半で，覆土中出土の土器片は，埋没時に集落内に存在したものが流入したか，埋め戻した土の中に偶然含まれたものが多い。これらは袋状土坑より古い年代のものが含まれ，年代の決め手とはならない。

出土位置，出土層位，掲載した土器の選別基準が記載されていない報告書がある。また，報告者が意図的に選択して土器を図示しているものもある。年代の検証の妨げとなっている。

同時存在の袋状土坑数の把握　遺構間接合等により，同時存在の袋状土坑を把握する試みは，低調である[3)]。土器型式によって同一年代と決定された袋状土坑が重複する場合には，機能した時期が異なることがわかる。しかし，通常は同時に機能した袋状土坑は特定できない。

袋状土坑の使用年数の問題　袋状土坑が単年で廃絶された場合，一時点で機能した数は，土器型式という年代幅で把握された数はよりもかなり少ない。複数年使用した場合は，同時に機能した数は，それよりは多い。

食料を貯蔵していない期間に保管したと思われる土器製作用の白色粘土が出土する例があり，これらは複数年使用されたと考えられる。一方，埋没した袋状土坑を壁とした例は，崩落しやすく，複数年使用は困難であろう。遺跡によって地山の固さも違い，単年使用，複数年使用の袋状土坑の両者が存在すると思われるが，発掘調査しても使用年数はほとんどわからない。したがって，一時点で機能した袋状土坑の数を把握することは困難である。

居住施設把握の問題　関東地方北東部から東北地方南部の大木 7b 式〜大木 8a 式期（阿玉台式〜加曽利ＥⅠ式期）には竪穴住居が少ない。貯蔵穴数は把握できても，居住施設数の把握が困難である。栃木県大田原市品川台遺跡の発掘調査で，筆者は袋状土坑を取り巻く，柱穴と焼土跡からなる居住施設を把握した（塚本 1992）。このような竪穴構造ではない居住施設は，発掘調査で把握することが難しい。品川台遺跡は短期間限定の集落であるが，中期後半まで継続する遺跡では，後の時代の袋状土坑による破壊を受けて，竪穴構造ではない居住施設の把握はさらに困難となる。

食料の貯蔵方法　渡辺誠は，貯蔵穴での貯蔵は短期の生貯蔵であり，縄文時代で重要なのは屋根裏での乾燥貯蔵であることを指摘してきた（渡辺 1980）。貯蔵穴だけでは食料貯蔵の問題は検討できない。ただし関東地方北東部では，前述したとおり，竪穴構造をとらない，細い柱による貧弱な居住施設であったと思われ，大量の屋根裏貯蔵を可能とするような上屋は想定できない。縄文時代中期中葉の関東地方北東部では，屋根裏での乾燥貯蔵は低調で，貯蔵穴による食料貯蔵が主流であったと思われる。袋状土坑の数で，貯蔵食料の多寡を考えることは，ある程度妥当性がある。

土器編年の問題　遺構の年代表記は阿玉台式の細別を用いる。対象地域では，阿玉台式と大木式土器が共伴するが，茨城県北部では大木式土器のみで構成される一括資料がある。大木式土器は阿玉台式ほど変遷の過程が細かくないため，阿玉台式を伴出しない場合，年代幅が長くなる。

第1表　阿玉台式期年代別袋状土坑数

	遺跡名	所在地	阿玉台Ⅰa式期	阿玉台Ⅰa～Ⅰb式期	阿玉台Ⅰb式期	阿玉台Ⅰb～Ⅱ式期	阿玉台Ⅱ式期	阿玉台Ⅱ～Ⅲ式期	阿玉台Ⅲ式期	阿玉台Ⅲ～Ⅳ式期	阿玉台Ⅳ式期
1	槻沢遺跡	栃木県那須塩原市槻沢				1	2	2	2		2
2	不動院裏遺跡	栃木県大田原市久野又			2	1	1				
3	片府田富士山遺跡	栃木県大田原市片府田字富士山					1				
4	品川台遺跡	栃木県大田原市蛭田						9			
5	浄法寺遺跡	栃木県那須郡那珂川町浄法寺				1	4	1	2		
6	三輪仲町遺跡	栃木県那須郡那珂川町三輪			5	2	5	3	9	13	4
7	小鍋前遺跡	栃木県那須烏山市大里				1	7	4	6		8
8	荻ノ平遺跡	栃木県那須烏山市鴻野山			1						
9	山苗代A遺跡	栃木県矢板市山苗代字堂山			8	5	1	4			
10	大志白遺跡	栃木県宇都宮市下田原		1	1	3		2	5	3	3
11	御城田遺跡	栃木県宇都宮市駒生町			1	6		3	1	3	8
12	竹下遺跡	栃木県宇都宮市竹下町			1		1	3		1	7
13	御霊前遺跡	栃木県芳賀郡益子町大沢字御霊前				1	2	14	11	16	25
14	西海道遺跡	栃木県真岡市堀内					2				
15	桧の木遺跡	栃木県芳賀郡茂木町馬門字古館			1	2	2	8	6	5	23
16	島田遺跡	栃木県河内郡上三川町しらさぎ			1	5		6	2	3	6
17	諏訪遺跡	茨城県日立市諏訪町			2	5					
18	十王堂遺跡	茨城県日立市末広町		2	1					1	
19	諏訪台遺跡	茨城県常陸大宮市鷹巣字諏訪台				3	9	1			
20	梶巾遺跡	茨城県常陸大宮市小祝字中道				4	7	2			
21	坪井上遺跡	茨城県常陸大宮市下村田字坪井上				1	2	2			
22	赤岩Ⅱ遺跡	茨城県常陸大宮市三美			11	20	6	10	10	6	6
23	三美中道遺跡	茨城県常陸大宮市三美					2				
24	滝ノ上遺跡	茨城県常陸大宮市三美			5	1	5	7	3	9	4
25	堀米A遺跡	茨城県那珂郡東海村大字照沼					1	15	29	61	47
26	圷遺跡（第3地点）	茨城県水戸市河和田1丁目				2	3			1	1
27	宮後遺跡	茨城県東茨城郡茨城町近藤字宮附	1		5	5	18	22	17	34	39
28	千天遺跡	茨城県東茨城郡大洗町						1		1	3
29	裏山遺跡	茨城県桜川市大字磯部字裏山					3	4		6	5
30	赤弥堂遺跡	茨城県土浦市下坂田			1	1	1	3	1	5	8
31	中台遺跡	茨城県つくば市北条字古城		1			4	36	12	16	12
32	堂東遺跡	茨城県筑西市横塚字堂東		1			3	14	10	11	16
	合計		1	5	46	70	92	176	126	195	227

4 分 析

(1) 年代軸の設定

西村正衛による阿玉台式土器の編年（西村 1972）を基準とする。筆者も含め，多くの研究者が阿玉台Ⅰb式を二細分するが，今回扱う資料は，数片から10数片の例が多く，阿玉台Ⅰb式の新古を特定できない。阿玉台Ⅱ式を細分する研究者も多い。筆者は遺構の年代決定に際して，阿玉台Ⅱ式のみを単独で出土する段階，阿玉台Ⅱ式と阿玉台Ⅲ式が共伴する段階，阿玉台Ⅲ式が単独で出土する段階と区分する。なお筆者は，単独で出土する阿玉台Ⅱ式土器と阿玉台Ⅲ式と伴出する阿玉台Ⅱ式の違いは，明確に説明できていないが，阿玉台Ⅱ式に伴う阿玉台Ⅲ式と単独で出土する阿玉台Ⅲ式の違いは型式学的に説明できると考えている（塚本 2008）。

(2) 袋状土坑数の推移

関東地方北東部における阿玉台式期の各遺跡の袋状土坑数を一覧表に示した（第1表）。阿玉台Ⅰa式期には袋状土坑が出現する。確認されているのは，茨城県茨城町宮後遺跡第396号土坑1基のみである。阿玉台Ⅰb式期には16遺跡と遺跡数が増える。栃木県矢板市山苗代A遺跡や同県那珂川町三輪仲町遺跡，宮後遺跡では5〜8基，茨城県赤岩Ⅱ遺跡では11基を調査した。阿玉台Ⅱ式期には24遺跡で，宮後遺跡で17基を調査した。続く阿玉台Ⅱ〜Ⅲ式期は22遺跡で，袋状土坑の総数が増える。栃木県御霊前遺跡，茨城県赤岩Ⅱ遺跡，堀米A遺跡，中台遺跡で，調査数が2桁となっている。以後阿玉台Ⅲ〜Ⅳ式期にかけてその数を維持するようである。

阿玉台Ⅱ〜Ⅲ式期に袋状土坑の保有数が増加し，この時期が画期のようである。

各時期の袋状土坑を保有する遺跡の分布の推移を図化した（第1図）。

(3) 環状集落

ここでは大規模集落もしくは環状集落の形成過程がうかがえる集落遺跡を取り上げる。

品川台A遺跡　品川台遺跡は，栃木県大田原市蛭田に所在する。東側を那珂川，南側をその支流の箒川に画された，那須野が原扇状地の扇端部に位置し，北西から南東に細長く延びる台地の南端部近くに立地する。1990（平成2）年，品川台工業団地造成に先立つ記録保存調査を，約7,000m^{2}に対して実施した。筆者はこの調査を担当した（塚本 1992）。品川台遺跡自体は調査範囲よりもさらに大きく広がる。調査地点は遺跡の北端部にあたり，阿玉台Ⅱ〜Ⅲ式期という短期間のみの活動痕跡が認められた。重複する2軒の竪穴住居跡，炉のまわりに柱穴が発見された建物跡5棟，さらに建物跡と思われる柱穴群6基が，環状に配置され，その中央部に袋状土坑9基が存在する（第2図）。ほぼ一型式内に収まる環状集落をほぼ全面調査したことになる。袋状土坑出土の土器片どうしの接合関係，あるいは同一個体の共有関係が把握できた。これにより，同時に

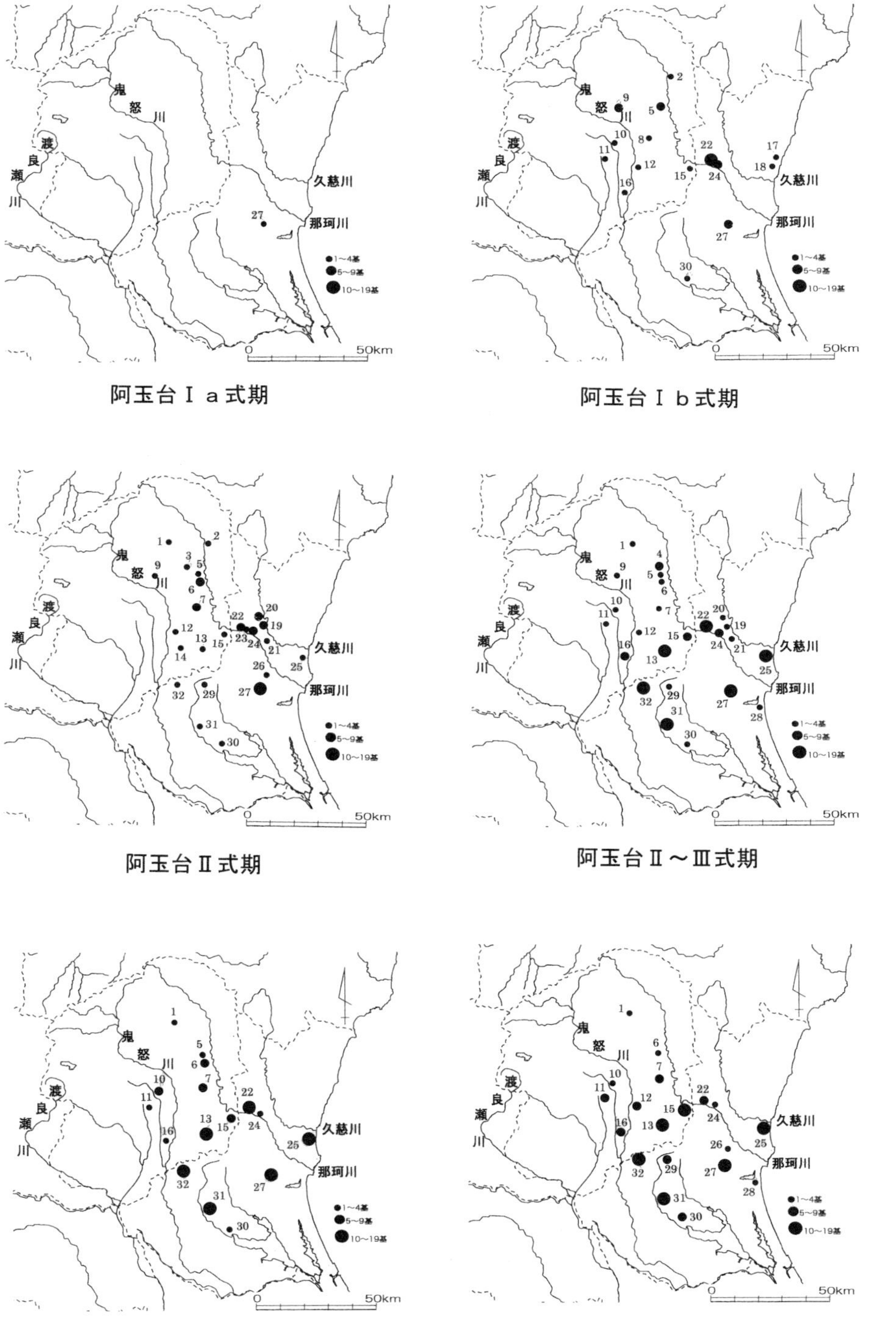

第１図　阿玉台式期袋状土坑検出遺跡分布図

開口していた可能性の高い袋状土坑を指摘でき，一時点で同時に機能した遺構を，絞り込むことができた。同時期の住居跡は，2～3軒もしくは5～6軒であり，袋状土坑は2～3基もしくは5～6基と考えた。同時開口ということから，袋状土坑が1時点で1基のみという可能性は低い。

宮後遺跡　宮後遺跡は，茨城県東茨城郡茨城町大字近藤に所在する。那珂川と支流の涸沼川と間には，東茨城郡北部台地が広がるが，東南流する涸沼川の支流により，いくつもの支谷が開析されている。遺跡は，こうした支谷に望む台地縁辺部に立地する。土地区画整備事業に伴い，1998（平成10）～2000（平成12）年に，39,064m^{2}に対して記録保存のための発掘調査が実施された。

縄文時代中期の遺構として，竪穴住居跡104軒，土坑1,974基，土坑墓238基等を調査した（吹野2002・2005）。時期は，阿玉台Ⅰa式期から加曽利EⅣ式期に及ぶ。谷頭部分に，中央の空白部を囲むように，土坑群や住居跡が配置された環状集落である。報告書のまとめに示された時期別遺構配置図は，阿玉台Ⅱ～Ⅲ式期が設定されていないため，筆者が報告書掲載の土器片から判断して，新たに遺構配置図を作成した（第3図）。阿玉台Ⅰa式期に袋状土坑が出現し，阿玉台Ⅰb式期には，後の中央広場を挟むように東西二群に分かれ，土坑数が増える阿玉台Ⅱ式期に，環状の配置が形成されたことがわかった。

堀米A遺跡　堀米A遺跡は，茨城県那珂郡東海村大字照沼に所在する。現在の海岸から約1.5kmのところにあり，那珂台地の北東部にあたる。現在は干拓されてしまったが，かつては細浦，真崎浦等の入り江が存在した。遺跡は真崎浦を北西に望む台地上に立地する。照沼小学校を中心とする約15,000m^{2}が遺跡の範囲と考えられている。小学校の改築に伴い4次にわたる記録保存調査が実施された。第1次調査では2010（平成22）～2011（平成23）年に約4,520m^2，第2次調査では2011（平成23）年に約1,360m^2（青木2012），第3次調査では2011（平成23）年に約1,300m^2，第4次調査では2012（平成24）年に2,456m^{2}を調査した。竪穴住居跡7軒，貯蔵穴と思われる土坑560基以上，土壙墓と思われるもの約40基等が縄文時代中期と把握された。

第1次調査の報文（大橋2012）および第3・4次調査の報文（浅間2013）で，環状集落として把握されている。第1次調査の報文では，直径約160mの環状集落で，中央の約48mの範囲内に土壙墓群，その外側外径112m，内径54mの範囲内に貯蔵穴，貯蔵穴の外側に重複するように数少ない竪穴住居が配置されると捉えている。時期はほとんどが大木8a～大木8b式期（阿玉台Ⅲ式期～加曽利EⅠ式期）とされている。第3・4次調査の報文では，第1次から4次までの調査成果を総合し，径約130mの環状集落と把握している。外側から廃棄帯，建物跡群（居住域），貯蔵域，空白帯を挟んで中央墓群で構成される。居住域の外側にも貯蔵穴が広がる。中央墓群にはヒスイ製装身具や土製けつ状耳飾りが集中し，空白帯には倒木痕が目立つ。阿玉台Ⅱ式新段階（報文の1期）に明確に集落形成が始まるが，遺構が散在し，環状構成をとらない。阿玉台Ⅲ式期（報文の2a期）に竪穴住居が確実に存在し，北側に偏るものの環状構成をとる。なお，阿玉台Ⅰa式から土器が出土し，大木8b式期に集落が終焉するとのことである。

宮後遺跡と同様に，遺構配置図を新たに作成した（第4図）。阿玉台Ⅱ式期に袋状土坑が出現し，土坑数が増える阿玉台Ⅱ～Ⅲ式期に，環状の配置が形成されたことがわかった。

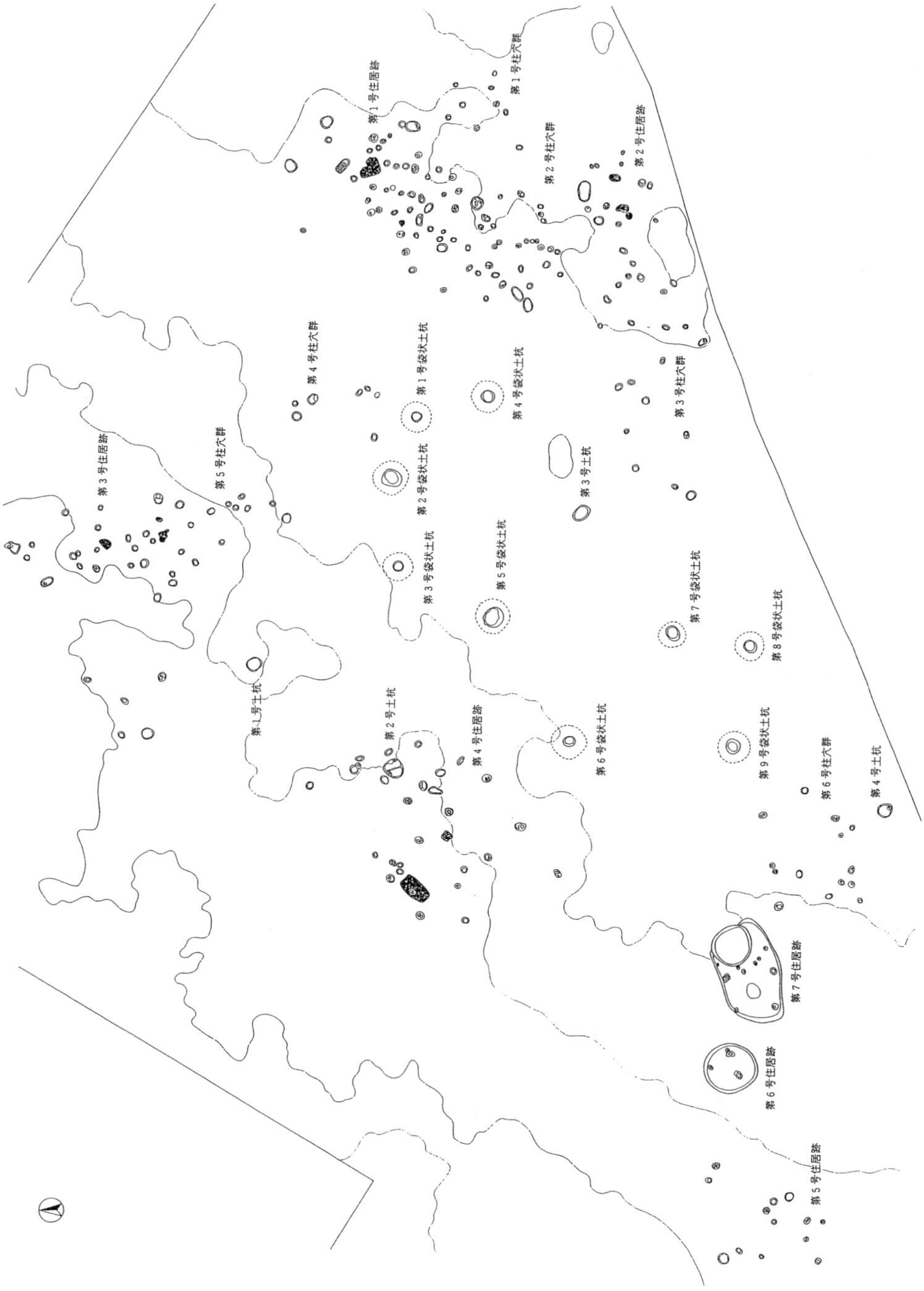

第2図　品川台遺跡　遺構配置図（S＝1/500）

阿玉台Ⅰａ式期遺構配置

阿玉台Ⅰｂ式期遺構配置

阿玉台Ⅱ式期遺構配置

阿玉台Ⅱ～Ⅲ式期遺構配置

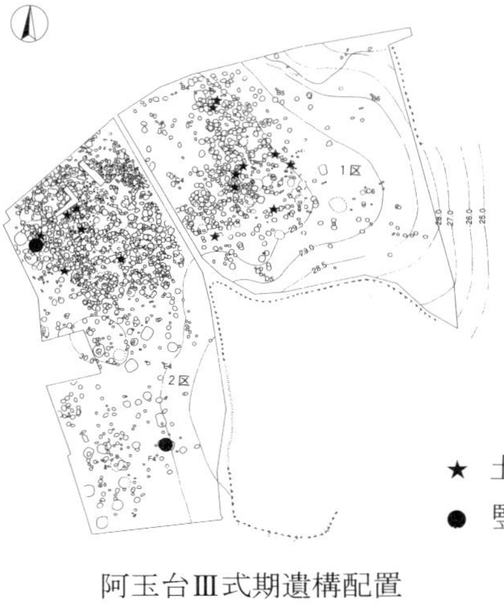

★ 土　　坑
● 竪穴住居跡

阿玉台Ⅲ式期遺構配置

阿玉台Ⅳ式期遺構配置

第３図　宮後遺跡　時期別遺構配置図

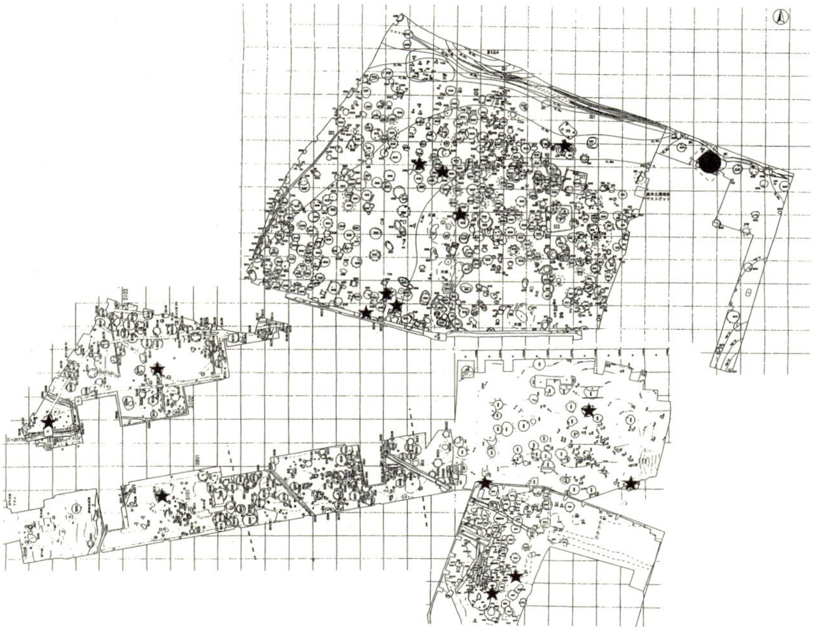

阿玉台Ⅱ～Ⅲ式期遺構配置

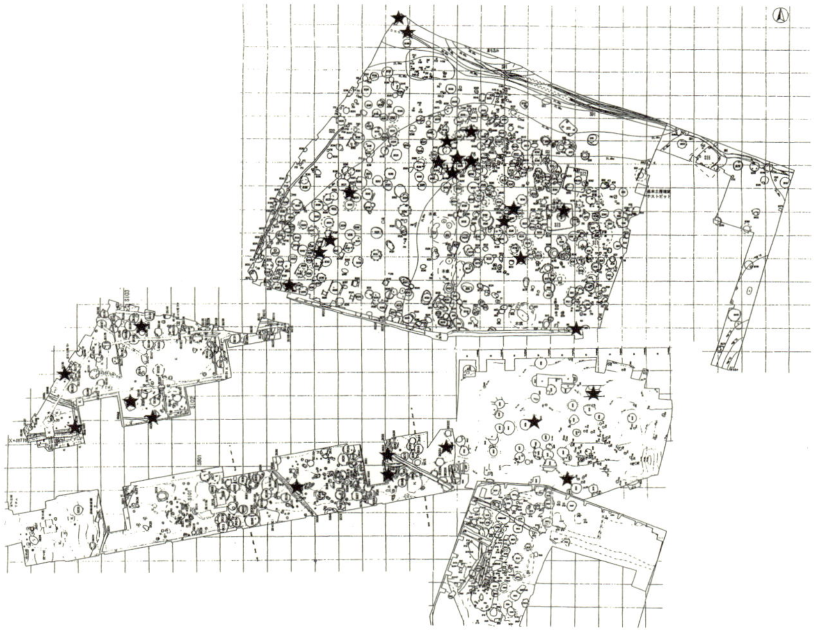

阿玉台Ⅲ式期遺構配置

● 竪穴住居跡

★ 土　　坑

0　20m

第4図　堀米A遺跡　時期別遺構配置図

以上，関東地方北東部で，環状構成を把握できた三つの集落遺跡を取り上げた。品川台Ａ遺跡では，阿玉台Ⅱ～Ⅲ式期に環状集落が形成された。宮後遺跡では，阿玉台Ⅰａ式期から集落が形成され，阿玉台Ⅱ式期に環状構成をとりはじめた。堀米Ａ遺跡では，阿玉台Ⅱ式期に遺構（袋状土坑）が確認され，阿玉台Ⅱ～Ⅲ式期に環状構成をとりはじめた。

5　結　論

関東地方北東部（栃木県および茨城県）では大形の袋状土坑（貯蔵穴）が阿玉台Ⅰａ式期に出現し，阿玉台Ⅰｂ式期に確実に定着する。宮後遺跡では阿玉台Ⅱ式期に，堀米Ａ遺跡では阿玉台Ⅱ～Ⅲ式期に，袋状土坑の環状配置が形成された。品川台Ａ遺跡は阿玉台Ⅱ～Ⅲ式期の環状集落である。袋状土坑の数が増加する阿玉台Ⅱ～Ⅲ式期前後に環状配置がみられるようになる。

貯蔵穴数の増加と集落の大形化，遺構の環状配置は，ある程度相関関係が認められる。

おわりに

今回取り上げた，貯蔵食料の増加と環状集落形成の相関を把握するといった試みには，前述したとおり，貯蔵穴の年代決定，貯蔵穴のライフサイクルの問題，居住施設の把握，同時存在した遺構の把握といった点での制約が伴う。基礎的な分析の第一歩として，土器型式の細別によって把握された年代幅での遺構数を扱った。

遺物の出土位置の悉皆的な記録や遺構間接合の駆使といった分析が困難な状況においては，品川台Ａ遺跡のような短期間形成の集落と宮後遺跡や堀米Ａ遺跡のような長期継続（断続？）した集落を，遺構や遺物の量，質を比較して，縄文時代中期集落の実態把握に迫りたい。

註

1）「大規模集落」とは漠然とした表現で，適切さに欠く。「一土器型式内での遺構数が多い集落」もしくは「一土器型式の出土土器量が多い集落」を意味する。

2）2013年2月23日に実施されたシンポジウム「縄文研究の地平2013―環状集落を見直す―」では，山本典幸主導のもと，環状集落の成因を各方面から検討するという主旨で報告者が選定された。筆者には，環状集落の形成と縄文時代の経済との関係を考えるための有意義な情報を提供するという役割が与えられた。自身が進めてきた関東地方北東部の袋状土坑の受容と環状集落の形成について発表をした。本稿は，当日の発表要旨をもとに，その後の調査例を加えて検討したものである。

3）筆者は栃木県大田原市品川台遺跡の発掘調査で，袋状土坑間の遺構間接合を試み，一時点での集落景観の復原を試みたことがある（塚本1992・1998）。

参考文献

浅間　陽　2013『茨城県東海村　堀米Ａ遺跡（第3・4次調査）』東海村

青木雄大　2012『茨城県東海村　堀米A遺跡（第2次調査）』東海村
大橋　生　2012『茨城県東海村　堀米A遺跡（第1次調査）』東海村
今村啓爾　1988「土坑性格論」『論争・学説　日本の考古学2　先土器・縄文時代Ⅰ』雄山閣
坂口　隆　2003『縄文時代貯蔵穴の研究』アム・プロモーション
塚本師也　1992『栃木県埋蔵文化財調査報告第128集　品川台遺跡』栃木県教育委員会
塚本師也　1998「袋状土坑における遺物出土状況と遺構間の出土土器接合―栃木県那須郡湯津上村品川台遺跡の事例より―」『シンポジウム　縄文集落研究の新地平2』縄文集落研究グループ
塚本師也　2008「阿玉台式土器」『総覧　縄文土器』アム・プロモーション
西村正衛　1972「阿玉台式土器編年的研究の概要―利根川下流域を中心として―」『早稲田大学大学院文学研究科紀要』第18輯
吹野富美夫　2002『茨城県教育財団文化財報告書第188集　宮後遺跡1』茨城県
吹野富美夫　2005『茨城県教育財団文化財報告書第240集　宮後遺跡2』茨城県
堀越正行　1977「小竪穴考（3）」『史館』第八号　史館同人
渡辺　誠　1980「雪国の縄文家屋」『小田原考古学研究会会報』第9号　小田原考古学研究会

土器系統からみた縄文集落
—多摩ニュータウン No.446 遺跡の分析—

今福　利恵

はじめに

縄文集落研究において，土器におけるおおよその時期決定から住居跡の形式による類似性，系統性に着目して環状集落の住居配置の分割構造が論じられ，一方で発掘調査の実証的な検討から一時期における集落景観をとらえていく方法が見出されている。しかし，一集落内の出土土器はこれまで細分された編年だけで，土器型式の個々の出自といった系統性を集落研究に反映させてはこなかった。集落における構築時の形となる住居跡の変遷ではなく，そこで使用された土器型式が集落でどのような系統で分布し配置されているのかを検討することは，集落の最小単位を住居跡でなく土器型式に単位を分解することになり，集落内での土器型式の背後にあるより細かな集団の動態をみていく試み（今福 2014）となって，集落研究を広げていくものである。本論は 2013 年 2 月 23 日に東京都埋蔵文化財センターで行われた研究集会『縄文研究の地平 2013～環状集落を見直す～』にて「甲信・関東の土器系統の分析」として発表したものを基本にしているが分類や編年は修正した。

1　分析の方法

東京都の多摩ニュータウン No.446 遺跡（東京都教育委員会 1997）を対象とした。住居跡の重複関係がなく，比較的短期間に完結する集落跡は，同時代の攪乱も少なく分析において情報が抽出しやすい。本遺跡は南東方向に傾斜して延びる舌状台地上にあり（第 1 図），中期中葉の勝坂式期の住居跡 20 軒ほどの環状集落とみなされている。これまで谷口康浩（2005），安孫子昭二（2011），櫛原功一（2012）らによる分析成果がある。いずれも住居跡の形式，規模，主軸等によって集落の分割構造を論じるものであり，土器型式からの視点はない。

土器編年については型式学的に分離された細分による時間幅とし，新地平編年に準じた私の編年（今福 2011）を基本にする。系統観についても同じである。ある集落において土器が型式学的に時間幅が認められるとき，住居出土土器には複数の時期にわたっていることがある。出土状況で一括例とされながら型式学的に前後したものが混在する状況については，累積の結果が多様なケースとなることから，理論的に分離された時間細分を主軸に整理していく。多摩ニュータウン

第１図　多摩ニュータウン No.446 遺跡

No.446 遺跡出土土器を検討すると新地平編年の７期～９期までとなり，7a 期の藤内１段階の土器がわずかに先行してみられるが，7b 期の藤内２段階，8a 期の藤内３段階，8b 期の藤内４段階，9a 期の井戸尻１段階の四時期にわたっての変遷をみることができる。埋甕と報告されているものも含めて住居跡は 21 軒が認められる。

土器型式については報告されている遺跡出土土器すべてを型式学的な分類と系統関係からその時間的な展開を整理する。型式をその背後にある集団の表象ととらえた場合，型式の発生，分裂，消滅という動態があればそれは集団の動態となる。型式の意味するところの理解は範型論にしたがい範型を共有する集団が背景にあると考える。

そしてある型式が通時的にどのような遺構に廃棄されているかは土器型式の系統が集落内に再配置されている組み合わせをとらえることとなる。住居跡出土土器については，報告書では一般的に遺存状態のよいものから小破片までが掲載されるが，住居跡への意図的な廃棄と混入を分けて考えればすべてを同等に扱うことはできない。基本的に実測図化されているものを主にその住居跡に意図的に廃棄されたものとみなし，接合関係のない小破片は混入として除外しておくこととする。

住居跡覆土出土の土器群には，ある系統性をもった土器型式が一つの時間幅をもって出土することがあり，また異なる型式ごとのセット関係は一定しておらず偏りがみられる。さらに特定の土器型式が一時期に複数の住居跡から出土する場合は，同時に複数の捨て場があるということになる。住居跡覆土間で意図的な廃棄と認められる資料の接合関係はほとんど認められないため廃棄場所が決められている可能性がある。ある土器型式が複数の時期にわたってそれぞれ異なった住居に廃棄されている場合は時期ごとに捨て場を変えているとみなすことができる。よって住居跡に土器が廃棄されるにあたり，その廃棄場所と廃棄する居住者は結びつきが強いものとなる。

なお埋甕などの土器施設はその土器型式と住居との関わりが強いものとみなす。一軒の住居跡から出土する異なる型式のセットについては，その型式間において捨て場が共通していることから同じ仲間となるが，時間的な変化によって異なった組み合わせとなる。よって住居跡ごとのセット関係の通時的変化を整理することは型式間の離合集散を意味することとなる。

住居跡出土土器は型式学的に編年を整理すると複数時期にまたがり，その最古段階のものをもって廃棄が始まったとみなす。廃棄は時間の累積を表すものであり，土器型式での最新段階での時期決定とかは意味をなさない。なお住居付帯施設の土器型式と覆土中とで時間的に逆転することもみられるが，それは遺跡内での扱かわれかたの結果であって，そこにみられる型式セットおよび通時的な累積の意味するものは変わらない。その現象と内容は根本的に意味が異なっている。

2　土器型式の展開

多摩ニュータウン No.446 遺跡の出土土器については出土位置に関係なく型式分類して時期区分を行った（第2図）。土器型式は，重三角区画文土器（A），これから派生した口縁部が無文となる重三角無文土器（B），さらに頸部楕円区画文土器（C），胴部楕円区画文土器（D），横帯文土器（E），パネル文土器（F），W 字状文土器（G），縄文系土器（H），が主となる。時期的には四時期の変遷となり，第1期の藤内2段階，第2期の藤内3段階，第3期の藤内4段階，第4期のの井戸尻1段階までの展開となる。

全時期を通じてみられるのは重三角区画文土器とパネル文土器の2型式である。重三角無文土器は，初期の第1期藤内2段階には存在するが第3期となる藤内4段階までで，途中で消失していく。また同じ系統の頸部楕円区画文土器は第3期の藤内4段階に出現し第4期の井戸尻1段階まで，胴部楕円区画文土器は最後の第4期のみにみられる。重三角区画文土器の系統は時期を追うごとに多くの異型式に展開していく。また横帯文土器もこの系統であるが，数量が少なく，第2期，第3期の藤内3段階，4段階にのみみられる。パネル文土器はわずかであるが藤内1段階のものが存在し，この集落の最初期の型式である。しかし胴部文様は多様化せず，大きな展開は見られない。住居付帯施設への使用が多くみられ，住居そのものへの帰属が明らかな型式である。W 字文土器は，勝坂式土器のなかでも重三角区画文土器とは異なる一群であるが，第3期の藤内4段階に出現して第4期の井戸尻1段階まで継続する。縄文系土器は重三角区画文土器の系統と思われ，第2期の藤内3段階に出現して第4期の井戸尻1段階まで継続している。

多摩ニュータウン No.446 遺跡の土器型式はパネル文土器が先行し，これと重三角区画文土器の2型式によって始まり，第2期～第4期にかけて型式が追加されるが，また途中で消失もしていくという展開となる。こうした動態は多摩ニュータウン No.446 遺跡において型式の背景にある集団の展開を意味し，これら集団が残していった土器型式はそれぞれ決められた廃棄場所に組み合わせをもって分配されていく。

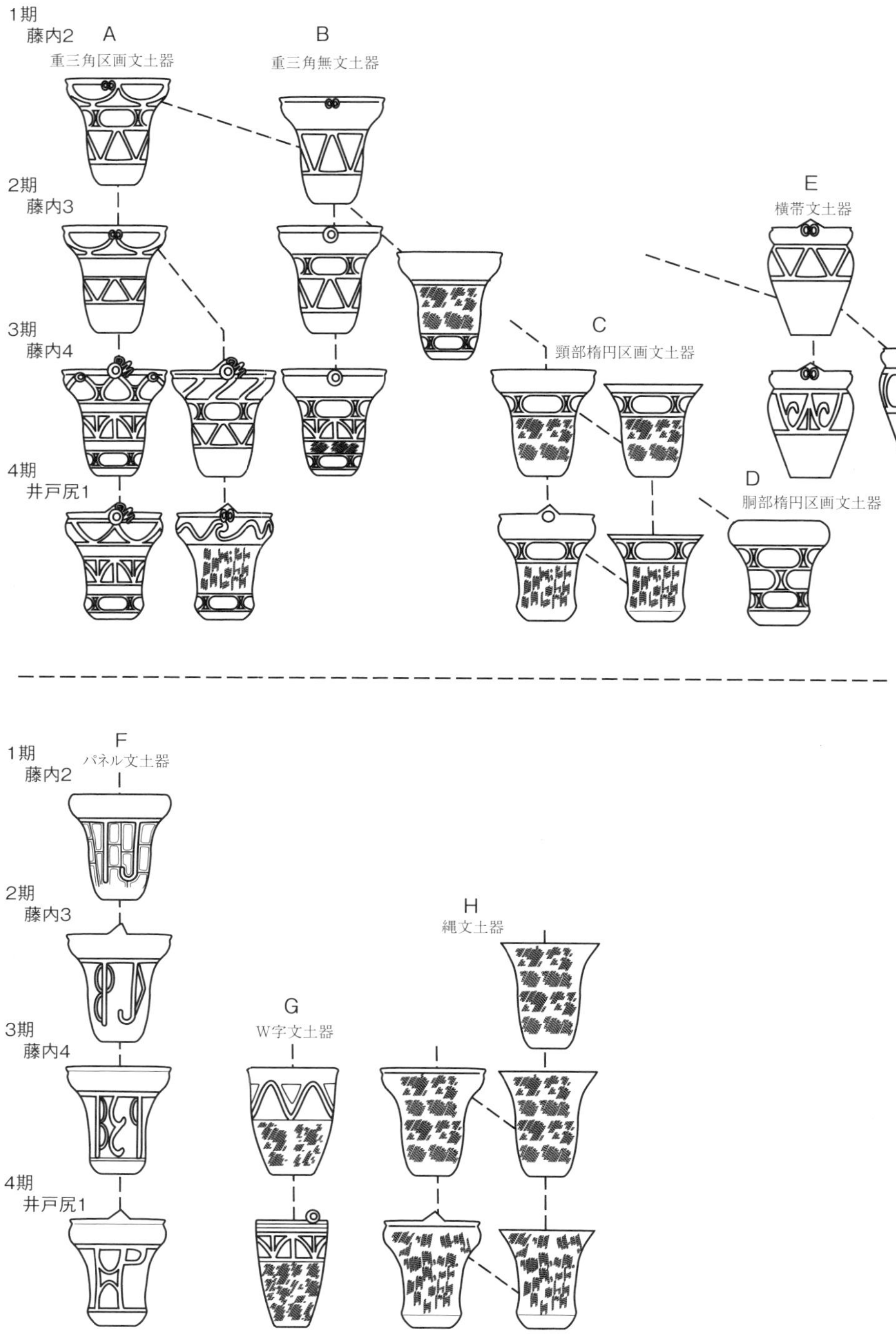

第2図　多摩ニュータウン No.446 遺跡出土勝坂式土器模式図

3　型式ごとの展開と出土場所

型式ごとに分類して時期を分け，出土した遺構を示す（第1表）。小破片は混入（▲）とみなし，実測図化された個体や大形破片を意図的な廃棄として集団を意味するものとみなした。

第1期の藤内2段階には口縁部を無文としたものも含めた重三角区画文土器そしてパネル文土器の2型式がみられる。重三角区画文土器が2軒，重三角無文土器が1軒の住居跡からみられ，広く散乱している。パネル文土器は1号埋甕を住居とみなせるがほかに廃棄された住居跡はみられない。この時期は，重三角区画文土器が主流となっている。第2期の藤内3段階になると1期に加えてバリエーションが増える。パネル文土器も2軒にみられ，破片も広く散布している。またこれに重三角区画文土器が15号住居跡において共伴するようになる。重三角無文土器に横帯文土器が伴ってくる。縄文系土器は2号埋甕により居住があり，1軒に捨てられている。第3期の藤内4段階では頸部楕円区画文土器，W字状文土器が加わる。前段階同様に重三角区画文土器は継続して同じ住居跡が廃棄場所となっている。頸部楕円区画文土器，W字文土器はパネル文土器あるいは重三角区画文土器と共伴し，それぞれこれらの型式を介在して出現してくる。縄文系土器も一緒に連動している。パネル文土器は1軒に炉体土器をもち居住場所が確認できる。第4期の井戸尻1段階で，胴部楕円区画文土器が加わり，これは頸部楕円区画文と共伴する。

第1表　土器型式別出土住居跡一覧

型式	記号	藤内1	藤内2 1期	藤内3 2期	藤内4 3期	井戸尻1 4期
重三角区画文土器	A					8住炉
			13住 26住 ▲3住 ▲5住 ▲18住 ▲23住	2住 15住 ▲13住 ▲26住 ▲28住 ▲29住 ▲31住	2住 15住 ▲1B住 ▲7住	15住 ▲7住 ▲23住
重三角無文土器	B					
			6住	1A住 7住 15住 ▲4住 ▲8住	15住 ▲27住	
頸部楕円区画文土器	C					27住炉
					4住 6住 15住 29住 ▲2住 ▲28住 ▲29住	7住 15住 ▲1A住 ▲1B住 ▲2住 ▲13住 ▲23住 ▲26住 ▲28住
胴部楕円区画文土器	D					
						2住 3住 7住 23住 ▲1B住 ▲26住 ▲28住
横帯文土器	E					
				7住	6住 8住	
パネル文土器	F		1埋		23住炉	7住 pit
		外	▲13住	15住 28住 ▲1A住 ▲2住 ▲3住 ▲4住 ▲7住 ▲8住 ▲26住 ▲29住	1B住 2住 4住 ▲6住	外
W字文土器	G					
					4住 ▲1B住 ▲6住 ▲7住 ▲8住 ▲28住	15住 23住 26住
縄文系土器	H			2埋		
				13住	2住 7住 8住 18住 ▲1A住 ▲4住 ▲6住 ▲29住	26住 28住 ▲15住 ▲23住
無文土器	I			?	+	+
その他	J					
浅鉢	K					

上段は住居付帯施設　▲混入（小破片）

W字文土器も連動しており，同じ住居跡でのセット関係がみられる。重三角区画文土器・パネル文土器は低調となるがそれぞれ1軒に炉体土器等があり居住が確認できる。

次に集落内から出土した土器型式がそれぞれどのように集落内へ分布して出土するのかをみていく。住居跡どうしの積極的な接合関係は稀有であることから，ある居住者が複数の廃棄場所をもたないが，土器捨て場の例からも複数の居住者が1ヶ所に廃棄することはありえる。

A　**重三角区画文土器**（第3・4図）　第1期の藤内2段階には13住と26住の2軒の住居跡覆土からの出土である。いずれも集落の東側よりにある。他はこの住居跡の北側に広がるがいずれも小破片で混入とみなした。廃棄場所として2ヶ所あることから2組の居住場所があったと推定される。第2期の藤内3段階になるとこの2ヶ所は放棄され，2住と15住の新しい2ヶ所が廃棄場所として選定される。ほかにも15住の南側に広くみられるがいずれも小破片である。2住は集落の北西よりで中央広場をはさんだ対称的な位置になる。それは第3期の藤内4段階になっても変わらず同じ所へ廃棄され続ける。第4期の井戸尻1段階には15住のみとなるが，集落北側の8号住居の炉体土器に使われている。本住居から15住への廃棄が推定できるが，8住は建て替えが認められず，また15住への廃棄は2期から4期と長期にわたっており，簡単に結論づけられない。いずれにしろ廃棄場所は各期でまとまった傾向がみられず，分割構造といったまとまりは認められない。重三角区画文土器については初めには型式集団が二つに分かれており，これらが次期に新しい型式集団の二つと入れ替わって継続し，末期には一つになっていく。

B　**重三角無文土器**（第5図）　第1期の藤内2段階に6住にのみみられるが，あまり明確な存在感がない。集落の北側に位置する。第2期の藤内3段階には1住，7住，15住の3軒にみられ，型式集団が三つに分かれて存在することとなる。6住から隣接する7住と集落南側，東側へと広く展開している。しかし第3期の藤内4段階には同じ1軒の集落東側にある15住を残してみられなくなり，縮小してしまって次期に存在しなくなってしまう。重三角無文土器は第2期の藤内3段階が最盛期で大きな展開がないまま消失する。集落の分割構造は明確でない。

C　**頸部楕円区画文土器**（第6図上，第7図上）　第3期の藤内4段階に出現し，4住，6住，15住，29住の4軒にみられる。廃棄場所は中央広場をはさんでそれぞれ環状を呈する位置に広がっている。小破片資料をあわせても同じく環状に分布している。次期の第4期まで続いていくが，縮小する。15住が継続しているが，ほかはみえなくなってしまい新たに7住が廃棄場所となる。27住の炉体土器に頸部楕円区画文土器が使用されており，この型式集団の居住場所と思われる。27住には建て替えが認められないが，西に近い15住あるいは北西端の7住が廃棄場所と推定できる。小破片の分布は広いため特定できない。分布場所は最初に環状となるが，次期に縮小して北側に偏っていく傾向にある。その動態は分割構造を示していない。

D　**胴部楕円区画文土器**（第6図下，第7図下）　最終の第4期となる井戸尻1段階に出現する。口縁部に重三角区区画文をもつ土器（第6図7住1）があることから重三角区画文土器の系統にある。第3期に楕円区画文が二重になる土器が存在しないことから他集落からの新規移入と思われる。2住，3住，7住，23住の4軒に認められ，いずれも北半部に偏っている。小破片は反対に

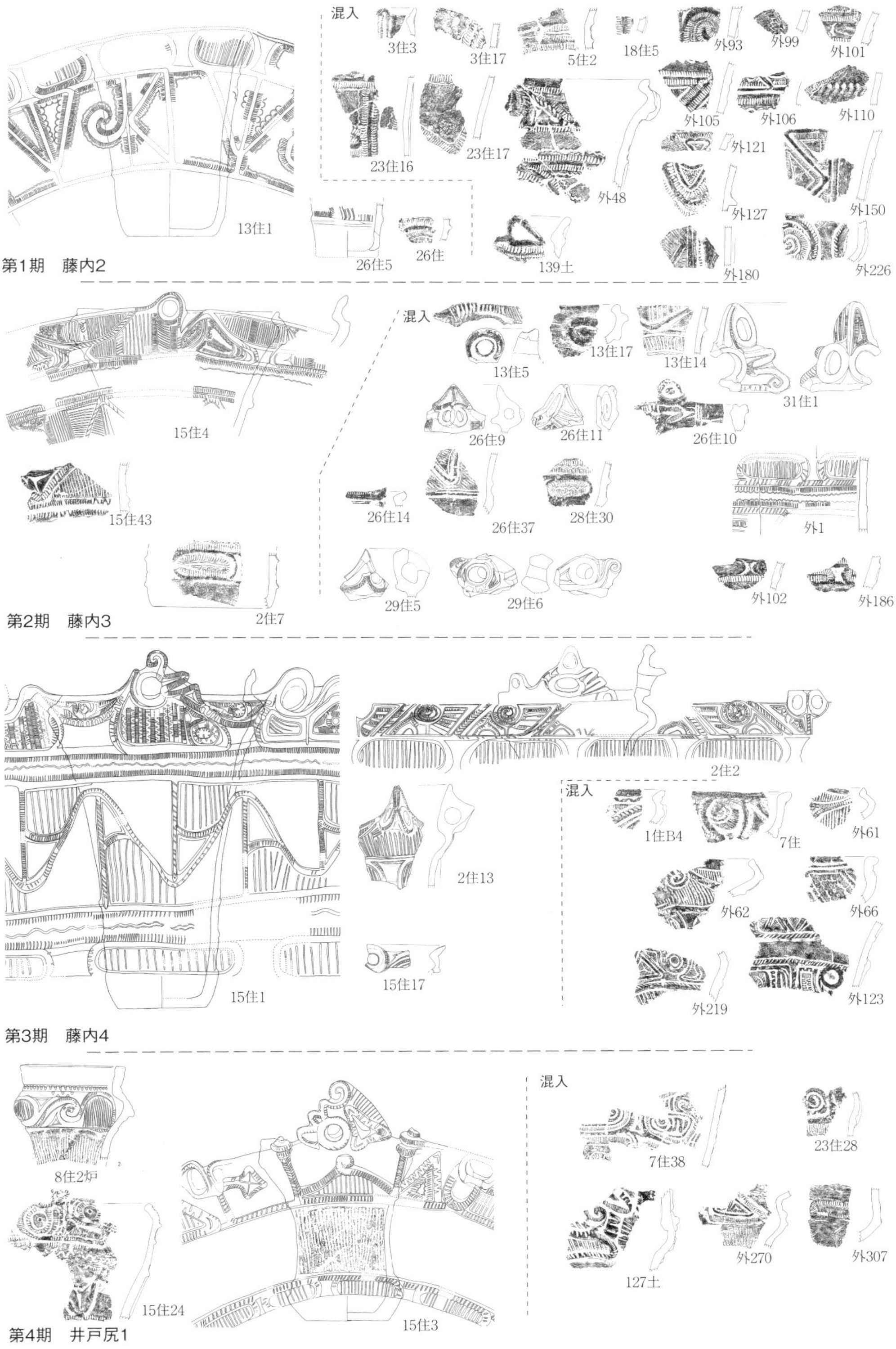

第３図　重三角区画文土器の変遷

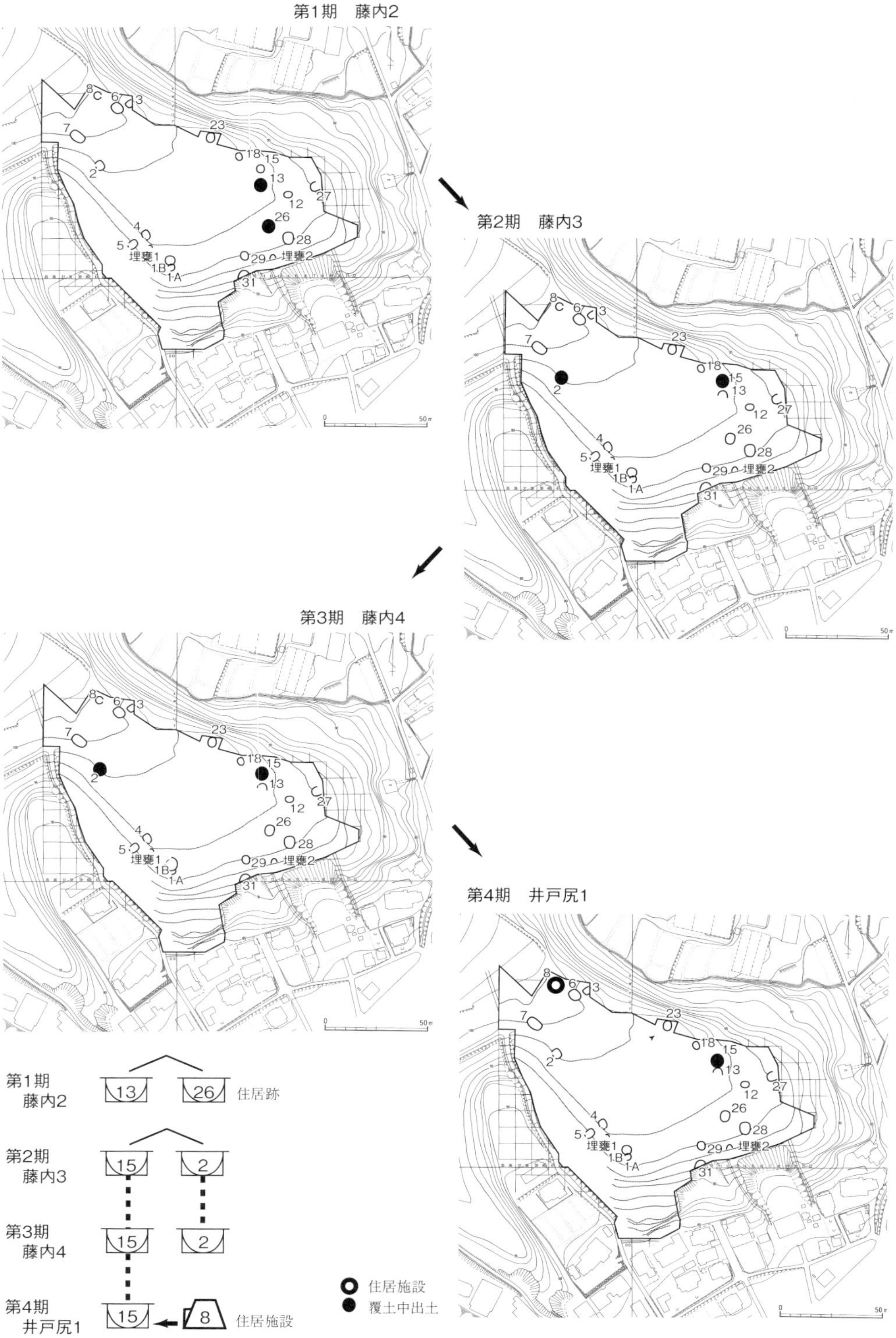

第４図　重三角区画文土器の分布変遷

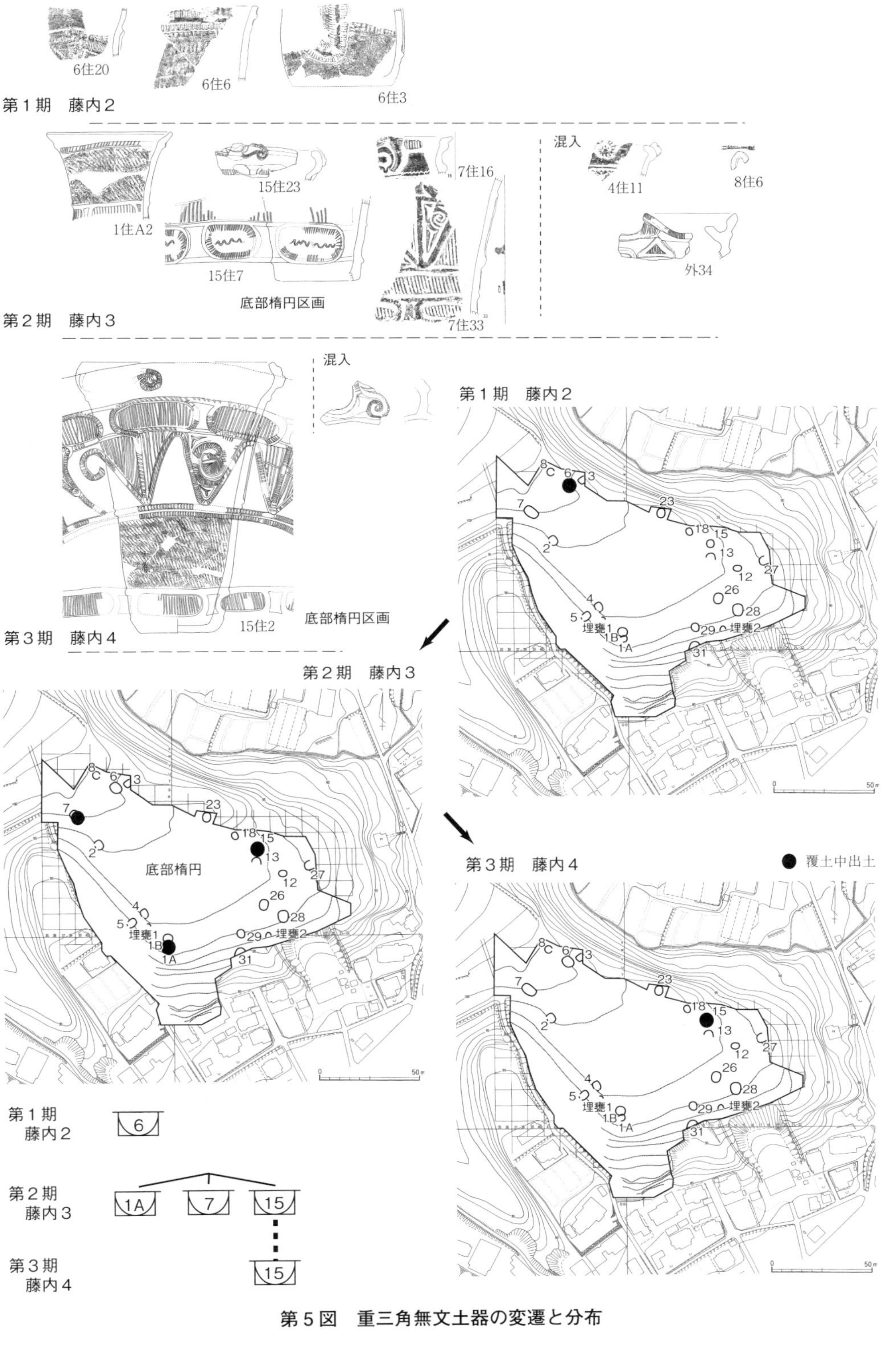

第５図　重三角無文土器の変遷と分布

第６図　楕円区画文土器の変遷

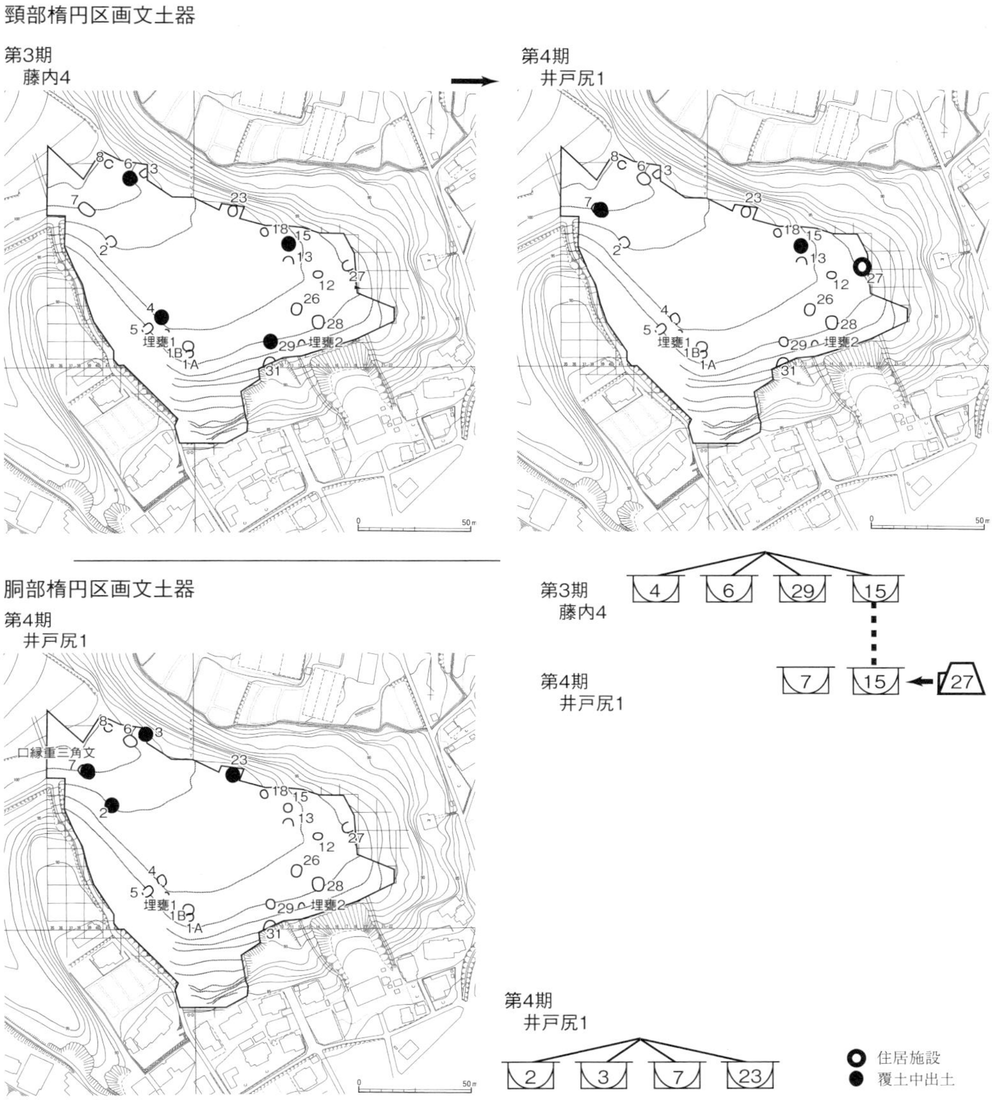

第７図　楕円区画文土器の分布と変遷

南側に広がっていて対称的である。単期にしか存在しないが外部からの移入とすれば北半部の高い位置に偏っており，選択があったと考えられる。動態はないがまとまりとして分割構造は認められる。

E　横帯文土器（第８図上，第９図上）　第２期の藤内３段階と第３期の藤内４段階にみられるが明確に分類できていない可能性もあって数量的は少ない。口縁部の眼鏡状突起から重三角区画文土器の系統と思われる。最初は７住にみられるが，次期には場所を変えて６住と８住の２軒に増える。以後は明確にみられず，なくなってしまう。位置は集落の北側にいずれも偏っており，北半の西側から東へと移動している。数量的には少ないものの，分割構造を示している。

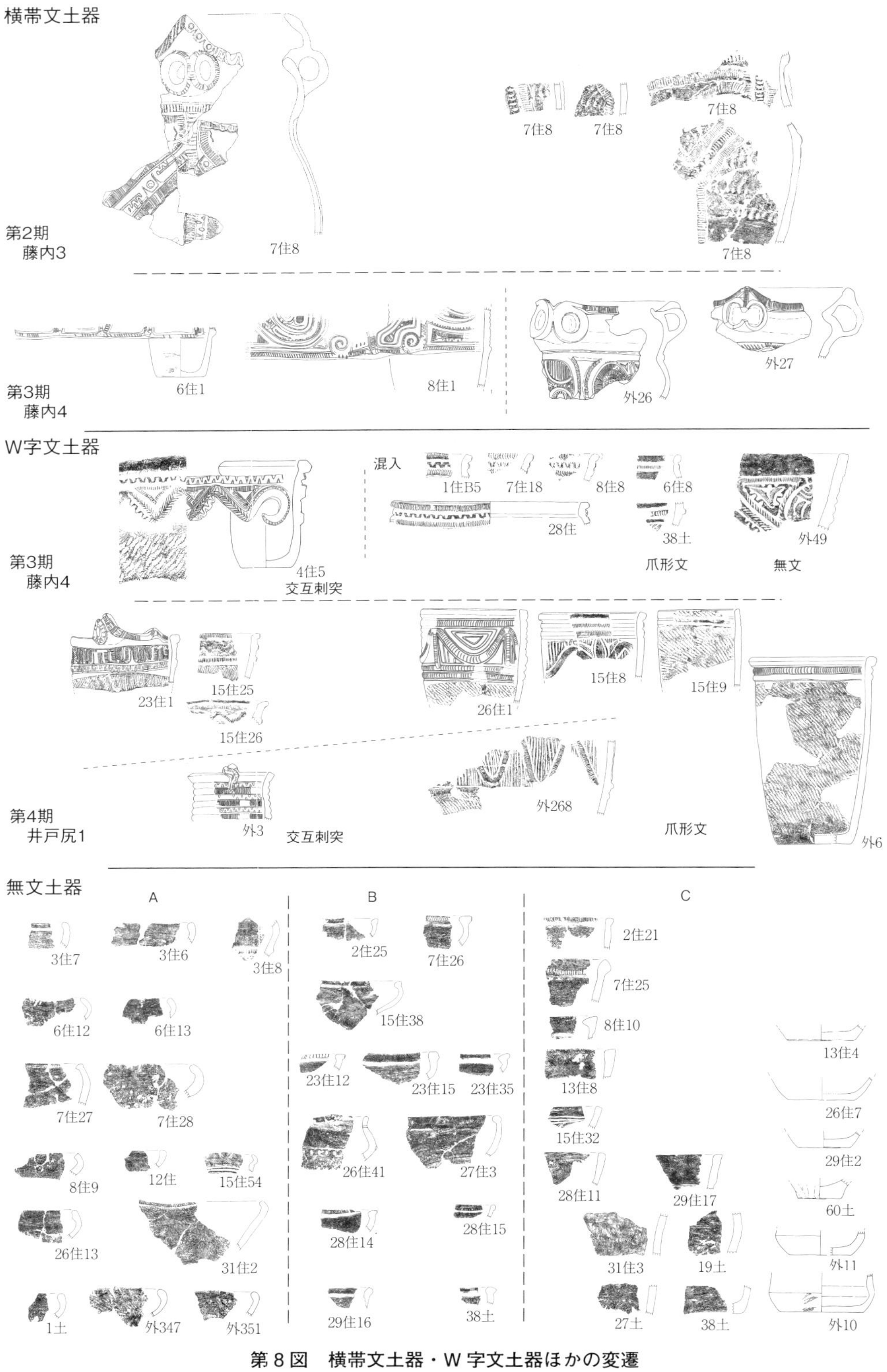

第８図　横帯文土器・W 字文土器ほかの変遷

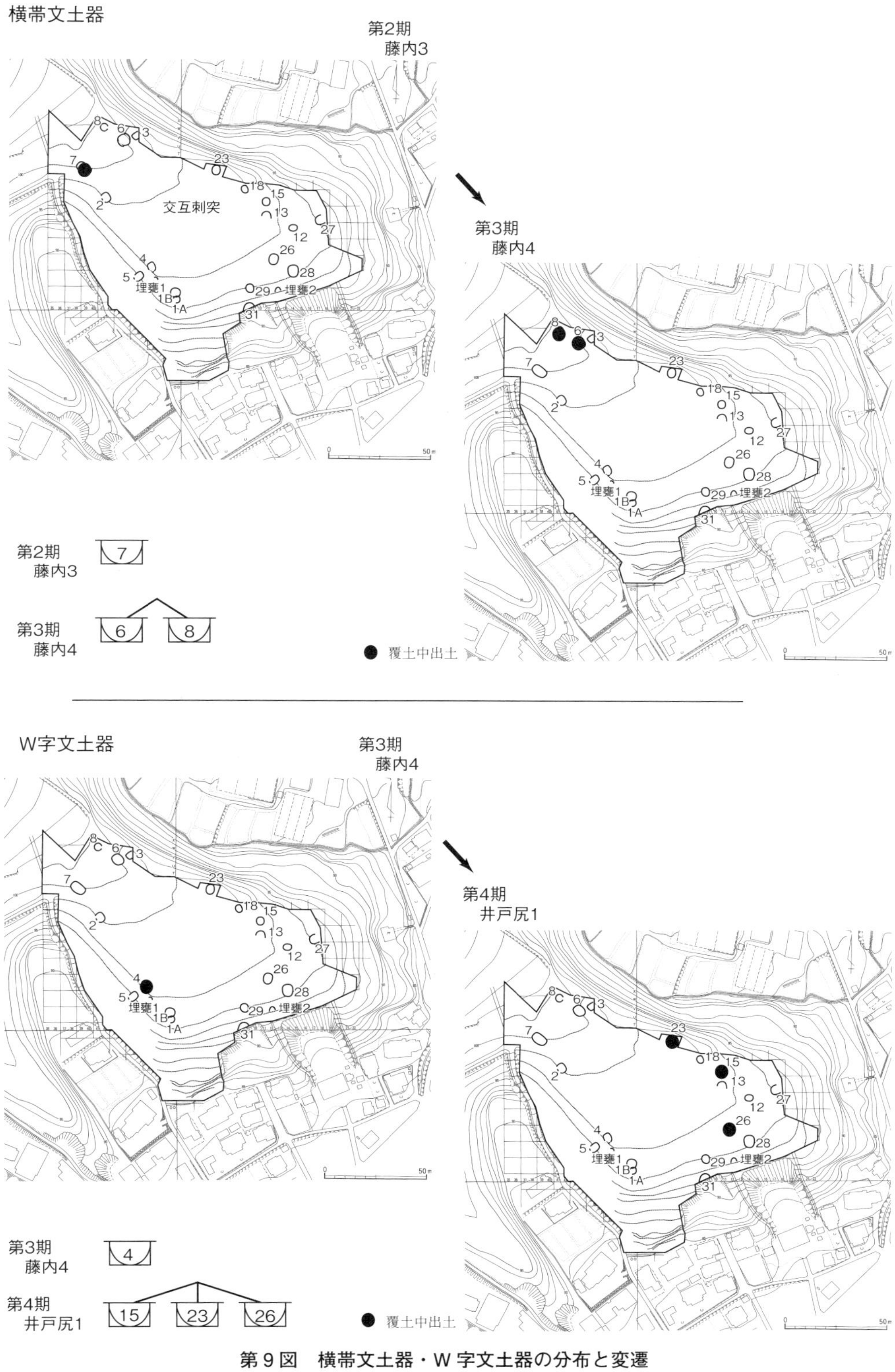

第９図　横帯文土器・Ｗ字文土器の分布と変遷

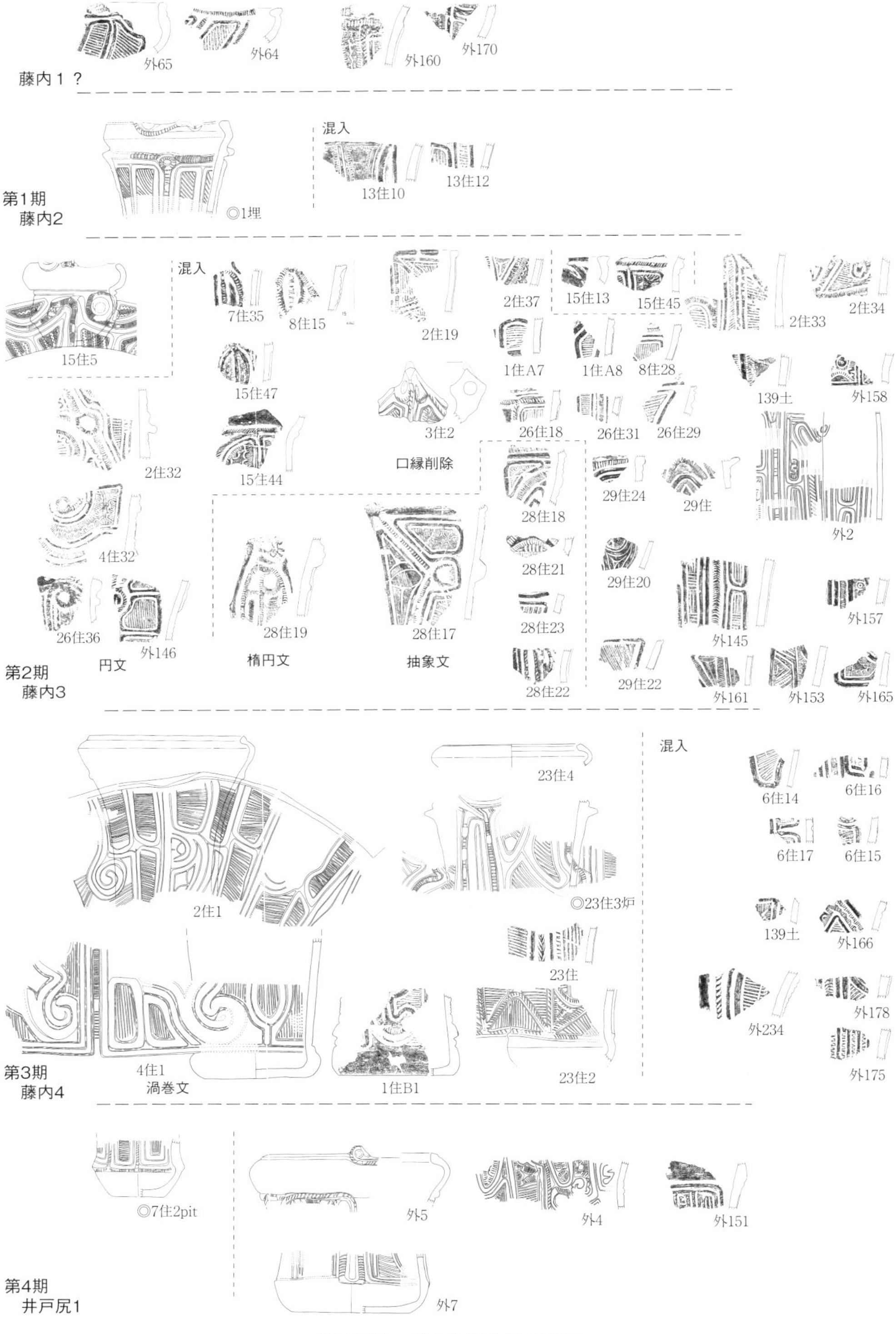

第 10 図　パネル文土器の変遷

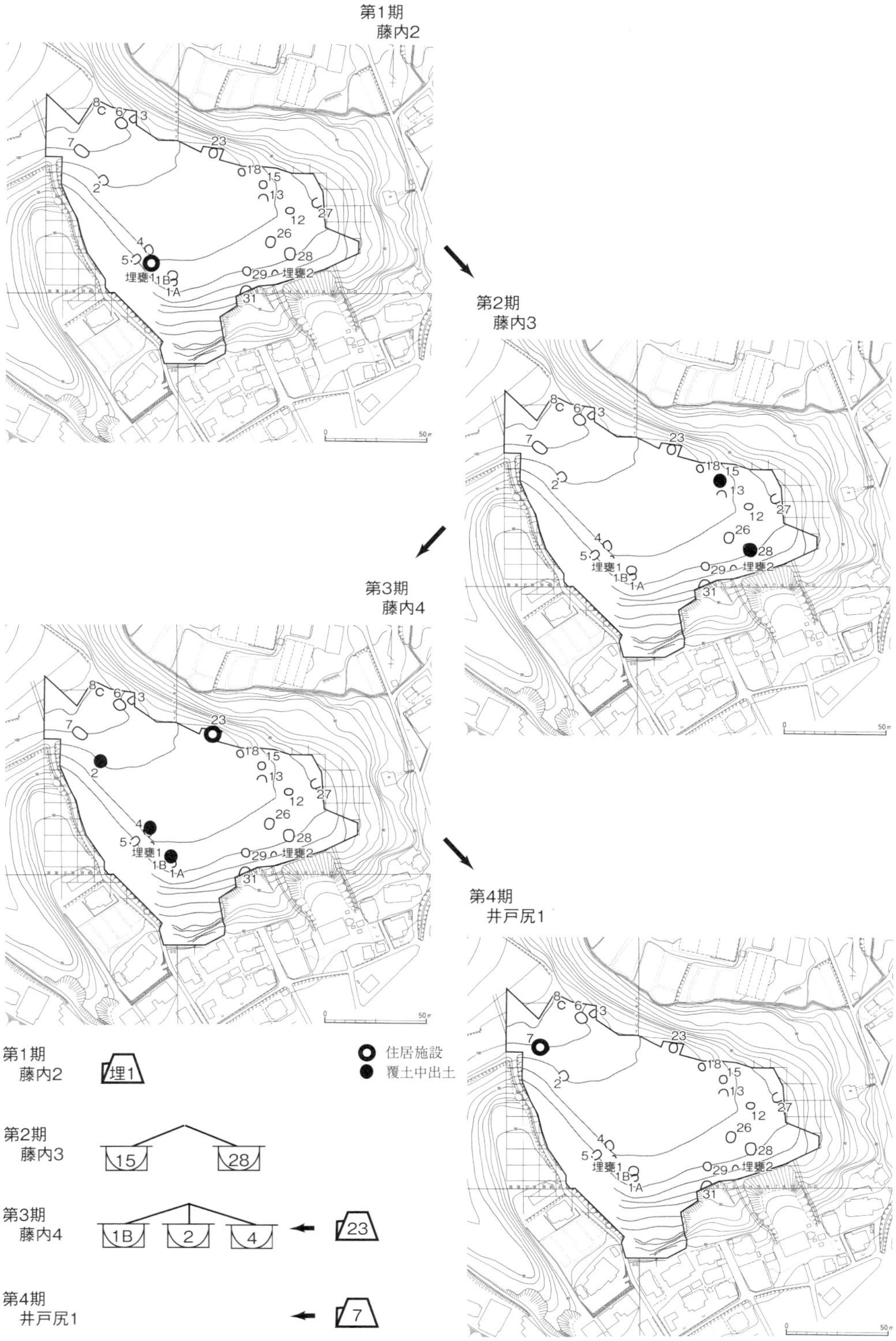

第 11 図　パネル文土器の分布と変遷

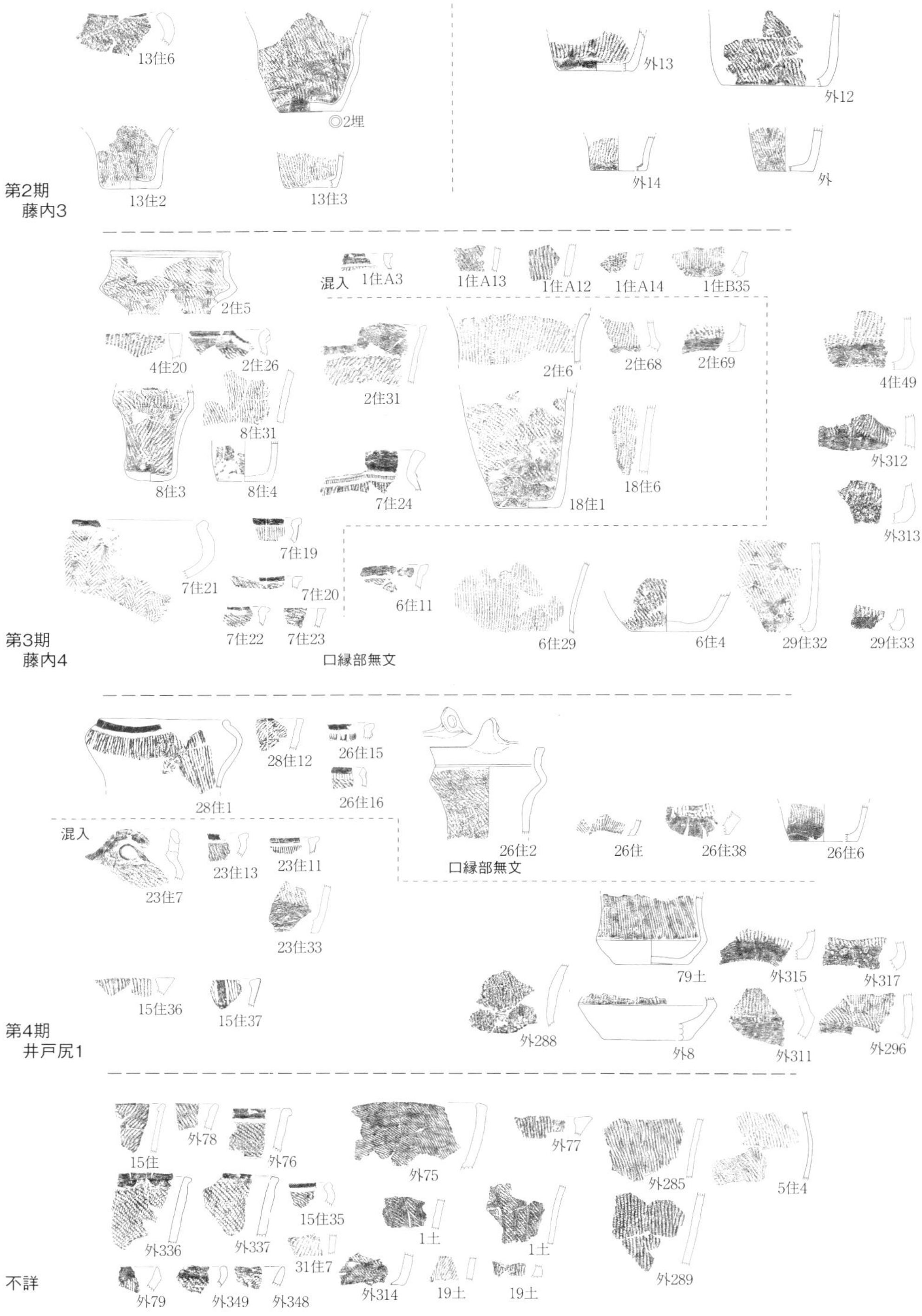

第12図　縄文系土器の変遷

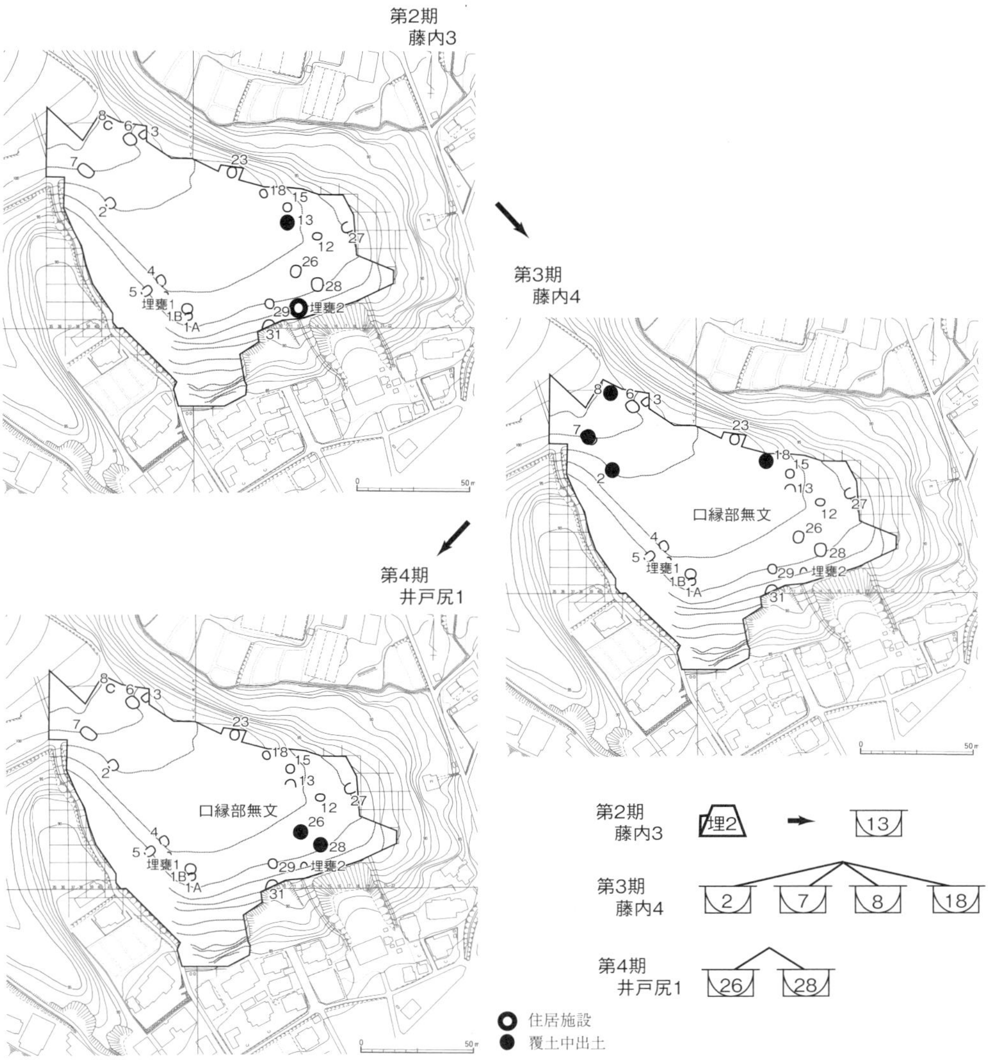

第 13 図　縄文系土器の分布と変遷

F　パネル文土器（第 10・11 図）　集落の始めから終焉まで通してみられる。最初期の藤内 1 段階に小破片で遺構外に認められ，本遺跡で集落の黎明期に存在する。第 1 期の藤内 2 段階には 1 号埋甕として使われ，住居に付帯しているがほかの破片は小さく明確に該期に位置づけられるものが明らかでない。第 2 期の藤内 3 段階には 15 住と 28 住の 2 軒に増える。集落の東側にいずれも位置し，小破片はその北側から西側，南側へと広く分布している。土器の胴部文様に縦長の楕円文と抽象文がみられるが出土する傾向に差はない。第 3 期の藤内 4 段階には 23 住で炉体土器に使用され，パネル文土器集団が居住していたものとみなせる。出土する住居は 1 住 b，2 住，4 住の 3 軒で，いずれも北東にある 23 住に対して広場をはさんだ西側に展開している。第 4 期には北西端にある 7 住ピットからの出土があり，おそらく本住居に伴うもので，ほかは遺構外からの出土となる。パネル文土器は全四期のうち三時期に住居付帯施設としてみられ，居住場所がわかる。居住場所の変遷は，南西側から北側に広場をはさんで移動し，最後は西端となる。第3期のみには広場をはさんで分割構造が認められるが，動態でみていくと環状配置を南から左回りに回っていくようにも受け取れ，分割構造を示しているとはいいがたい。

G　W字文土器（第8図中，第9図下）　本型式は重三角区画文土器とは系統が異なり，勝坂式土器の初期から連続してみられるものであるが，本遺跡では第3期の藤内4段階に出現する。総体的には数量は少ない。集落の南西側4住の1軒にみられるが，小破片は北側に多く，南東側にも広がっている。第4期の井戸尻1段階には集落の東側に偏って15住，23住，26住の3軒が新しく増える。動態は中央広場をはさんだ反対側に増えながら移動しているようすがみてとれ，分割構造を示しているようにもみえる。

H　縄文系土器（第12・13図）　明確に時期区分できるものでもないが，器形や施文方法によった。第2期の藤内3段階から第4期の井戸尻1段階までみられる。第2期には2号埋甕の居住と13住の廃棄場所となる2軒があり，集落の東側に偏っている。第3期には新しく2住，7住，8住，18住の4軒が集落の北側寄りに移っていく。第4期にはまた新規に26住，28住の2軒があり，北から南東へ位置を変え最初の位置へ戻ってくる。南東から北西そして南東という移動がみうけられるが，明瞭な分割構造は認めがたい。

4　住居跡にみる土器型式の組み合わせ

各住居内での土器をみる（第2表）と短期的に廃棄される以外に複数期にわたり連続あるいは断続的に廃棄される場合がある。7住と15住は三期にわたっており，とくに15住は重三角文土器や頸部楕円区画文土器など同じ系統が連続している。7住，8住は住居施設の土器が新しく覆土中に古い土器がみられ，時期的に逆転していることから，廃棄行為における課題がある。集落内での土器廃棄のあり方を検討しなければならないが，廃棄されたものの型式の時期差やセット関係はありのままに把握しておくこととする。

住居跡への時期をまたがる連続廃棄された型式をみると複数時期にわたって同じ型式がみられるのは2住の重三角区画文土器と15住の重三角区画文土器・重三角無文土器・頸部楕円区画文土器くらいであり，ほかは時期が移ると異なった型式が廃棄されることがわかる。

出土した土器型式の住居ごとにおける組み合わせには各時期において特徴がみられる。土器型式を集団としてみるとその集落内での集団の離合集散が動態としてみえてくる（第3表）。

第1期の藤内2段階では廃棄される住居跡は3軒で，居住されていた1号埋甕があって，四つに分かれた居住集団がいたものとみなせる。うち3軒が重三角区画文系土器（A・B）の型式集団であり，1軒がパネル文土器（F）の型式集団となる。藤内1段階のパネル文土器がわずかであるがみられることから，パネル文土器の型式集団が先行して集落形成にはいったところへ重三角区画文系土器の型式集団三つが第1期の藤内2段階に加わっている。

第2期には重三角区画文系土器（A・B）が単体で1住B・2住の2軒にみられ，また28住でもパネル文土器のみで1軒存在する。ところが第1期では別々であったこれら二つの型式集団は15住において重三角区画文土器とパネル文土器が共伴し，結びつく。さらにこの時期に新規に登場する横帯文土器は7住において重三角区画文土器と共伴することから，この既存の型式集団を介して仲間入りを果たす。また縄文系土器も新規に登場するが2号埋甕にて独立して居住が始まる。推定するに縄文系土器は13住が廃棄場所となっていると思われる。横帯文土器型式集団は重三角区画文系土器を介するが，縄文系土器はどこも介さず独立した型式集団である。廃棄場所でみればこの時期少なくとも6か所の居住となる。

第2表　出土遺構別土器型式

遺構	建替	第1期 藤内2	第2期 藤内3	第3期 藤内4	第4期 井戸尻1	廃棄パタン
1住A			▲パネル	▲縄文	▲頸楕円	不明
1住B	○		B重三無	Fパネル ▲重三角 ▲W字文	▲頸楕円 ▲胴楕円	連続廃棄
2住	○		A重三角 ▲パネル	A重三角 Fパネル H縄文 ▲頸楕円	D胴楕円 ▲頸楕円	連続廃棄
3住		▲重三角	▲パネル		D胴楕円	単期
4住			▲重三無 ▲パネル	C頸楕円 Fパネル GW字文 ▲縄文		単期
5住		▲重三角				不明
6住	○	B重三無		C頸楕円 E横帯文 ▲パネル ▲W字文 ▲縄文		断続廃棄
7住	○		B重三無 E横帯文 ▲パネル	H縄文 ▲重三角 ▲W字文	◎Fパネル C頸楕円 D胴楕円 ▲重三角	逆転
8住			▲重三無 ▲パネル	H縄文 E横帯文 ▲W字文	◎A重三角	逆転
12住						不明
13住	○	A重三角 ▲パネル	H縄文 ▲重三角		▲頸楕円	連続廃棄
15住			A重三角 B重三無 Fパネル	A重三角 B重三無 C頸楕円	A重三角 C頸楕円 GW字文 ▲縄文	連続廃棄
18住		▲重三角		H縄文		単期
23住	○	▲重三角		◎Fパネル	D胴楕円 GW字文 ▲重三角 ▲頸楕円 ▲縄文	連続廃棄
26住	○	A重三角	▲重三角 ▲パネル		GW字文 H縄文	断続廃棄
27住				▲重三無	◎C頸楕円	
28住	○		Fパネル ▲重三角 ▲パネル	▲頸楕円 ▲W字文	H縄文 ▲頸楕円 ▲胴楕円	断続廃棄
29住			▲重三角	C頸楕円 ▲縄文		単期
31住			▲重三角			不明
1埋		◎Fパネル				
2埋			◎H縄文			
推定住居件数		4軒	6軒	9軒	7軒	不明4軒

◎住居施設　▲混入（小破片）

第3期にはW字文土器（G）と頸部楕円区画文土器（C）が新規に登場する。W字文土器は4住でパネル文土器と共伴し，この型式集団を介して加わってくることとなる。また頸部楕円区画文は29住が単体でみられるが，15住で重三角区画文系土器と，6住では横帯文土器と，さらにW字文土器と同じく4住でいっしょとなっており，既存の複数の型式集団とすぐに結びついている。2期に単独で出現した縄文系土器はこの時期においても7住と18住で単独集団となっている。パネル文土器も1住B・23住で単独にみられるが，重三角区画文土器が単独で廃棄されることはない。廃棄場所でみればこの時期には9か所の居住となる。

第4期には胴部楕円区画文土器（D）が新規に登場する2住と3住に単独でみられるが，7住においてパネル文土器と頸部楕円区画文土器に共伴し，23住でもW字文土器といっしょにみられる。胴部楕円区画文土器の型式集団は既存型式と共存しながらも単独でも存在し，あわせて型

第3表　住居毎の型式の組合せ

時期	住居跡	A 重三角	B 重三無	C 頸楕円	D 胴楕円	E 横帯文	F パネル文	GW 字文	H 縄文系
第1期 藤内2	6住		B 重三無						
	13住	A 重三角							
	26住	A 重三角							
	◎1埋						F パネル文		
第2期 藤内3	1住B		B 重三無						
	2住	A 重三角							
	7住		B 重三無			E 横帯文			
	13住								H 縄文系
	15住	A 重三角	B 重三無				F パネル文		
	28住						F パネル文		
	◎2埋								H 縄文系
第3期 藤内4	1住B						F パネル文		
	2住	A 重三角					F パネル文		H 縄文系
	4住			C 頸楕円			F パネル文	GW 字文	
	6住			C 頸楕円		E 横帯文			
	7住								H 縄文系
	8住					E 横帯文			H 縄文系
	15住	A 重三角	B 重三無	C 頸楕円					
	18住								H 縄文系
	◎23住						F パネル文		
	29住			C 頸楕円					
第4期 井戸尻1	2住				D 胴楕円				
	3住				D 胴楕円				
	7住			C 頸楕円	D 胴楕円		F パネル文		
	8住	A 重三角							
	15住	A 重三角		C 頸楕円				GW 字文	
	23住				D 胴楕円			GW 字文	
	26住							GW 字文	H 縄文系
	◎27住			C 頸楕円					
	28住								H 縄文系

式集団が四つに分かれている。またこの時期にW字文土器も第3期の一つから15住・23住・26住の三つに分かれた型式集団となっており，頸部楕円区画文土器の型式集団も7住・15住の二つと27住での居住施設がみられ，同じく大きな勢力となっている。既存の重三角区画文土器は第3期，第4期（8住・15住）をとおして型式集団が二つであり，またパネル文土器は型式集団が四つから7住だけの一つとなって縮小している。この時期は新興の型式集団が増えるいっぽうで既存の型式集団は少数になってしまっている。廃棄場所からは少なくとも8ヶ所の居住と推定される。

型式を問わずにこれらの廃棄場所をみてみる（第14図）と第1期からほぼ環状に廃棄場所がみられ，第2期には環状配置がより明瞭となってくる。第3期にはもっとも廃棄場所が多くなって最盛期となるが，第4期には南側にみられず，弧状の配置となって解体していくようすがみてとれる。型式の累積結果からみる変遷である。

まとめ

縄文集落から出土した土器を系統分類し編年にあわせて出土場所をみていくことにより，土器

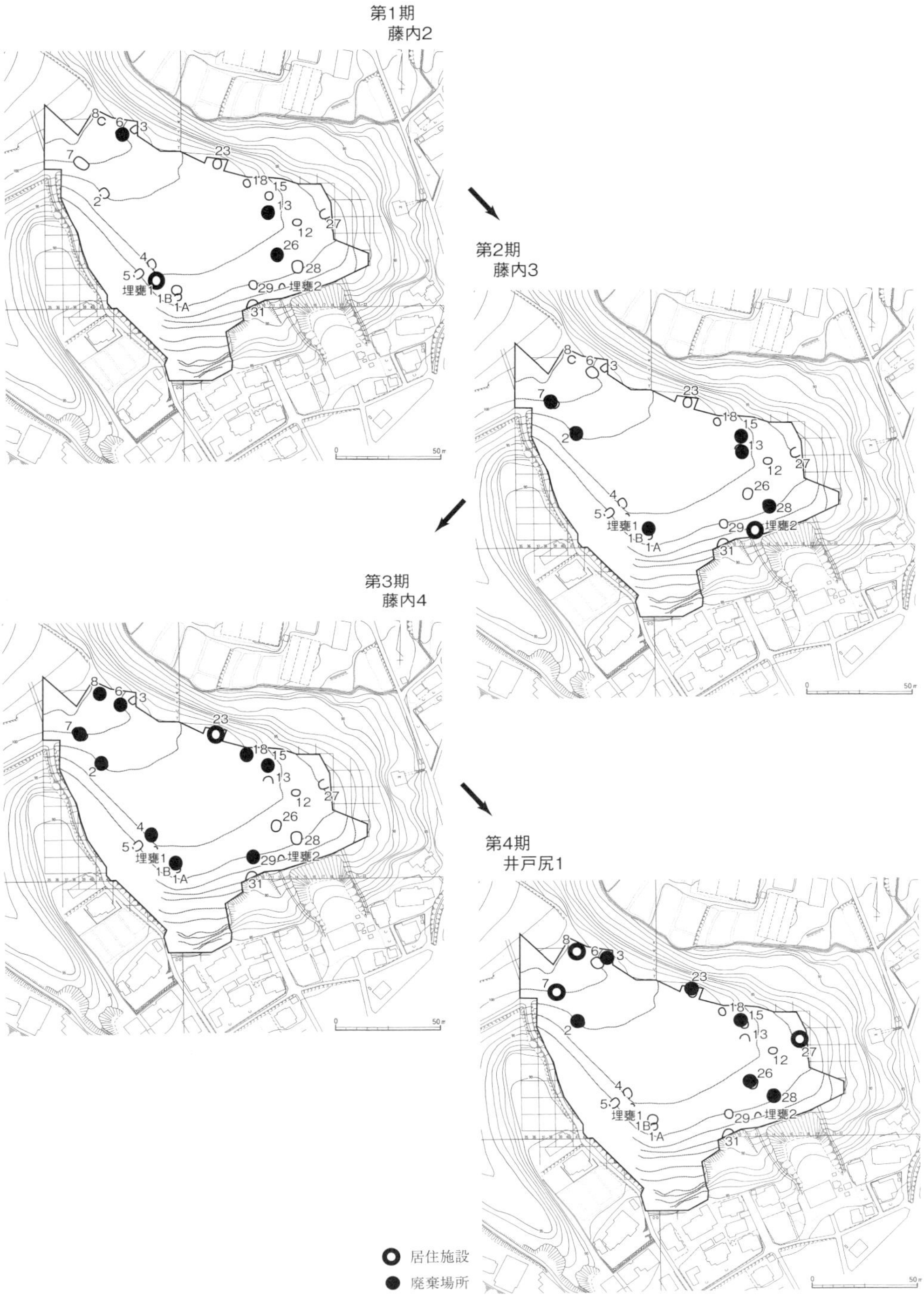

第 14 図　廃棄場所からみた変遷

型式単位となる細かな集落内での動態をみることができる。本遺跡例では，集落形成にパネル文土器が先行し，重三角区画文土器との二つの系統が主流となって新たな型式を受け入れながら展開していく。住居跡出土土器は廃棄行為の結果であって居住そのものを示しているわけではない。住居に付帯する土器施設があると土器型式の展開は居住場所へと転換できる場合がある。廃棄場所の変遷と居住場所の変遷は一致しているとはいえないが，連動していると考えればある型式集団の分割や統合，他集団との結合，分離がみえてくる。ある型式が出土するのは1ヶ所だったのが次期には4ヶ所に増えたり，それがまた2ヶ所へ減少したり，さらに他型式が共伴するという状況は，集団の動きを反映している可能性がある。その出土する住居跡がある場所は型式ごとに異なり，複雑な移転を示していて，住居跡の位置的なまとまりすなわち集落内での分割構造を一概にみることは困難である。今後縄文社会を集落から読み解いていくうえではこうした土器系統による集落分析の事例を積み重ねていくことが必要となってこよう。集落分析の最少単位は住居跡ではなく土器型式である。

参考文献

安孫子昭二　2011『縄文中期集落の景観』アム・プロモーション

今福利恵　2011『縄文土器の文様生成構造の研究』アム・プロモーション

今福利恵　2014「山梨県北杜市古林第4遺跡における縄文集落分析」『研究紀要』30　山梨県埋蔵文化財センター・山梨県立考古博物館

櫛原功一　2012「竪穴住居の主軸による環状集落の構造分析」『山梨県考古学協会誌』21

谷口康浩　2005『環状集落と縄文社会構造』学生社

東京都教育委員会　1997『多摩ニュータウン遺跡先行調査報告5』東京都埋蔵文化財センター調査報告第36集

土偶と出土状態
—多摩地域の縄文中期前半の土偶多量出土遺跡の検討—

中山　真治

はじめに

縄文時代の土偶はその特異性より研究当初より注目されていたものの，その用途については諸説あって依然として確定しているわけではない。また具体的にその製作から使用，廃棄されるまでの過程が十分に捉えられているとも言い難い。

本稿では，多摩地域の縄文中期前半の土偶多量出土遺跡を取り上げ土偶の性格について若干検討したい。なお，ここでは「土偶多量出土遺跡」とは総数10点以上出土した遺跡と規定した。土偶を多量に出土した遺跡は東日本を中心とするが，とりわけ中期の土偶を多量に出土した遺跡は中部の長野・山梨県から関東西南部の東京都多摩地域を中心とした「大規模環状集落」が濃密に分布する地域に重なるようにみえる。

近年の集成研究では，東京都出土の中期土偶総数は110遺跡（594点）を数え（山崎2011），その分布は東京都内でも多摩地域に偏在する傾向にあり，そのうちのおよそ9割は多摩川中流域に含まれる多摩丘陵西部，武蔵野台地南部とその周辺に濃密に分布する（山崎1998）。

1　多摩地域の縄文中期前半の土偶多量出土遺跡

多摩地域で縄文中期前半の土偶を多量に出土した遺跡は現状では十指にも満たない。なお本稿での細別時期は「井戸尻編年」の型式名と括弧内に多摩・武蔵野地域「新地平編年」の時期細分を併記した。

神谷原遺跡（第1図）　八王子市椚田町に所在する。多摩川の支流の湯殿川左岸の小比企丘陵の台地状の平坦面に立地する。住居址の分布する集落中枢部の大半に調査が及んでいる。

中期初頭五領ヶ台（4）期～中期前半藤内Ⅰ・Ⅱ（7・8）期の集落跡。住居址43軒，方形柱穴列（掘立柱建物址）1棟，土坑64基，ピット群など検出。五領ヶ台期に集落が開発されるが，狢沢（5）期以降の住居址が環状に展開し，藤内（7）期以降では南側に別に環状を形成する。居住が多時期に及ばないためか住居址の重複はそれほど顕著ではない。報告書では中央土坑群を墓坑と推定している。

土偶は48個体，総数53点が出土したが，いずれも完形はなく破損した状態で，接合したもの

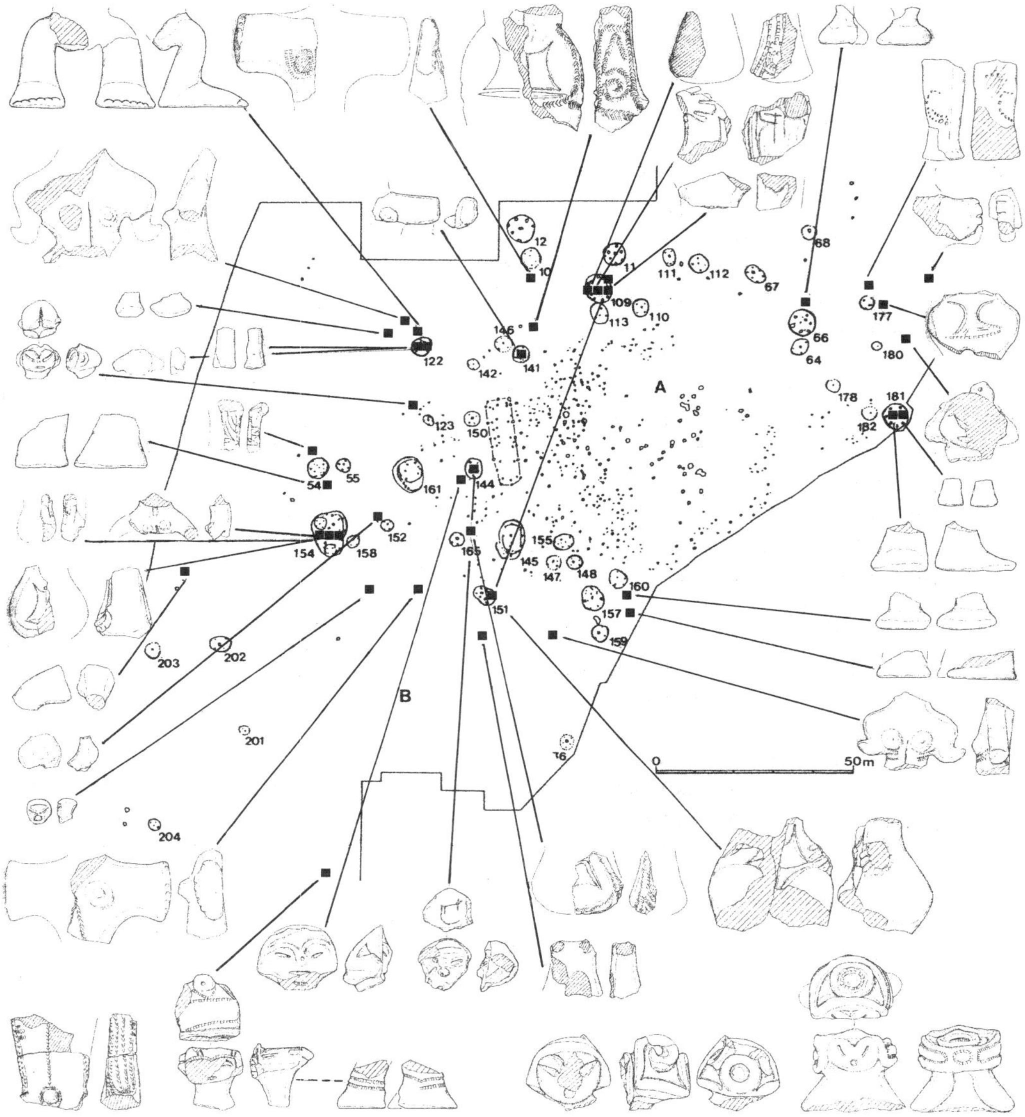

第１図　神谷原遺跡の土偶の出土状態

は 4 片（2 個体分）出土。住居址 6 軒から 14 点が検出されたが，「中央広場」を挟むように住居址 SB109 と SB151（約 90m）間で胴部が接合したが，出土点数の割に接合数は少なく，したがって復元され原形のわかるものは少ない。集落のほぼ全域を調査しているため回収されなかった破片が他遺跡などに持ち出されているのは確実である。神谷原遺跡ではまたミニチュア土器の出土も 102 点と異常に多く，顔面装飾（把手）付土器の破片も出土している。ミニチュア土器については後述するが土偶との関連が想定される。

土偶の全体的な分布状況をみるとほぼ住居址の位置に対応し，接合関係をみてもこれは土器片

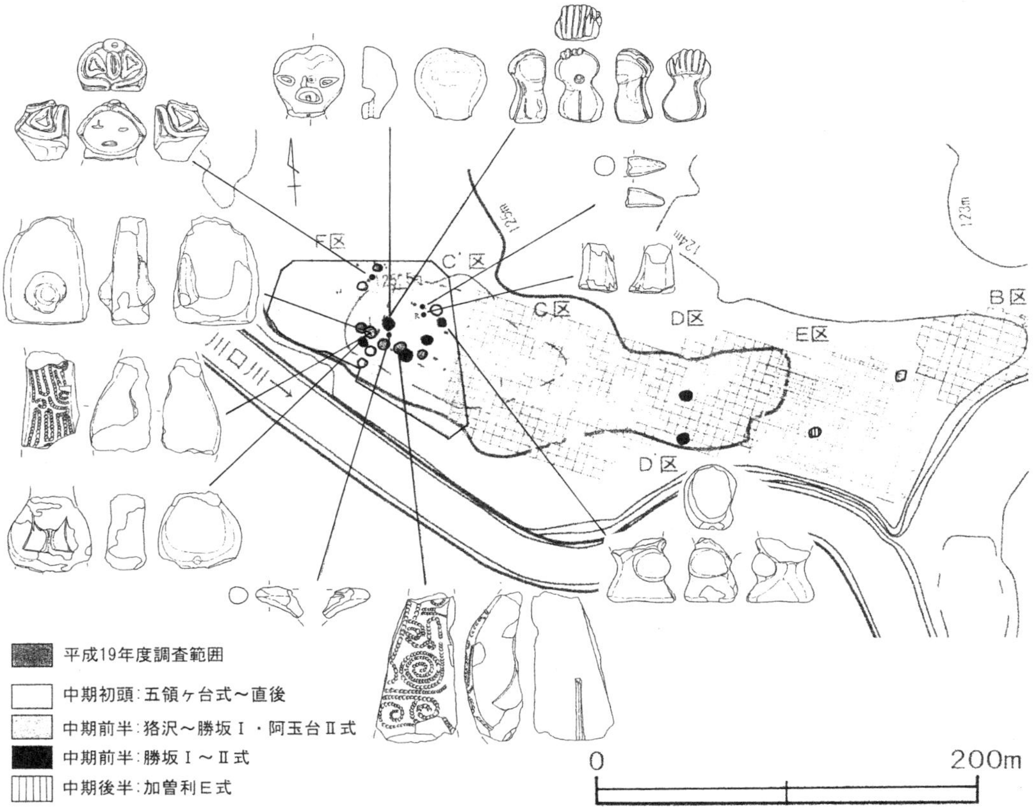

第2図　中田遺跡の土偶の出土状態

の分布範囲とも重なる。この出土状況から，土偶は日常的に使用され廃棄された土器片と同等な扱いであった可能性を示唆する。

神谷原遺跡は中期前半の土偶出土数では多摩地域最多遺跡となる。土偶の時期は狢沢（5）期～藤内Ⅰ（7）期が中心であろう。なお，土偶の総数は多いが5～7期と時間幅があり同時期でも同時存在する住居が少なくなるため一時期に製作・使用された土偶は少なく見積もったほうがよい。なお本遺跡では，腕先を上に屈曲させる神谷原型というべきタイプが特徴的であるであるが個性といえるものであろうか，他遺跡の状況は不明である。

中田遺跡（第2図）　八王子市中野山王に所在する。多摩川の支流の川口川左岸の東西に長く延びる台地上（東西約400m，南北約100m）に立地する。中期初頭五領ヶ台式直後（5a）期～中期前半新道（6b）期の集落跡。台地は広いが縄文中期前半の集落は西側に形成され，住居址がやや小規模の環状を呈するように分布する。住居址15軒，土坑，集石，ピットなどを検出している。ほぼ神谷原遺跡の時期に重なるが，集落として土地利用された期間が短いため結果的に残された住居件数が少ないといえよう。

土偶は総数11点出土しているが出土位置別では，住居址7点，土坑1点，遺構外3点などと

第３図　宇津木台遺跡Ｄ地区の土偶の出土状態

なっている。５号土坑から頭部が出土している。土偶の時期は住居址からみて狢沢（5）期～新道（6）期とみられる。

宇津木台遺跡Ｄ地区（第３図）　八王子市小宮町他に所在する。多摩川右岸の南西～北東に延びる加住丘陵の尾根上緩傾斜面（幅50～80m）に立地する。立地としては広い平坦面が少ない集落である。

早期・前期・中期の集落跡。縄文時代住居址96軒（早期前葉1，前期後葉7，中期前葉～後葉88件），屋外埋甕5基，土坑17基，集石13基，集石土坑43基，焼土址を検出。

中期前半の土偶は総数13点（うち中期前半12点）出土しているが，出土位置別では住居址11点，倒木痕1点，遺構外2点となる。土偶の出土場所は集落の東側に多いがほぼ住居址の分布に対応している。土偶の時期は狢沢（5）期～藤内Ⅱ（8）期？とやや時間幅がありそうである。住居址SI111（5期？）より棚畑型（河童形）の頭部が出土している。

また神谷原遺跡同様，土偶の他にミニチュア土器が30点近く出土している点も注意される。

多摩ニュータウンNo.72遺跡（第4図）　八王子市堀之内に所在する。多摩川の支流の大栗川左岸の西～東に延びる多摩丘陵尾根の末端上～斜面に立地する。

前期・中期・後期の集落跡。中期集落跡は多時期に利用されたため重複の顕著な「大規模環状」を呈する多摩ニュータウン地域最大規模の集落となる。住居址200軒以上，埋甕31基，墓坑116基，配石6基，集石38基，ピット群など検出する。

土偶は総数69点（中期前半41個体分44点，中期後半24個体分25点）が出土した。

中期前半の土偶の出土位置別では，住居址16点，土坑2点，遺構外26点出土。遺構外接合1例，住居間接合1例（57号住と59号住）が認められた。集落の南西～南斜面には山梨県釈迦堂遺跡（三口平地区）で確認されたような遺物廃棄場が形成され，土器とともに土偶も廃棄されている。土偶の時期は大半が住居址の時期から藤内Ⅰ（7a・7b）期とみられる。ほかの遺跡の土偶よりも時期的にやや新しい。ただし本遺跡は各時期の遺構の重複が著しいため多くの遺物が二次的に移動している可能性も考慮すべきである。

多摩ニュータウンNo.471遺跡（第5図）　稲城市坂浜に所在する。多摩川の支流の三沢川左岸，多摩丘陵の舌状に張出す北～南に延びる丘陵尾根上と末端に立地する（結果的に時期の異なる二つの集落址を形成）。

早期陥穴・炉穴，中期初頭～前半の集落跡。中期の住居址48軒，掘立柱建物址5基，土坑56基，集石11基など検出。尾根を挟んで東西斜面2ヶ所に遺物集中地点（遺物廃棄場）が形成される。神谷原遺跡同様に住居址群が時期を異にする南北2グループに分かれるが，土偶は南側の集落を中心に分布する。

土偶は総数19個体，23点出土した。接合土偶は3個体みられるが，半完形個体含む。頭部の一部をわずかに欠損する半完形土偶は18号住居址から出土した胴部上半と約50m離れたE区遺物集中地点より出土した胴部下半とが接合した。集落の時期や土器型式の様相は神谷原遺跡に近似するが，最終的に残された住居址の数に比例するように土偶の個体数は少ない。

土偶は住居至近にある斜面など特定の遺物廃棄場からの出土が多い点で多摩ニュータウンNo.72遺跡と共通する。土偶の時期は狢沢（5）期～新道（6）期とみられる。

本宿町遺跡（第6図）　府中市西府・本宿町に所在する。多摩川左岸の府中崖線（立川段丘）上に立地する。

前期末葉・中期前半（狢沢5a～藤内8b期）の集落跡で，その後居住は途絶え大規模集落に発展

第4図　多摩ニュータウンNo.72遺跡の土偶の出土状態

しない。中期前半の住居址は23軒検出された。集落のほぼ中枢部が調査されているが周辺には未調査箇所が存在する。住居址の配置は環状にはならないが，南側で住居址群の重複が顕著となる。

土偶は総数30個体31点出土した。出土位置別では住居址15点，土坑1点，遺構外15点となる。なかには住居址SI2・9のように覆土中から破片が4〜5点出土とまとまって出土している事

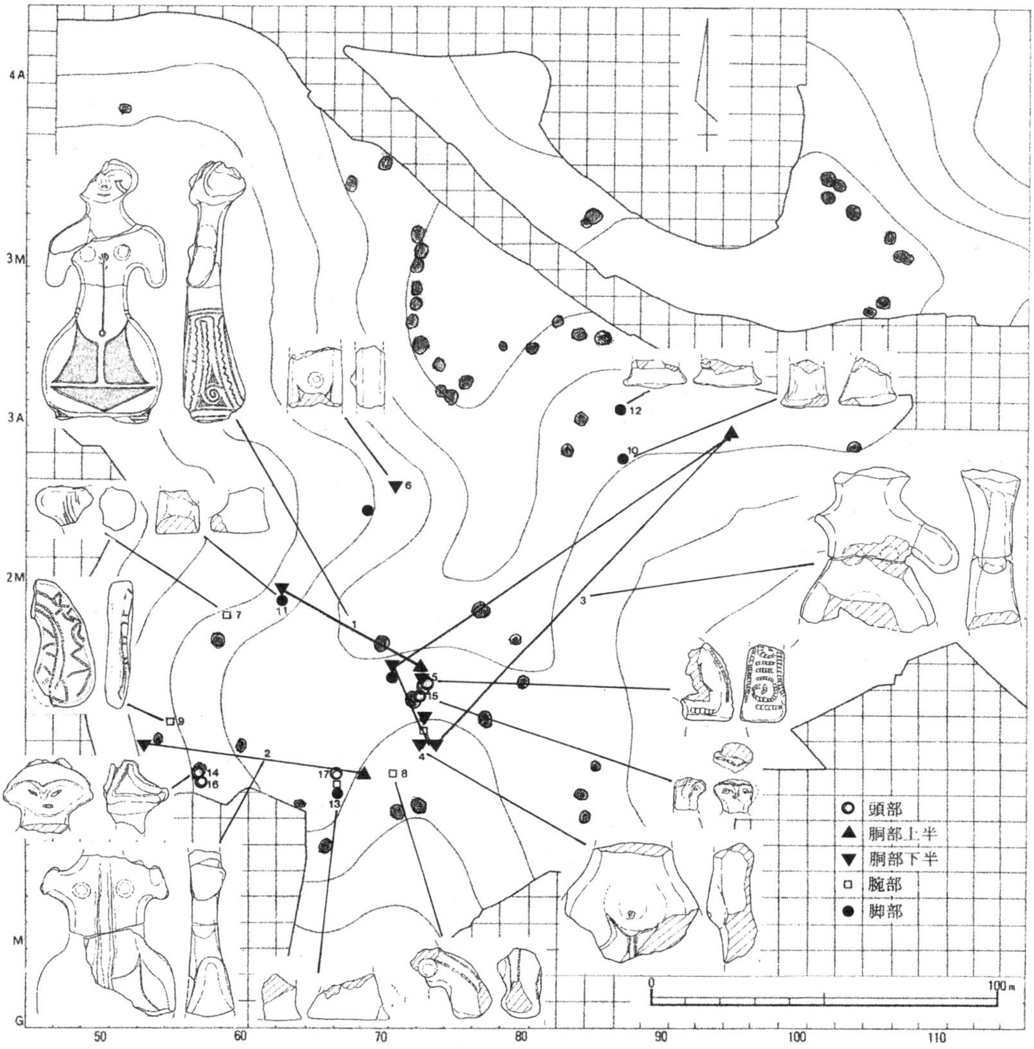

第5図　多摩ニュータウンNo.471遺跡の土偶の出土状態

例もある。土坑から1点頭部が出土しているが埋納されたものとはいえない。頭部こそ欠失していたが腰に手を当てたポーズ土偶の一種とみられる個体は約30m離れた住居址SI2の胴部とSI9の脚部が接合した。なおこの個体は器面が研磨されるなどほかの個体に比して作りが丁寧で，さらに全面に白色塗料を塗布している。そういった点からはこの個体のみほかとは明らかに区分される「精製土偶」である。

本宿町遺跡では神谷原遺跡同様土偶の分布は住居址の分布にほぼ対応する。調査面積が狭い割には土偶の出土密度が非常に高く，面積当たりでは山梨県釈迦堂遺跡群などと比しても遜色はないといえよう。土偶の時期は土偶そのものの型式や住居址の時期より狢沢（5）期に限定されるとみられる。多摩川左岸の武蔵野台地側の遺跡で中期前半の土偶がまとまって出土することは稀

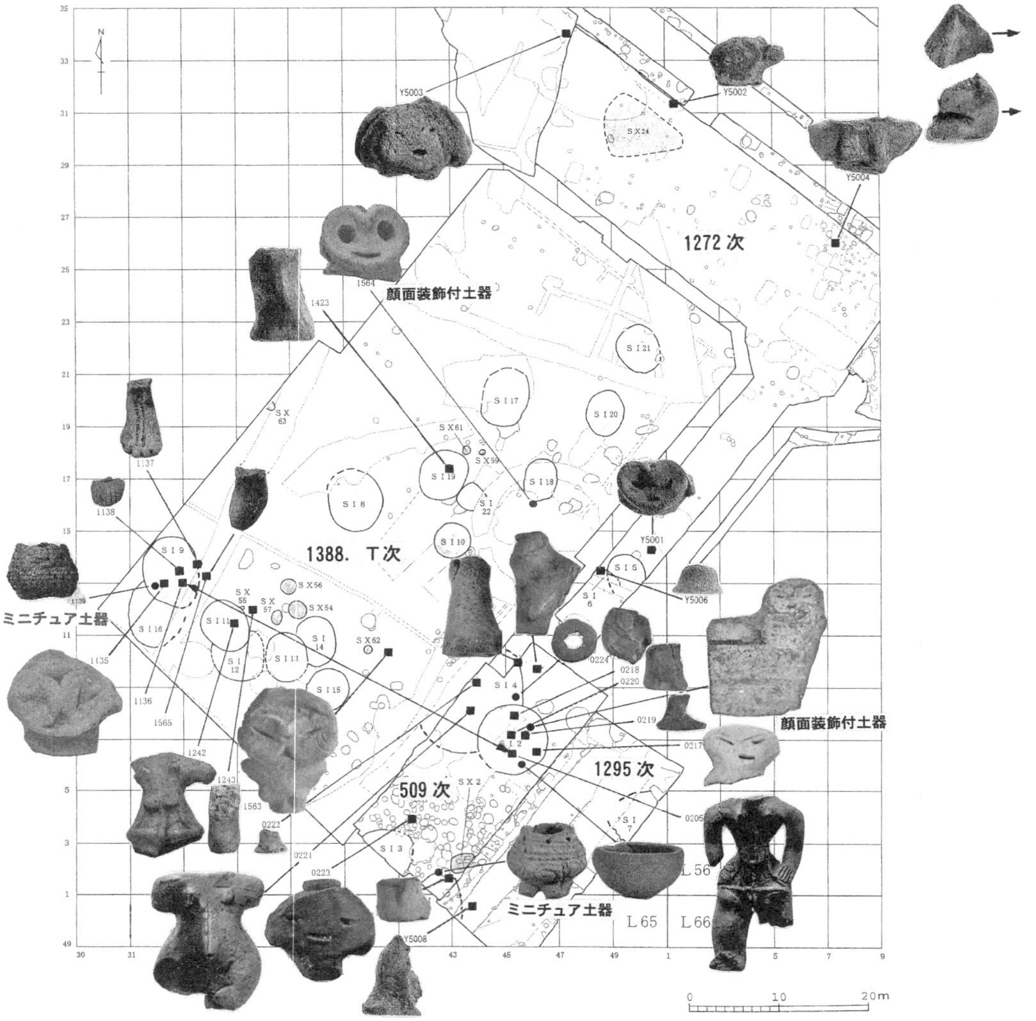

第６図　本宿町遺跡の土偶の出土状態

でその点ではやや特異な印象を受ける。また，出土土器にも東関東，中部高地，北陸系など比較的遠隔地の土器型式がみられ，神津島・信州産の黒曜石が多量に持ち込まれ石鏃の製作が行われている点など，時期が限られ継続期間が短いものの地域の拠点となる情報の交流センター的な集落という印象が強い。

坂上遺跡　土偶が多量に出土した遺跡ではないが，多摩地域では随一当該期の完形土偶が１個体出土しているので参考に紹介する。坂上遺跡は三鷹市大沢に所在する。多摩川の支流の野川中流域の国分寺崖線（武蔵野段丘）上に立地する。縄文時代中期前半～末葉の集落址で住居址 11 軒が検出されている。住居址 SI–5（炉体土器は井戸尻 9b 期）覆土より板状土偶１個体（3片）出土しているが，その後の調査で，約 130m 離れた別地点の住居址 SI–10（狢沢期？）から出土した同一個体の頭部が接合して完形となった。土偶は型式上の特徴より住居址 SI–5 の時期より古い可能性（狢沢期？）が高い。これは偶然の産物か，あるいは土偶自体が後まで伝世していたのか興味深い事例である（山崎 1998 では土偶は井戸尻期に比定している）。

2　土偶の製作時期と集落

武蔵野・多摩地域（多摩川流域）の中期の土偶は，前田耕地や椚田第Ⅳ遺跡など中期初頭五領ヶ台期（4 期）から出現するが，中期前半でもいずれの遺跡からも出土するわけではなく，多量（10 点以上）保有する遺跡は限られ時期的にも限定される。中期前半でも狢沢（5）期～藤内Ⅰ（7）期（約 150 年間？）が中心となる。また藤内Ⅱ（8）期～井戸尻（9）期の空白期を挟んで，中期後半では加曽利 E1（10）期以降もみられるが，多摩ニュータウン No.9 遺跡のように「連弧文土偶」（背面人体文土偶）が 100 点以上も出土した事例に象徴されるように，加曽利 E2・3（11～12）期を中心とした時期に大きなピークがあるが，以降急速に衰退するという大局的な流れが認められる。「関東西南部の中期初頭・前葉の土偶」(山崎 1998) 編年表では，あたかも中期初頭から中期前葉に土偶が途絶なしに保有されるようにみえるがこれには注意しなければならない。

中期前半ではとくに狢沢（5）期～新道（6）期にかけての集落遺跡で主体的に土偶を出土するので，多摩地域ではこの時期に土偶祭祀がとくに盛行したことは確実である。前記したとおり，この時期の代表的な集落遺跡には神谷原，中田，宇津木台遺跡 D 地区，多摩ニュータウン No.72，多摩ニュータウン No.471，本宿町遺跡などの拠点的な集落遺跡が知られている。狢沢（5）期～新道（6）期であっても住居 1～2 軒程で終息する短期集落では土偶が出土しないことも多く，住居数・居住回数が多い拠点的な集落でのみ土偶祭祀が行われていたと考えたい。

この後，多摩地域では遺跡数も増加しつつ集落も「大規模化」し「環状集落」の発達する安定期と目される藤内Ⅱ（8）期～加曽利 E1（10 期）にかえって土偶祭祀は衰退するという事実にも留意したい。したがって住居跡覆土中に半完形土器を多量に廃棄する時期に土偶は製作されていないともいえるのである。

改めて多摩地域の中期前半の土偶多量出土遺跡の分布をみると，多摩丘陵の多摩ニュータウン No.72 遺跡付近を中心としてほぼ等間隔（5～7km）に集落遺跡が分布していることに注目したい（第 7 図）。このことはほぼ同時期に相互の集落が土偶祭祀を共有していたか何らかのネットワークのような関係性をもって存在したといえるのではないだろうか。

さらにこの 6 遺跡は，多摩地域の中期前半土偶の分布する遺跡の中枢部に位置していることがみてとれる。当該時期にはこの 6 遺跡が各々地域の土偶祭祀を主導的に司る立場にあったものとみたい。また一方で多摩丘陵の南側の町田市～神奈川県域にかけては中期の当該期の大規模な集落遺跡が多いにもかかわらず，未発見遺跡が存在するのか，土偶多量遺跡の分布が空白地域となっているが今後の課検討題である。

中部地方に目を転ずると，中期前半の土偶を多量に保有する遺跡は山梨県釈迦堂遺跡のように甲府盆地周辺では保有数では突出する遺跡も多い一方，大石遺跡など大規模な著名な集落遺跡も

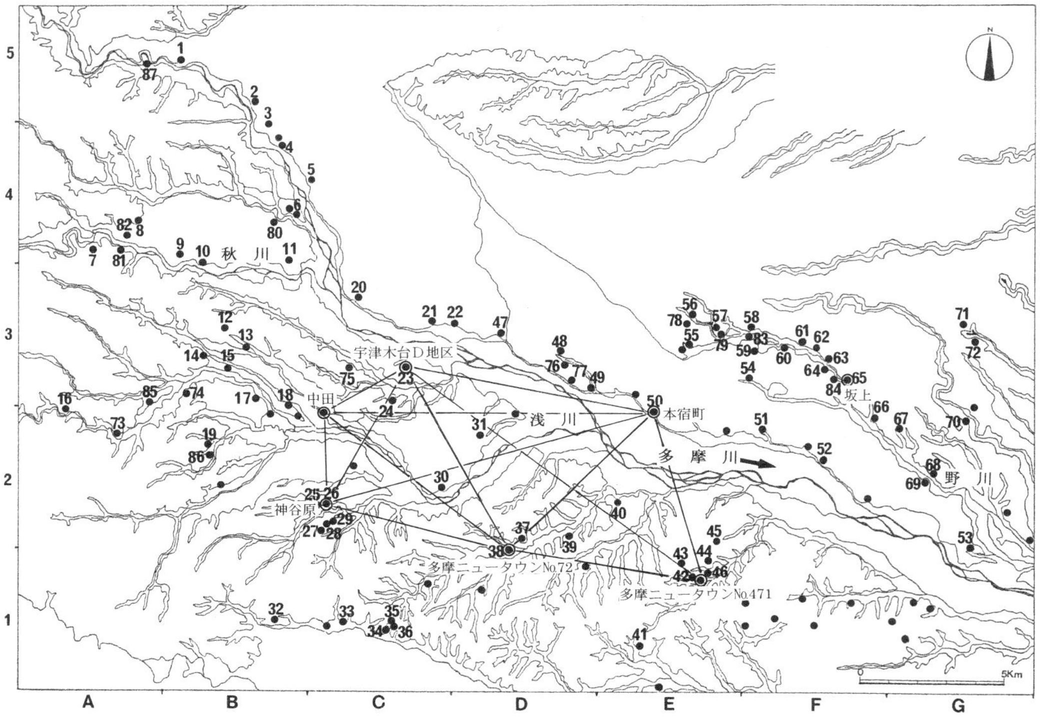

第７図　多摩川流域の縄文中期前半の土偶大量出土遺跡とネットワーク

数多い長野県の八ヶ岳山麓などでは意外に保有量は少ないといえるかもしれない。しかし，長野・山梨県域では，多摩地域とは異なり，狢沢（5）期～藤内Ⅰ（7）期に限らず中期を通じてコンスタントに土偶祭祀が行われていたのではないかという印象が強い。

3　土偶の出土状態

多摩地域での中期前半の集落遺跡での土偶の出土状態は，竪穴住居跡覆土，土坑，遺構外（遺物集中，遺物廃棄場，土器捨て場）などがある。土偶は土器片などほかの廃棄物の分布と重複する傾向が強く，神谷原遺跡や本宿町遺跡などの事例からみても土器の個体数や廃棄遺物が相対的に多い住居覆土には土偶の出土が目立っている。このことから少なくとも機能が終了して廃棄される最終段階では，生活用具としての土器と同等に扱われていた蓋然性が高いといえよう。これは例えば中期の土偶を最も多量に出土した山梨県釈迦堂遺跡群でも同様なあり方であるともいえるのである。

なお多摩地域の遺跡では，長野県棚畑遺跡の国宝土偶「縄文ビーナス」のように大型の完形土偶が土坑（500号土坑）に埋置されたような特殊な事例は確認されていない（茅野市教育委員会 1990）。遺存状態では，大半が破損事例で，現在当該地域では無傷完形個体は皆無である。また長野県目切遺跡38号住居址のように同一住居址内で出土した破片が接合して完形になった事例

（岡谷市教育委員会2005）もみられない。

土偶の破損部位と特定の出土位置には有意な関係は認められない。接合関係からみると，遺跡内接合は1～3個体までの事例が知られているが，「中央広場」を挟むように距離にして30m以上の2方向に分割して廃棄する点を注視する必要がありそうである（神谷原遺跡などでは，土器でも1個体の破片の分割廃棄という同様な処理が行われている事例がある）。これは土偶の「分配関係」（小野1990）とでもいうべき行為か。いずれも完形に復元されるものはなく，個体数の割に復元率は低いといえる。また同一個体の複数の接合しない破片（中抜け）の出土はみられる。ほぼ「全面」が調査された集落遺跡でも，破片が回収されず接合率が低いことから，破壊されたほかの部位を集落外に持ち出している可能性が高い（小野のいう土偶の「分有関係」行為，小野前掲）。

また注意しなければならない点は，上記の遺跡では土偶が多量に出土しているといってもいずれも土器型式上同時期の住居跡が複数切り合って存在しているので，あるいは1回の祭祀儀礼に供せられた土偶はせいぜい数点程度の少ないものと見積もったほうがよいであろう。

土偶以外の遺物との関係では，功刀司は八ヶ岳西山麓などの遺跡で出土した中期のミニチュア土器は容器型軽石製品などとともに住居廃絶段階に行われた覆土内での儀礼に用いられたものとみるが，同時に土偶も住居廃絶にともなう儀礼に欠かせない儀器とみている（功刀2008）。前記の多摩地域の土偶多量保有遺跡では神谷原遺跡にみるようにミニチュア土器など小型土製品の出土傾向が高く，何らかの祭祀，儀礼の際の供膳具として用いられたものか，セット関係があって土偶祭祀との関連をもうかがわせるものがある。しかし，土偶，ミニチュア土器あるいはほかの特殊遺物が単独で，あるいはそれらが共伴したような1次的な使用状況を想定できるような「原位置」を保って出土した事例があるかといえば否であるのでただちに安易な解釈は控えたい。

4　土偶の型式など

多摩地域でみられる中期前半の土偶型式（形態）は，いわゆる有脚立像土偶で，中部地方と共通するもの（棚畑国宝土偶などの河童形形態，坂井形態，尖石形態（壺を抱える土偶）などのポーズ土偶，広畑形態（出産土偶），楢原形態（鳴る土偶）など）と，多摩地域独自のもの（多摩丘陵形態，神谷原形態など）多様な型式に分けられ，同時期に複数の型式が保持されているのは間違いなさそうである。中部地方の土偶の両腕が十字状に水平に付くのに対して，多摩地域の土偶では両腕が下がる傾向にある。しかし必ずといってよいほど，この時期の土偶には特徴的な下腹部の印刻文＝対称弧刻文が刻まれているという点ではきわめて斉一的である。こういった点からも多摩地域の中期前半の土偶型式は土器型式同様に甲府盆地周辺や中部高地方面との不即不離の関係が想定できる。

土偶のサイズも大型から小型のものが認められるが，三上徹也が想定するように中期土偶に精製，粗製の区別があるか，多くの個体では判別できなかった（三上2014）。三上の見立てではおそらく多摩地域の中期前半の大半の土偶は手間隙をかけずに作られた粗製のいわゆる「ランダム土偶」ということになろう。なお三上は近年土偶の用途について,「土器と同時に土偶を作り,土器の無事な焼き上がり願いを込めて一緒に火に入れた」ものと考えた。この当否はともかくこれは「土器破損身代わり説」とでもいうべき斬新な説である(三上前掲)。しかしこの説は土偶の普遍性という点からみて土偶が全く存在しない時期や保有しない地域も意外と多いことなどからすぐには肯首しがたい。

5 まとめ

多摩地域の中期の土偶は五領ヶ台期に出現し集落規模が拡大しはじめる狢沢(5)期～藤内Ⅰ(7)期に増加し,この間に土偶を多量に保有する集落が出現するが,藤内Ⅱ(8)期以降の遺跡数,住居跡件数とも増加する「大規模環状集落」の盛行期にはむしろ減少するので土偶祭祀は急速に衰退していったものと考えられる。土偶祭祀が再び盛返すのは加曽利E2期以降であるがそれも長期にわたって行われたとはいえない。中期後半の土偶祭祀も再び中部の曽利系集団の影響下に復活したとみる節があり,当初の予想に反するように多摩地域の中期には点滅的に出現したに過ぎなかったのである

多摩地域の中期前半の土偶の出土状態をみると,①廃絶住居址覆土とその周辺,②集落内の斜面地に形成された「土器捨て場」などの遺物集中箇所に土偶の大半が分布することを確認した。

また同一個体の接合関係が認められることから遺跡内で分割されていることも明らかであるが,土器片などほかの遺物の出土状態と何らの分別がつかないことから,土偶の用途を推定することには至らない。これは最終的な状況を示しているのであって土偶を用いた祭祀,儀礼がなかったということを何ら否定する要素ではない。しかしながら多くの調査事例の現状から住居廃絶に伴う儀礼などの具体的な実態は不明であるが,土偶の大半は最終的には故意に徹底的に壊され廃絶した住居址などに土器片などとともに投棄された。さらに一部の破片は集落外に持ち出されていたということだけは確かな事実として指摘しえるのである。

本稿は2013年2月23年に行われた研究集会での発表要旨を基に書き起こした。

参考文献

安孫子昭二　2011『縄文中期集落の景観』アム・プロモーション
安孫子昭二・山崎和巳　1992「東京都の土偶」『国立歴史民俗博物館研究報告　第37集　土偶とその情報』国立歴史民俗博物館
岡谷市教育委員会　2005『目切・清水田遺跡』
奥山和久　1981「三口神平地区出土の土偶について」『季刊どるめん』第30号　JICC出版局
小野正文　1990「土偶大量保有の遺跡―縄文中期の場合―」『季刊考古学』第30号　雄山閣
功刀　司　2008「住居跡出土の軽石製・土製儀器」『考古学ジャーナル』No.578　ニューサイエンス社
谷口康浩　1990「土偶のこわれ方」『季刊考古学』第30号　雄山閣

茅野市教育委員会　1990『棚畑―八ヶ岳西山麓における縄文時代中期の集落遺跡』
東京都埋蔵文化財センター　1993『多摩ニュータウン遺跡　平成3年度（第3分冊）』東京都埋蔵文化財報告　第15集
東京都埋蔵文化財センター　1998『多摩ニュータウン遺跡―No.72・795・796遺跡―(7)』東京都埋蔵文化財センター調査報告　第50集
東京都埋蔵文化財センター　2009『八王子市中田遺跡―都営八王子中野団地（4期）埋蔵文化財発掘調査委託―』東京都埋蔵文化財調査報告　第231集
中山真治　2012「縄文時代中期の集落と廃棄について―南関東の中期前半～後半を中心に―」『国立歴史民俗博物館研究報告』第172集　国立歴史民俗博物館
八王子市宇津木台地区遺跡調査会　1989『八王子市宇津木台遺跡群XⅢ　1982～1984年度（D地区）発掘調査報告書（4）（下）』
八王子市椚田遺跡調査会　1982『神谷原Ⅱ』
原田昌幸　1995『日本の美術2　No.345土偶』至文堂
扶桑レクセル株式会社・加藤建設株式会社　2008『武蔵国府関連遺跡調査報告書　扶桑レクセル株式会社集合住宅建設にともなう事前調査』
府中市教育委員会・府中市遺跡調査会　2009『武蔵国府関連遺跡調査報告40―西府・本宿町地域（御嶽塚古墳群・本宿町遺跡）の調査1―西府土地区画整理事業に伴う発掘調査　第3分冊
三上徹也　2014『縄文土偶ガイドブック―縄文土偶の世界』新泉社
三鷹市教育委員会　1990『三鷹市域の遺跡　東京都三鷹市における遺跡群詳細分布調査報告書～都市型分布調査の方法と実践～』
山崎和巳　1998「関東西南部の中期初頭・前葉の土偶」『土偶研究の地平2』勉誠社
山崎和巳　2011「多摩地域の土偶」『縄文土偶のナゾをさぐる＆調査速報～講演会～』府中市郷土の森博物館特別展講演会資料
山梨県教育委員会・日本道路公団　1986『釈迦堂Ⅰ　山梨県東八代郡一宮町塚越北A地区・山梨県東八代郡一宮町塚越北B地区・山梨県東山梨郡勝沼町釈迦堂地区　山梨県中央自動車道埋蔵文化財包蔵地発掘調査報告書』
山梨県教育委員会・日本道路公団　1987『釈迦堂Ⅱ―本文編―山梨県東山梨郡勝沼町三口神平地区　山梨県中央自動車道埋蔵文化財包蔵地発掘調査報告書』
山本典幸　1990「遺跡の中の土偶」『季刊考古学』第30号　雄山閣

〈まとめ〉

縄文研究の地平を越えて
—集落および竪穴住居跡から縄文社会を読み解くために—

小林　謙一

1　縄文集落研究の地平

集落分析における新たな視点を提示すべく，これまで「縄文集落研究の地平」にて集ってきた研究者と本書を編むこととした。集落分析としての基本は先史古代と時代を超え，また地域を越えて共通と考えるが，まずはこれまで扱ってきた縄文中期の環状集落とよばれる集落遺跡の実態を探ることとした。「縄文」とくに「縄文時代中期の関東・中部地方」（考古学的にみると南西関東と山梨県の勝坂式・曽利式・武蔵野台地型加曽利Ｅ式土器群の分布中心域）の集落遺跡，集落群を扱ったに過ぎず，これをもって考古学の新たな展望を述べているといったら，諸賢の叱声を頂くであろう。しかしながら，いくつかの理由でもって，関東・中部地方の縄文時代中期文化を題材にして検討しなおすことは，縄文中期集落研究の矛盾点を解きほぐすとともに，日本考古学が長く保っている宿痾というべき部分を浄化する方法論を内在していると考えている。それゆえに，縄文研究の新地平を越え，いわば研究の基盤を廻る地平となり，縄文を越えた日本先史考古学，さらには物質文化研究全体の普遍的問題を解体する試みとなしたいと考えている。

ここで，各論考のなかでは自明のこととして触れられていないような研究上の事柄について説明を加えておきたい。いわば，「新地平グループ」と称されてきた我々の共通認識というべき点である。第一に，遺跡，竪穴住居等遺構自体の調査に問題点の解決を探るという意味での現場主義である。そのなかでも，遺跡内の出土遺物の位置情報を詳細に記録する「全点ドット記録調査」を重視する。併せて，住居・住居跡の構築状況から埋没状況までをセクション把握や自然科学的分析をも加味して検討し，ライフサイクルとして把握することである。縄文社会モデルからの演繹的アプローチを急ぐよりも，実証主義に根ざした帰納的な推論を重視するべきだとの立場である。いうまでもなく民族誌や実験考古学的な見地を含めて理論的検討を軽視するものではないが，最終的に検証していくのは考古学的事実に即して検証することになるからである。そうした基本的立場を，改めてここで研究史的に整理しておきたい。

2 縄文社会研究の展望

考古学研究の基本は，アメリカにおける伝統的考古学とプロセス考古学をつないだディーツ（Deetz 1967）らのいうように，考古学的事実を「観察」し，情報として「記述」したうえで，他の多くの側面と「統合」することで，説明を試みていくことである。

居住活動の復元における第一の観察対象は，集落遺跡など居住痕跡を示す遺構の発掘調査データである。これまでに竪穴住居研究史として整理してきたように（小林編 2012 ほか），日本考古学においても，明治期に蒔田鎗次郎が切り通し断面に竪穴住居跡の落ち込みを見出すなどの各地での認識を経て，1905 年のマンローによる三ツ沢貝塚の竪穴住居床面の調査，1918 年の柴田常恵による富山県大境洞窟の居住跡の調査，1926 年からの東京大学人類学教室による千葉県姥山貝塚の竪穴住居群の発掘調査（松村ほか 1932）を契機として，居住活動の復元が先史社会復元研究の大きな柱の一つとなってきた。住居の構築（上屋施設の復元，炉・柱穴・埋設土器などの把握，覆土内貝層など），生活の復元，また人骨を含む出土物の収集など，多くの検討材料を提供してきた。

竪穴住居研究から縄文集落研究さらに縄文社会論の把握を目指す認識について，学史的理解を基に簡単に整理しておく。集落の把握は，和島誠一による東京都志村遺跡，そして戦後の横浜市南堀貝塚での集落全体を把握しようとする発掘調査，三殿台遺跡での全面発掘を起点とした，唯物史観に基づく発展段階論，そのなかでも氏族共同体社会のムラをモデルとして原始社会の姿を提示することから出発した（和島ほか 1958）。

その後，原始共同体論に対する批判の一つとして水野正好により祭祀の分掌による単位集団ごとに集落を分割するモデルが提示され，縄文研究では広く受け入れられた。土器編年による集落の時期的な変遷と合わない点で考古学的事実との齟齬があると強く批判されたが，石棒・立石・土偶に代表される祭祀をキーワードとし，2 軒 1 単位による分割をアプリオリに適用するという分析手法は，婚姻組織の集団単位など民族誌モデルから援用した双分組織論の縄文集落モデルへの適用へと継承され，仮説や想像を積み上げていく実証性の乏しい縄文社会像の構築に繋がっていく。そうしたなかで，千葉県貝の花貝塚，岩手県西田遺跡，近年では青森県三内丸山遺跡の発掘など開発に伴う大規模発掘によって多数の住居跡が環状に配される環状集落が東日本中心に多く発見されていった結果，大規模定住集落の存在が縄文研究のなかで定説化していった。谷口康浩（1993・1998 ほか）による領域論や，集落の 2 棟 1 単位論などの分析が代表例といえるだろう。

大規模環状集落が定住集落として東日本縄文中期文化の最盛期の姿であるとの仮定から，集落の空間分割によって，双分社会など婚姻組織や親族組織による集団差が集落に読み取れるとする縄文社会論まで演繹的に論じられるようになっているが，そうした考え方に対して実証的な検証の必要性を迫ったのが「見直し論」であるといえる。1984 年の考古学協会山梨大会での縄文集落を題材としたシンポジウムを契機として注目されるようになった，大規模環状集落への「見直し論」は，一つには石井寛による縄紋時代には移動的な居住形態が主体であったとする「集落移動論」（石井 1977）と小規模集落が長期にわたって繰り返し上書きされ重複した姿が大規模集落跡であるとする土井義夫（土井 1985）の指摘によって，問題提起されたものであった。2016 年現在においても，30 年来の「大規模環状定住集落論」と「見直し論」が，主として集落の空間分割を重要視するか，時間的区切りを細かくするかどうかという「縦切り」「横切り」の論争として続いてしまっているというのが現状である。

個別の集落自体の研究だけではなく，集落群としての理解も検討していかなくてはならない。向坂鋼二（1958）によるモデル論的な領域論に始まり，小林達雄による「多摩ニュータウンの先住者」（1973）でのセトルメントパターン論が研究の画期と評価できる。集落の規模や土偶など出土物を加味して，集落の性格を A・B などと区分する視点は，アメリカ考古学でのセトルメントパターン論の影響を受けたものと評価されている。画一的な分類基準をもつ点に問題があるが，多摩ニュータウン地域内という広域調査での調査成果が基盤となっている点は評価されよう。筆者らが津村宏臣らとおこなった武蔵野台地東部のセツルメント・システム論における視認関係による集落立地の分析（西本ほか 2001）にも当てはまる部分があるが，集落遺跡の未調査分または調査されていても調査時期や調査状況により情報に精粗があり，データを整理するうえでの問題が残る難しさから縄文集落や居住施設のすべてを分析対象とはできないことは，考古学のもつ限界の一つではある。考古学の情報がすべて発掘され解明されているのではないし，発掘されていても残っている情報には限界がある（遺構の上屋構造は残されないことや土器・石器は遺存しても台地上では木器は残されないなど）。その限界を打破するためには，自然科学的分析の応用や，民族誌情報，統計的な手法，モデル論的なアプローチも必要であろう。ただし，それらの妥当性の検討は，発掘調査およびその情報の整理作業のなかから検証されなくてはならないと考える。

3　竪穴住居研究と土器研究

住居把握から始まる考古学的研究の方向性は，集落研究へとつながるとともに，もう一つの縄文文化研究の柱である土器編年研究ともつながっている。すなわち，住居出土土器群を時間的な共時性・一括性をしめすフンド（一括遺物）として取り上げる「井戸尻編年」（藤森編 1965）に代表される。「井戸尻編年」の重要な点は，山内清男による縄文土器型式編年体系の基盤であった貝塚の貝層出土資料を時空間単位とする型式の基準とする方法から，内陸部の貝塚をもたない中部地方において，豊富な住居跡重複を新旧関係と捉え，切り合いの古い段階の住居一括出土復元可能土器と新しい段階の住居出土土器とを編年上の時期差と捉え，それぞれを土器型式基準資料とする画期的な方法論を提唱したことであった。土器編年研究および竪穴住居研究に（後述のように錯誤とするべき点はあっても）新たな研究視点をもたらし，調査方法の進展を促して日本考古学を大きく前進させるものであった。しかし，発表当時の長野県考古学会のシンポジウムでも滝沢浩（1965）から指摘されたように，住居覆土中出土土器を，住居使用者が生活中に残した土器と捉えることは，それらの土器が床面に残されるのではなく，覆土がある程度埋まった窪地に残されている状況からみて，考古事象の把握としては間違いを含んでいた。鈴木公雄（1969）が指摘した土器自体の製作時で土器の出現順序である編年順序が設定されるべきところが，住居覆土への廃棄時をもって編年単位とされた点が問題であった。井戸尻編年での住居覆土出土土器を床面出土土器と同一視した錯誤の影響は，小林達雄（1974）による廃棄パターン論のなかにも住居床面に生活財としての土器を一括廃棄する「井戸尻パターン」として設定させたが，そうした出土状況は井戸尻編年の基準資料のなかには考古学的事実としては存在していなかったことがのちに判明し，廃棄パターンはパターンとしては解消され，「廃棄論」として変化させられることになった。この点で逆説的にいえば，米島貝塚の調査に始まる「吹上パターン論」が，縄文集落研究の大きな成果の一つである「廃棄論」として止揚されていくことにもなったと評価できよう。

一方で，井戸尻編年と廃棄パターン論を契機として，出土遺物分析はその出土位置が重要視されるようになった。すなわち，住居のなかでも床面出土（生活時を反映と期待できる）なのかどうかということや，炉体など埋設土器と覆土中出土土器の位置づけ（塚田 1969），覆土中の上層（第二次埋土）・下層（第一次埋土）との位置関係（山本 1974）について，調査者の注意がたかまり，住居断面の観察が常態化していった。また別途にも考古学的調査のなかから新たな視点として麻生優（1969）が提唱した「原位置論」が，住居覆土中土器の3次元位置の記録や，土器片の傾き・裏表などの属性情報の記録とともにおこなわれるべきことが主張された。「原位置論」では，遺物が当初に置かれた位置を動いていないものと前提する点で，今日的には認めがたい飛躍をもって先史時代人の行動を復元する手法として論じられていたが，シファーのいう N 変換（自然営力による埋没後の移動）・C 変換（後世の掘り返し・遺構構築等による人為的移動）を認識したうえで検討すれば（Schiffer 1987），きわめて優れた遺物記録法の提唱であると評価できる。また，出土状況を精密に捉えようとする「全点ドット記録調査」の採用は，旧石器研究におけるドット調査の影響もあったと考えられる。竪穴住居跡を4分割してベルトセクションで断面図を取りながら，出土遺物の出土位置を細かく記録していくというスタイルは，不完全ながらも東京多摩・武蔵野地区の縄文中期住居の調査から始まり，広まっていった（例えば安孫子ほか 1974）。

このような遺構内の全点ドット記録を用いて土器の接合を遺跡のなかに戻すことによって「遺構間接合」（異なる遺構から出土した土器片が接合すること）から，遺構の構築・廃棄順を明らかにする視点を黒尾和久（1988）が提示し，セクションによる住居内土層堆積状況の把握から竪穴住居および住居跡地の「ライフサイクルモデル」（住居構築から生活・廃棄・跡地利用・埋没までのフローチャート）（小林 1994）およびそれらの組合せによる集落の住居群の構築・廃棄の順序を同時機能住居群としてとらえる「フェイズ設定」（小林 1999）の考え方に至った。その点については，本書の各論考を参照されたい。

また，集落の時間区分をどのように考えるかについても，大きく二つの考え方がある。一つは集落論の立場での水野正好の考え方や「大規模環状定住集落論」に代表されるが，土器型式編年による時期設定を大別型式では用いるが，その細別型式による時期区分は採用しない立場である。すなわち土器の細別型式変化の時間は，住居の用いられる時間よりも短い（1軒の住居が住まれている期間は，おおよそ大別型式の時間幅）とする。「見直し論」特に「横切り論」とされる立場は，土器編年の細別時期設定（例えばもっとも細かい編年案のひとつとされる新地平編年（黒尾ほか 1995））を集落の時期区分に適用していくが，実際には現行の細別土器型式の時期の時間幅よりも住居の用いられる時間幅のほうが短いと考える立場である。この点については黒尾や私が示すように，新地平編年で時期区分され同一時期とされる住居の間でも住居切り合い例が多くみられることから，住居の時間（1 軒の住居が使用される期間）の方が，土器型式の時間（土器が変化し細別型式に区分される時間幅）よりも短い例が多いことは，考古学的事実として明らかである（小林 2004 ほか）。

4　地平を越えていくために

以上，縄文社会研究の方向性について，集落研究・住居研究を基軸に，学史的に整理し直した。集落論の学史的整理は，谷口康浩らによってもまとめられているが，おおよその評価は異ならないと考える。今後の研究の方向性は，良いにつけ悪いにつけ，学史的研究の流れのなかから生み出されていくものと考える。本書においても，研究史を直接たどるために，土井，石井両氏による研究の足跡を冒頭に記した。それを受けて，いわゆる「新地平グループ」とよばれていた研究者を中心に，いくつかの考えを本書に集めた。集落分析の前提となる考古学的な時間の捉え方について，五十嵐が提起している。集落研究の実践については，目黒区大橋集落での環状化集落形成を題材にした拙稿を示した。その基本となるべき竪穴住居の分析については櫛原が提示し，集落の時期的変遷については黒尾が実践例を示した。また，土器型式からも居住の系統性を読み取ろうとする試みを今福が検討し，集落内における貯蔵穴の構築から定住性をみる考えを塚本が試み，儀礼的遺物として土偶の集落内における分布から居住地内における廃棄の一面について中山が論じた。なお，同じく発掘調査を基盤とした実証的な研究・分析を重んじる仲間のなかでも，考えには大きく隔たりがある。その一端として，筆者による同時存在住居の把握に批判的な山本の議論を掲載している。そもそも，黒尾と筆者とも，一時期の同時存在住居数を数軒とみるか場合によって十数軒の存在をみるか，住居内の炉・柱穴の改築などについて居住の断絶とみるか連続的なつくりかえとみるかなどに違いがある。当然のことであるが，「見直し論」というのは実証的な検証を重んじるという方法論の点で共通するのであって，結果的に集落移動論か，定住・移動両者の在り方を認めるのかなど，解釈には違いがある。例えば黒尾「平均住居数」も小林(2009）とはやや異にする。画一的な縄文像を共有するための研究会ではない。そのため，執筆者によって矛盾する内容も同一書の中でそのまま掲載してある。

もちろん，総合的に検討していくには，再び遺跡に問いていくしかない。遺跡群研究や，集落内の遺物についても居住地としての貝塚研究や石器組成からみた生業へのアプローチなど，果たすべき課題は多い。分析法としても自然科学的分析など，整理していくべき内容は多い。今後とも，検討を重ねていくつもりである。

参考文献

麻生　優　1969「「原位置」論序説」『上代文化』38

安孫子昭二・佐藤　攻・小田静夫ほか　1974『貫井南　小金井市貫井南遺跡調査報告』

石井　寛　1977「縄文時代における集団移動と地域組織」『調査研究集録』第2冊　港北ニュータウン遺跡調査団

黒尾和久　1988「縄文時代中期の居住形態」『歴史評論』454　歴史科学協議会編　校倉書房

黒尾和久・小林謙一・中山真治　1995「多摩丘陵・武蔵野台地を中心とした縄文時代中期の時期設定」『シンポジウム縄文中期集落研究の新地平』（発表要旨・資料）　縄文中期集落研究グループ

小林謙一　1994「竪穴住居の廃絶時の姿―SFC遺跡・大橋遺跡の縄文中期の事例から―」『日本考古学協会第60回総会研究発表要旨』日本考古学協会

小林謙一　1999「縄紋時代中期集落における一時的集落景観の復元」『国立歴史民俗博物館研究報告』第82集　国立歴史民俗博物館

小林謙一　2004『縄紋社会研究の新視点―炭素14年代測定の利用―』六一書房

小林謙一　2009「^{14}C年代測定を利用した縄紋中期竪穴住居の実態の把握」『国立歴史民俗博物館研究報告』第149集　国立歴史民俗博物館

小林謙一・セツルメント研究会　2012『縄文研究の新地平（続々）―縄文集落調査の現在・過去・未来―』考古学リーダー21　六一書房

小林達雄　1965「住居址の埋没状態及びそれに派生する問題（住居廃絶処分の問題）」「遺物埋没状態及びそれに派生する問題（土器廃棄処分の問題）」『米島貝塚』庄和町教育委員会

小林達雄　1973「多摩ニュータウンの先住者―主として縄文時代のセツルメント・システムについて―」『月刊文化財』第112号　文化庁文化財保護部　第一法規出版

小林達雄　1974「縄文世界における土器の廃棄について」『国史学』93　國學院大学

鈴木公雄　1969「土器型式における時間の問題」『上代文化』38

滝沢　浩　1965「中期縄文文化のシンポジュームに出席して」『長野県考古学会誌』3

谷口康浩　1993「縄文時代集落の領域」『季刊考古学』第44号　雄山閣

谷口康浩　1998「環状集落形成論―縄文時代中期集落の分析を中心として―」『古代文化』第50巻第4号　古代学協会

塚田　光　1969「下総考古学研究会の歩み」『考古学研究』第16巻第2号　考古学研究会

土井義夫　1985「縄文時代集落論の原則的問題―集落遺跡の二つのあり方をめぐって―」『東京考古』3

西本豊弘・津村宏臣・小林謙一・坂口隆・建石徹　2001「縄文集落の生態論（1）」『動物考古学』Vol.17　動物考古学研究会

藤森栄一編　1965『井戸尻』中央公論美術出版

松村　瞭・八幡一郎ほか　1932「下総姥山ニ於ケル石器時代遺跡」『東京帝国大学理学部人類学教室研究報告』第5編

向坂鋼二　1958「土器型式の分布圏」『考古学手帖』第2号

山本暉久　1974「縄文中期における住居跡内一括遺存土器群の性格」『神奈川考古』3

和島誠一・岡本　勇　1958「南堀貝塚と原始集落」『横浜市史』第1巻　横浜市

Deetz, J. 1967 *Invitation to Archaeology*, The Natural Historal Press, New York pp.1-150.

Schiffer, M.B. 1987 *Formation Processes of the Archaeological Record* Department of Anthropology University of Arizona pp.1-364.

編者略歴

小林謙一（こばやし　けんいち）　中央大学文学部教授

1960年神奈川県生まれ。総合研究大学院大学文化科学研究科日本歴史研究専攻博士後期課程修了（博士文学）。

『縄紋社会研究の新視点―炭素14年代測定の利用―』（六一書房・2004），『縄文研究の新地平（続々）』考古学リーダー21（共編著，六一書房・2012），「弥生移行期における土器使用状況からみた生業」『国立歴史民俗博物館研究報告』第185集（2014）

黒尾和久（くろお　かずひさ）　国立ハンセン病資料館学芸部長

1961年東京都生まれ。東洋大学大学院文学研究科国史学専修修士課程修了。

「戦争遺跡概念の再検討と平和への可能性」『東アジア教育文化シリーズ1 平和概念の再検討と戦争遺跡』（明石書店・2006），「日本考古学史研究の課題」『考古学という現代史』（雄山閣・2007），「集落の分析法 ① 集落遺跡の形成過程「環状集落跡」の形成プロセス」『縄文時代の考古学』第8巻（同成社・2009），『東アジア教育文化学会企画 靖国・遊就館フィールドワーク 靖国神社と歴史教育』（共編著，明石書店・2013）

中山真治（なかやま　しんじ）　府中市役所

1960年東京都生まれ。明治大学文学部史学地理学科卒業。

「勝坂式土器の型式と地域―西関東中部地方の縄文時代中期中葉を中心に」『地域と文化の考古学1』（六一書房・2005）

山本典幸（やまもと　のりゆき）　早稲田大学文学学術院講師

1963年山口県生まれ。國學院大學大学院文学研究科博士課程修了（博士 歴史学）。

『縄文時代の地域生活史』（ミュゼ・2000），『現代考古学事典』（共著，同成社・2004年），「縄文時代中期終末から後期初頭の柄鏡形敷石住居址のライフサイクル」『古代』第138号（2016）

執筆者一覧（執筆順）

土井義夫（どい　よしお）　元八王子市教育委員会

石井　寛（いしい　ひろし）　元横浜市歴史博物館

黒尾和久（くろお　かずひさ）　編者略歴参照

小林謙一（こばやし　けんいち）　編者略歴参照

山本典幸（やまもと　のりゆき）　編者略歴参照

五十嵐彰（いがらし　あきら）　東京都埋蔵文化財センター

櫛原功一（くしはら　こういち）　帝京大学山梨文化財研究所

塚本師也（つかもと　もろや）　栃木県埋蔵文化財センター

今福利恵（いまふく　りけい）　山梨県埋蔵文化財センター

中山真治（なかやま　しんじ）　編者略歴参照

考古学の地平 I ―縄文社会を集落から読み解く―

2016年5月25日　初版発行

編　者　小林　謙一・黒尾　和久・中山　真治・山本　典幸

発行者　八木　唯史

発行所　株式会社　六一書房

〒101-0051　東京都千代田区神田神保町 2-2-22

TEL　03-5213-6161　　FAX　03-5213-6160

http://www.book61.co.jp　　E-mail info@book61.co.jp

振替　00160-7-35346

印　刷　藤原印刷　株式会社

ISBN978-4-86445-081-2 C3321　　Printed in Japan